海南省博物馆·文物保护科技系列

"华光礁 I 号"南宋沉船
保护（I 期）与研究

包春磊　刘爱虹　著

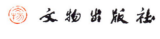文物出版社

北京·2021

图书在版编目（CIP）数据

"华光礁Ⅰ号"南宋沉船保护（Ⅰ期）与研究／包
春磊，刘爱虹著．--北京：文物出版社，2021.10
ISBN 978-7-5010-7255-2

Ⅰ.①华…　Ⅱ.①包…②刘…　Ⅲ.①沉船—考古发
掘—研究—中国—宋代　Ⅳ.①K865.3

中国版本图书馆 CIP 数据核字（2021）第 210811 号

"华光礁Ⅰ号"南宋沉船保护（Ⅰ期）与研究

著　　者：包春磊　刘爱虹

责任编辑：黄　曲
美术编辑：程星涛
责任印制：王　芳

出版发行：文物出版社
社　　址：北京市东城区东直门内北小街 2 号楼
邮　　编：100007
网　　址：www.wenwu.com
经　　销：新华书店
印　　刷：宝蕾元仁浩（天津）印刷有限公司
开　　本：787mm×1092mm　1/16
印　　张：15.5
版　　次：2021 年 10 月第 1 版
印　　次：2021 年 10 月第 1 次印刷
书　　号：ISBN 978-7-5010-7255-2
定　　价：298.00 元

Hainan Museum

Series in the Science and Technology of Heritage Conservation

Protection (Phase I) and Research of the Southern Song Dynasty Huaguangjiao No.1 Shipwreck

by

Bao Chunlei Liu Aihong

Cultural Relics Press

Beijing · 2021

前　言

　　"华光礁Ⅰ号"南宋沉船遗址位于南海西沙群岛的华光礁礁盘内，我国水下考古队员于 1998~1999 年、2007~2008 年多次对其进行水下考古发掘，最终将沉船残体打捞出水。船体大部分构件与船舷、船艉已不存，仅存船底部分，可辨认的主要有龙骨、龙骨翼板、抱梁肋骨、舱壁板等构件。"华光礁Ⅰ号"沉船遗址发掘项目，是国家海疆考古"十一五"发展规划重要项目之一，是近年来我国水下考古的一次重要的抢救性发掘工作。沉船残体遭受八百余年的海浪冲刷和海洋微生物的侵害，受损严重，亟待保护与修复。"华光礁Ⅰ号"南宋沉船打捞出水后运至海南省博物馆，根据国家文物局通过的《华光礁Ⅰ号出水木船保护方案（Ⅰ期）》对其进行保护修复。根据方案，"华光礁Ⅰ号"沉船保护分为三个阶段进行：第一阶段（Ⅰ期），对船体构件开展脱盐脱硫工作；第二阶段（Ⅱ期）计划用 8 年时间完成，对船体构件进行填充加固、干燥定型，同时开展船体复原研究；第三阶段（Ⅲ期）计划用 2 年时间，对船体进行复原安装及展陈。"华光礁Ⅰ号"出水木船（Ⅰ期）保护项目主要内容为脱除船体构件内可溶性盐以及难溶盐硫铁化合物。沉船自 2008 年 12 月运至海南省博物馆之日起，保护工作就已经开始。我国水下考古起步晚，出水文物保护经验缺乏，"华光礁Ⅰ号"出水木船（Ⅰ期）保护过程经过多次实验改进，其中艰辛可想而知。历经 7 年，至 2015 年底保护项目最终顺利完成。

　　瑞典"瓦萨"（Vasa）号战舰在斯德哥尔摩港的海床上浸泡了 333 年，打捞出水时船体几乎完好无损。2000 年，技术人员在保护修复"瓦萨"号的过程中首次发现了船体木材中硫的氧化问题。研究发现，船体上的硫盐化合物在环境湿度增加的情况下可能产生腐蚀木材的硫酸，这对古代木材的保存是致命的，来自海水中的硫元素在船体表面富集，而船体内腐蚀的铁氧化加剧了这种情况，这对木结构船只的保存造成了隐患。自此，海洋出水船体的硫污染及其氧化问题被重视起来。据研究，数吨的还原态硫化合物聚集在"瓦萨"号战舰船身的木材中，280 吨的船体中大约有 2 吨的硫化物。

在海底低氧环境中，硫酸盐还原菌（SRB）使海水中的硫酸盐形成硫化氢，硫化氢在木材中与铁发生反应，在锈蚀铁的存在下形成有机硫化合物或铁（Fe^{2+}）硫化物，不稳定的铁（Fe^{2+}）硫化物开始以硫酸作为最终产物进行氧化，硫酸盐沉淀可能在木材表面形成，在 Vasa、Mary Rose（"玛丽·玫瑰"号）和 Batavia（"巴达维亚"号）沉船中都出现了这种情况。木质船体内的硫缓慢氧化形成硫酸，如果不处理，最终会导致木材纤维素纤维降解，降低船体木材的机械稳定性。进一步的分析表明，在海水中保存的木质沉船中，还原态硫化合物的积累是很常见的。现代仪器分析表明，"瓦萨"号和"玛丽·玫瑰"号打捞出水时，木材中积累了大约 2 吨不同形式的硫，有机硫化合物（硫醇和二硫化物）主要分布在木质细胞间富含木质素的中间层。此外，铁质（Fe^{2+}）硫化物和黄铁矿（FeS_2）粒子是由腐蚀的铁质（Fe^{2+}）离子与细菌产生的硫化氢在浸水的木材中反应而形成的，在 1629 年失事的 Batavia 号沉船部分矿化木材中，发现它们与单质硫大量存在。出水后，空气中的氧气进入潮湿的海洋考古木材里，硫化物氧化从而造成严重的酸化，特别是在铁离子存在的情况下，"瓦萨"号就是一个例子。

"华光礁Ⅰ号"南宋沉船随船船货中有大量铁器，船只制造过程中又嵌入了大量铁钉用于加固船体，这些铁器在海洋环境中受到腐蚀必然会污染船木；"华光礁Ⅰ号"沉船打捞出水后表面覆盖有铁质沉积物、钙质沉积物、海洋生物等，大部分木构件糟朽不堪，木纹裂痕丛生，木构件颜色呈黯黑色、红褐色，部分质地松软、表面呈剥落状，已经失去木材原来面目。因此，去除船体中的硫铁化合物是一个亟待解决的难题。另外，浸泡千年的船体含水率普遍很高，考古出土的饱水木质文物含水率反映了木材内部的空隙率或者降解程度，古木降解得越严重，其内部的空隙率就越大，含水率也就越大，木材降解的也越严重。保护工作刻不容缓。

本书上编介绍了海洋考古、海洋沉船概况和饱水木质文物保护状况，下编详细叙述了"华光礁Ⅰ号"出水木船保护（Ⅰ期）的概况及历程。海洋出水木质文物的保护具有复杂性及挑战性，在保护过程中还会遇上不同的课题，愿这本书能为海洋出水木质文物保护工作提供借鉴。

作者

2020 年 12 月 30 日于海口

目　录

插图目录

上编

第一章　海洋考古概述

　　海洋在人类文明的发展进程中有着重要的地位和意义，对人类文明的发展和进步有着巨大的影响。人类社会的历史进程一直与海洋息息相关，密不可分，海洋是人类离开陆地必不可少的运输路线和场地。时至今日，随着考古学和海洋科学的不断发展，人们对海洋中与人类有关的遗存的研究逐步深入，海洋考古学已发展成为一门系统的学科，引起了世界各国的广泛关注①。海洋考古学是一门新兴的考古学分支，早期称为水下考古、沉船考古，其主要研究内容是相关的海洋文化，考察对象是古代历史上人类从事海洋活动留下的文化遗存，包括沉入海洋的船只、生活器具、城市村落、港口码头、聚落与生产、生活遗址等，以及被人们作为圣地的水域中的祭品、海底墓葬，乃至濒海地区人们从事海洋活动相关的宗教遗迹、信仰系统等。正如英国海洋考古学家基思·马克尔瑞所指出的："海洋考古学就是人类在海上活动之物质文化遗存的科学研究。……她涉及海洋文化的所有方面，不仅仅意味着船舶等航海技术的遗存。"②学科研究与时代的前进、社会的发展是紧密相关的，海洋考古学起步很晚，它问世于第二次世界大战期间。自携式水下呼吸装置（英文缩写为 SCUBA，俗称水肺）发明以后，人们利用这种呼吸装置，可以自由潜入水中，潜水员可以对古代沉船进行定位、测量及打捞等工作，这为海洋考古学开创了新的领域。

第一节　舟船与海上活动

一、舟船的来源与产生

　　《说文解字》中记载："舟，船也。古者，共鼓、货狄，刳木为舟，剡木为楫，以济不通。象形，凡舟之属皆从舟。"

　　早在商代甲骨文中就见有木板船的形象记载。甲骨文的"舟"字，是象形字，写

为 ⚓《 ⋔ 《。青铜器铭文中也有象形的"舟"字，如商代的舟父丁卣写作 ⊾⊿ 、父戊舟爵写作 ⊐⊏ 。甲骨文与金文虽书写方法不尽相同，但所表达的当时舟的结构则基本一致，都是像船形，两边像船帮，中间线条代表船头、船舱和船尾等。我们都知道，物质先于意识而存在，语言、文字是客观现实的反映，故木板船出现的时间应该早于甲骨文中舟字形成的时代。而后先秦多称为"舟"，汉以后称"船"渐多起来 ③。

这是中国古代对"舟船"的释义，而且多以文字形式记录并流传下来 ④。《诗·邶风·二子乘舟》："二子乘舟，泛泛其影。二子乘舟，泛泛其逝。"《周易·系辞下》则曰："黄帝、尧、舜……刳木为舟，剡木为楫，舟楫之利，以济不通，致远以利天下……"《墨子·节用》也有"舟以行川谷"之说。《周礼·考工记》总目记载："知者创物，巧者述之，守之世，谓之工。……作舟以行水，此皆圣人之所作也。"《方言》第九卷亦写道："舟，自关而西谓之船，自关而东或谓之舟，或谓之航。"诗仙李白《早发白帝城》中也感慨："两岸猿声啼不住，轻舟已过万重山。"不胜枚举。

文化是生产力发展的产物，来源于人类的自身需求和大自然的启示，既是为了满足人的需要而产生的，也是为了调解人与自然的关系、人与社会的关系、人与他人的关系及人与自身心灵的关系而产生的，海洋文化也是如此。舟船是一切海洋活动的浮载体，舟船的建造又是海洋文化最基本的构成，舟船的产生与发展是人类认识海洋、利用海洋、创造海洋文明历史进程的缩影。中国造船历史悠久，早在新石器时代（约距今 10000~4000 年），我们的祖先就广泛使用了独木舟和筏，并走向了海洋 ⑤。

人类的生存离不开水，早期的先民们一般都生活和活动在水边。他们不但饮水以维持生命，也从水中捕捞鱼虾之类的生物以食用，更盼望到水对面的大自然中去开拓更多的生活资源。他们从飘浮在水面上的落叶和枯木中得到启迪，使用和发明了水上的交通工具。古籍中所说的，"古者观落叶因以为舟"（西汉·刘向《世本》），"古人见窾木浮而知为舟"（西汉·刘安《淮南子》），正是舟船之所以发明的写照。

最早的水上活动工具有筏和独木舟，它们至今还在一些地方使用着（图1-1），可见其生命力之强。据考证，筏，是舟船发明以前出现的第一种水上运载工具，是新石器时代我国东南部的百越人发明的。筏又有木筏和竹筏之分，其制造最为简便，只要把一根根的木头或竹子并列着捆扎在一起就行了，较独木舟的制作要容易；它易于取材，制作简便，能多载，行驶平稳，不怕水浅流急，是很好的水上工具。独木舟并不是一人、一时、一地发明的，凡是在水域附近活动的人群，都有机会发明独木舟。独木舟则是选取粗大的树干，一般直径在 1 米以上，长度在 5 米以上，甚至有长一二十米的；把要造舟的部分用泥土包裹起来，再用火烧烤，使不用的部分炭化，再用石斧、石刀砍削而成。后来的船只是由独木舟发展起来的。2002 年 11 月，在浙江杭州萧山跨湖桥新石器时代遗址发现了一艘由整段马尾松加工而成的独木舟，经碳十四测定其年代距今 8000 年，是我国目前发现最早的独木舟，也是世界上发现最早的舟船之一。

图 1-1　独木舟（海南省博物馆藏）

从发生学的角度来说，最初的"舟楫"应不是人工制品，而是天然浮物。远古祖先通常生活在靠近水源的地方，以打猎和捕鱼为主要生存手段，涉水是必不可少的事，可能是在偶然情况下，发现在木头或内部为空外部密封的物体如葫芦类材料，可以放在水中不下沉且能载人载物，这便成了天然的涉水工具，到一定阶段如掌握石斧砍凿和用火技术后，他们会将一整段大的木头削平挖空，制造成渡水工具，独木舟便产生了⑥。

随着社会生产力的发展和人类生活需求的扩大，运载量逐步增加，独木舟的承载能力已经不能满足需求，而且独木舟是用整根树段挖空而来，其大小受树段尺寸限制。人们想要做大舟，就需要更大的树木，不仅不易获得且费工费时，而且制作大的独木舟，从选材到加工都很不易，应运而生的木板船则减缓了社会需求与制造费力两者之间的矛盾。木板船是用数块木料组合加工而成，因变小才而大用，以若干相对较小的木板拼接而成较大的舟船。舟船的大小还可依据实际需求来决定，摆脱了原木大小的相对限制。制造木板船，证明人类获得了更大的造船自由，向征服更大的水域又迈进了一步。

福建泉州海外交通史博物馆展示有百余种船舶模型，包括从人类的舟船起源开始，到中国历代各水域的著名舟船模型，以及古代造船航海技术的重大发明等，这使得一个文明古国的舟船历史尽显无遗。其中有一种带风帆的竹筏模型，说明先民们很早就已经懂得利用风作为驱动竹筏前进的动力。隋唐时期，福建泉州成为全国造船基地之一，而且成为当时海外贸易的一个起点，随之适合海外贸易的海船也开始蓬勃发展。海船具有船身巨大、结构坚固、载重量大、抗风力强等特点，在造船工艺上大量采用了钉榫接合技术和水密隔舱，比如当时福建的福船，"其船上平如衡，下侧如刃，善走深海远洋，破浪而行"。可以说，在隋唐时期，泉州的造船业就已经相当发达。宋代时，朝廷经常派人到福建招募海船和舟师。宋人谢履有诗云："州南有海浩无穷，每岁造舟通异域。"从诗中可以了解到，泉州所造的海船在宋代已被列为上贡之品。宋人吕颐浩说："南方木性与水相宜，故海舟以福建为上，广东船次之，温、明船又次之。"甚至北方的金人也来请福建人去打造战船。宋元时期，泉州有许多造船厂和修理船舶的船坞，主要分布在泉州滨海地区。到了元代，泉州成为全国造船中心。明代郑和下西洋时，庞大船队中的宝船、马船、粮船、坐船和战船中，有一部分就是福建泉州制造的福船，明代的"封舟"也是福船造型。福船建造十分考究，设计十分合理，具备抗沉性、快速性、操纵性、稳定性等诸多功能，载重量为 500 吨左右。制造帆舟的船厂亦在泉州或福州等地。明末清初，活跃于福建沿海的郑芝龙、郑成功与荷兰殖民者海军作战所使用的战船也多建造于福建民间。

舟船等水上漂浮载物工具的产生，主要可能有以下两个方面的原因：

一是人类生活与生产的需要。孙光沂认为，人们在海岸边涉水捕捞时间长了以后，滩岸浅水的捕捞显然无法为人类生活提供足够的食物。有些水生动植物喜欢生活在较深的水域中，而有些陆生动植物可能出现在河流的彼岸，人类为了突破自身的条件限制，到较深的水域中去捕捞和渡涉，就必然要设法寻找或制作使他们的身体得以漂浮在水上的器具。同时，为了躲避水中的风险，也必须设法寻找或制作得以在水上漂浮的器具。"原始社会的水上漂浮与航行的工具正是因人类生活与生产的迫切需要，在漫长的反复实践中逐步产生的。"[7]

二是地球环境变化所致。美国夏威夷大学人类学教授 Barry Rolett 认为："海平面的变化是航海兴起的一个直接诱因。末期冰期结束以后，全球气候不断变暖，海平面总体上处于上升过程，但上升的幅度、速度是存在波动的。根据第四纪地质学家的研究，大致来说距今 7500 年左右，海平面进入了快速上升的时期，直到距今 6000~4500 年间，海平面大致高于现今水平约 2.4 米，形成一个高海面时期，到了距今 4000 年左右海平面再次回复到现今水平。高海面时期，东南大陆沿海狭窄的农耕平原地带大多被海水淹没，人群生存空间压力更大，同时有些原本与大陆相连的沿海高地就成为岛屿，岛屿上的居民与大陆的交通也只能通过航海。"[8]

二、舟船的发展及海洋文化遗产

自从有了舟船，人类的活动范围扩大了很多，成果收获更加丰富多彩。人类的海洋文化活动始于远古时代，由于年代久远与埋藏环境的限制，史前、上古先民的航海工具在海洋考古上尚无足够的实证依据被发掘。远古先民们在长期猎取食物及与洪水抗争中，水中溺亡是常见之事。在实践过程中会发现，有些物体可以长时间漂浮在水面之上，且能负载一定重量，当多次利用有漂浮性的自然物体得以生存时，就会加深对漂浮性物体的感知。由于原始的渡水工具都是天然有机质的，易腐难存，所以在考古过程中尚未有发掘，但是，中国一些研究民族学历史学的专家在某些少数民族聚居地区的考察中发现，当地人仍在使用着各种各样的原始天然浮具。这是有一定的历史传承，都被当作是社会历史的活化石，它对于认识和研究舟船的历史产生，有着重要的借鉴作用。

据调查，最原始的渡水工具可能为类似葫芦的野生植物。由于葫芦类物体内部中空、外部密封，其漂浮性较好，先民们逐渐开始利用它来渡水（图 1-2）。中国古代称葫芦为瓟、匏、壶，后来又称壶芦、葫芦等等。在浙江省余姚河姆渡新石器时代遗址中[9] 曾发现葫芦的种子，这是中国早在 7000 年前已有栽培葫芦的证明。将数个葫芦用绳子连起来系在腰上，可以提高渡水时的浮力，称为腰舟。这种使用腰舟的习惯在黄河流域是有迹可寻的。当人类将狩猎来的有余的野生动物驯养留存以补给备用时，发现可利用牲畜的皮革来制作漂浮工具，也即皮囊。动物皮囊制作简单，只需将死后动物毛皮尽可能完好地剥下来然后充气，会比天然植物具有更好的保存性和漂浮性。将较多的单体天然浮具用藤或绳系结起来成为一体就形成了筏，筏易于取材，有竹筏、木筏、皮筏等，制作简单，取材方便，大小可根据实际需要制作，稳定性较

图 1-2　渡水葫芦（海南省博物馆藏）

好，是经济简便的水上工具。至今在兰州地区的黄河上还有使用数个羊皮囊制成的皮筏来渡河的。上述这些原始的渡水工具都还算不上真正意义上的船，只有具有干舷的才能称作舟或船。从造船技术的发展角度来看，船的直系祖先应是独木舟。随着生产工具和生产力水平的不断提高，人们对筏和独木舟不断地进行革新，如在筏的两侧添加木板并填充缝隙，演变成平底的木板船；在独木舟的两侧加宽加高，原来的独木舟就逐渐变成船底，进一步慢慢地演化成尖底或圆底的木板船。木板船行驶起来更加平衡、安全。

　　在欧洲也发现了类似的舟船。大多数的史前期船舶是跨木舟或独木舟，这类以单根树干挖空而成的舟船，时间可能最早出现于旧石器时代晚期，在某些地区直到中世纪后期还在制造和使用。在爱尔兰珀斯（Perth）附近的弗里尔通（Friarton）发现的独木舟[⑩]，它的出土地层位置说明其年代大约为公元前 9000 至公元前 7000 年，可能是现存发现年代最早的独木舟。这艘用苏格兰松木制成的独木舟现在存放在邓迪市（Dundee City）博物馆里。在英格兰发现的这类独木舟大多属于内河水道的舟船。除独木舟以外，几乎可以肯定欧洲史前期居民还曾使用过兽皮舟，这种造船技术一直延续到现代，例如威尔士的"科勒克尔（Coracle）"皮舟[⑪]和爱尔兰的"卡勒（Curragh）"皮舟[⑫]。

　　西方考古学家和造船技术史专家们经常根据历史保留下来的壁画和城徽上描绘的船舶来研究古代船只。大约从 1400 年以后，随着当时造船技术的日臻成熟及革新步伐的快速发展，城徽上船舶形象日趋形式化，考古学家通过研究船舶结构来反映当时经济的发展状况。位于欧洲西北角，濒临波罗的海、挪威海及北欧巴伦支海，与俄罗斯和芬兰北部接壤的斯堪的纳维亚有一种传统的"龙骨船"[⑬]，这种船与其他类型的船不同，它具有明显的龙骨。另外文献里还有一种"酒船"，是指一种底部平坦、形态宽肥、两舷较高的船，它最早为德意志北部城市之间形成的商业、政治联盟——汉萨同盟的商人所采用，它取代了当时比较矮小的古老的维金式"长船"。生活在斯堪的纳维亚半岛（如今丹麦、瑞典和挪威所在的地区）的维京海盗，令欧洲人闻风丧胆，所仰仗的正是航速快又吃水浅的维京战船。1880年和1904年，挪威先后发掘出了两艘公元800年至850年挪威皇室使用的维京战船，战船的龙骨和船壳由坚固的橡木打造，船底和甲板则由松木制成，船身外壳木板的排列呈现出明显的瓦叠式特征，由此推断该船是通过"重叠搭接法"建造的，即将木板按瓦叠式搭建，就像一层叠一层的瓦片一样，再用铁铆钉加以固定，有时也辅以缆绳捆绑船身，船板间的空隙则使用动物的毛或植物纤维加以填塞。这种瓦叠式船壳配合方形的船帆，使造出的维京战船足够结实又灵活轻盈。

中国有星罗棋布的内河航道，古代河上运行的船舶繁荣情景使马可·波罗和很多来过中国的西方人认为，其船舶数量要比全世界各地的总和还要多。对于某一湖泊水系或内河水道的船舶来说，其重要性在于它们既是地方文化的重要成分，又能反映出不同地区文化传统之间的联系。

从独木舟到木板船，其变化经过了漫长的历史进程。独木舟扩展的第一步是朝着多层板船方向发展，突破了独木板材及体积的局限，为建造大型、复杂的船舶奠定了基础，而且逐步扩展运用到海洋上。公元前8世纪至公元前3世纪之间（春秋战国时期），船舶得到了进一步发展。庄子云："夫水行莫如用舟，而陆行莫如用车。"一句话概括了当时的实际情况。此时还出现了古代最早的水军——舟师；这时期的战船动力主要为桨，楼船之名，始见于此。两汉三国时期，战船的动力为帆、桨和橹并用，并首次使用了平衡舵，这对后期的战船发展起着决定性作用，并使舟船更加完善。如晋朝的大型楼船八槽舰、隋初的五牙舰和唐宋的车船等，都风靡一时。

秦汉时期是中国古代造船史上的第一个高峰时期，继承和发展了先进的造船技术。这一时期船只已被用于各行各业，不仅数量多、规模大，而且类型多，并能造大型的楼船。1975年在广州发掘的秦代造船遗址，是秦汉时期颇具规模的造船工场，始建于秦始皇统一岭南时期，至西汉初汉文帝、汉景帝期间废弃。造船工场规模巨大，有3个并排的木结构造船台和木料加工场，表明当时我国的造船技术已达到很高的水平，可造五六十吨的大型木船，并出现了造船工业的萌芽。船舶在这一时期被广泛应用，已是行不可缺的交通工具，甚至出现了记载各种船舶及行船工具名称的专篇——《方言》《释名·释船》。后汉李尤在《舟楫铭》中说："舟楫之利，譬犹舆马。载重历远，以济天下。相风视波，穷宛川野。"准确地概括了当时广泛使用船舶的情况。秦汉时期是开发海上贸易，政治经济向远洋发展的重要时期[14]。

魏晋南北朝时期，舟船的发展主要表现为造船技术日臻完善以及舟船的应用范围更广，舟船的发展对这一时期的政治、经济、军事、社会生活产生了深刻影响。当时国家的经济中心逐渐向长江流域发展，尤其是隋统一后大运河的开掘，使南北贯通，漕运盛行。舟船的种类除了一般意义上的渔船、渡船外，主要有行船、游船、运船、商船和战船。此时大的舟船如王濬的连舫"方百二十步"，孙权的"长安"可"载坐直之士三千人"，而南方的民间商船大者可达万斛、二万斛，可见这一时期舟船的形制和载重已远远超过了前代。当时人较好地掌握了多重板造船技术，出现了名叫"水车"的船舶，同时橹的使用更为广泛，出现了世界上最早的可造船及修船的船坞，比欧洲早了几百年，并出现了垂直舵及不对称斜立装置船帆，船舶动力已较多地使用帆[15]。

唐宋时期为中国造船发展的第二个高峰时期。在此期间，国家政治相对清明稳定，经济发达，尤其唐朝，疆域空前辽阔，出现万国来朝的繁荣景象，是世界的经济中心。社会稳定、经济大发展，给我国古代造船业快速发展提供了良好的环境，而且势必要求造船业提供优良的水上交通工具。造船工艺水平日益先进成熟，出现了平衡舵，大量采用钉榫结合技术，水密隔舱已经比较普遍，船舶的稳定性和强度都有了较好的保障；航海技术也有所发展，能正确总结季风规律，能进行天文定位；还拥有世界上最庞大的远洋船队，频繁远航，中国商船活跃于东亚和东南亚海域。南方多个港口城市有了长足的发展，海上丝绸之路更加发达繁荣。

元明时期是造船发展的又一个高峰期。这一时期，社会经济高速发展，科学技术发展亦达到空前的水平。元代造船业最突出的特点就是战船和漕船。海上漕运加速提升了元代的造船水平，海上丝绸之路也蓬勃发展起来，促进了船舶的急速发展。马可·波罗说，元朝初年，"为大汗征收航税者言，每年溯江而上之船舶，至少有二十万艘，其循江而下者尚未计焉……"在众多的内河船舶中包含大量漕船。从韩国新安海底出水的元代航海货船可以发现当时的海船线型和结构都比较优良，有较好的强度，比如采用了铁锔技术，"鱼鳞式"外板结构，用舌形榫头钉连外板等技术。从山东蓬莱古船的结构也可发现，这一时期的船舶结构已经相对比较优良了。明初的中国国力强盛。明成祖朱棣即位后，采取了积极"宣谕"海外和"册封"制度，要求各国前来朝贡。明朝造船能力达到了历史最高水平。从明永乐三年（1405 年）开始，郑和率数百艘当时具有世界领先水平的船只组成庞大船队，先后七下西洋，历时 28 年，航程经东南亚、印度洋，最远达红海和非洲东海岸。其船队的规模和所用船只的大小远远超出了世界上其他海上势力，把中国传统造船技术推进到空前的繁盛时期。

明朝中叶后的禁海政策，使中国造船业受到沉重打击，发达的中国造船技术迅速衰败。清代前期的海禁政策，进一步阻碍了造船业的技术发展与创新，使我国从航海与造船业的高峰上迅速跌落，从此一蹶不振。清朝末年，由封疆大吏曾国藩、左宗棠等操办的洋务运动的出现，才使中国近代造船业得以发展[16]。

沉船考古发现与史籍记载表明，我国汉晋间雏形已成的代表东方海船形态、结构特点的一系列技术成就在唐宋以后继续发展和完善，沿海船业持续发展，并在古代世界处于领先水平。大型海船形态与结构的完善，成为海洋文明步入鼎盛期的物质基础。

海洋文化遗产是历代先民在海洋文化活动中遗留和积淀下来的文化遗存，包括有古代海洋聚落与港市遗迹、沉船船货与海洋经济史迹、海防史迹等有形的海洋文物，还涉及民间造船法式、传统航海技术、船家社会人文等无形的海洋资产。沉没在大西洋的所谓亚特兰蒂斯大陆的传说，迄今为止已为无数著作所引用和讨论，然而，自远古以来，大海给人类带来了无穷的苦难和数不清的灾害，亚特兰蒂斯大陆的传说绝不是偶发事件，不过是无数次悲惨灾害的象征。在七大洋的海底，还蕴藏着很多与人类活动有关的实物证据，它们或由于飓风、洪水、地震，或由于水位上升等各类自然灾害的影响而沉没海底。从以前的调查发现看，在海底有相当多沉没的城市、聚落、港湾、岛屿等。

自人类掌握以船只作为海上的交通手段以来，不知有多少船只为波涛所吞噬而沉入大海。在这些沉没于海底的沉船和城市及其他遗迹中，隐藏着多少海洋民族及家庭的悲剧，它们因沉没而无法反映人类诸多方面的历史。由于文献资料的缺乏，自古以来海洋与人类文明之间的关系一直是个空白，以这些消失的遗迹作为研究对象的水下考古学，为研究古代人类历史提供了新的素材[17]。

第二节　陆地考古的延伸

一、陆地考古学的发展

"考古学"一词源于古希腊，最初泛指一切古代科学，后又指对古物古迹的研究。

德国著名考古学史家西拉姆[18]说："人类要想看清未来的一百年，首先需要了解过去的五千年"。考古学就是这样一门让人类回头去看自己过去五千年甚至更长时间历史的学科。考古学通过调查、发掘、记录、整理、分析和解释人类在过去生产与生活中留下的物质遗存，拼凑、复原、认识和研究已经消失的古代社会、文化与历史。同样是复原和研究过去，考古学家和历史学家的不同在于，历史学家主要依据历史文献资料进行研究，而考古学家必须通过野外调查和发掘，获得古代人类遗留的物质遗存，然后对这些物质遗存进行分类、比较、分析、综合，从而获得关于人类行为、文化和社会等方面的知识。

现代考古学发源于欧洲。希腊和罗马时代的学者与皇帝曾经尝试比较系统地搜集古代的文物，进行带有研究和教育性质的展示。15世纪中期肇始的文艺复兴运动重新唤起了欧洲人对古典时代希腊和罗马艺术的强烈兴趣，这种兴趣诱发了人们寻找和收藏古物的兴致。16世纪，一些人开始发掘意大利的罗马废墟，为日益膨胀起来的古物市场输送原料。1709年之后，对被公元79年维苏威（Vesuvius）火山的喷发所淹没的庞贝（Pompeii）古城的连续发掘，成为当时人类重新认识罗马时代人类文化成就的一扇窗口。

1943年，美国人瓦特·泰勒（Walter W. Taylor）完成了自己的博士论文《考古学研究》（*A Study of Archaeology*），对传统考古学进行了深刻的反思，对陷于烦琐的器物排队和以年代序列为目标的考古学研究提出了严厉的质疑，主张考古学还应当着重研究古代遗存的社会文化功能，通过系统的"缀合式研究"，全面揭示古代社会的文化面貌。1946年，美国考古学家威利在秘鲁维鲁河谷组织了多学科综合的区域聚落考古调查，揭开了多学科合作研究古代社会与文化的序幕。1949年，欧洲史前经济研究学派的先驱者格雷厄姆·克拉克引进孢粉分析等技术，对英国湖边遗址斯塔·卡尔的植物和其他考古遗存进行了细密的研究，复原出该遗址人类生活的若干细节情况，为当时的考古证据的提取和分析确立了新的里程碑。从此，考古学除了关注王室宫堡、陵墓珍品以及年代学问题等传统趣味之外，也逐渐将目光投向古代人类的日常生活和文化的其他方面[19]。

20世纪60年代，考古学中的变革思潮终于汇集成以美国考古学家路易斯·宾福德为代表的新考古学运动——又称过程主义考古学。他们主张考古学就是人类学，以研究人的适应演化和文化的变化发展过程及其动力学法则为目标，将人类文化遗存分为物质文化产品、社会文化产品和精神文化产品三个方面，提倡科学缜密的发掘和分析方法以及由物见人的考古学课程理论的建设，试图首先根据考古遗存研究复原人类的行为特征，然后进一步揭示文化中不同部分相互作用和发展的规律性。

20世纪后期，考古学开始变得越来越具有自觉性和反省精神。20世纪八九十年代，以英国伊恩·霍德为代表的后过程主义考古学揭橥而起，考古学界一时流派纷呈，考古学家越来越关注考古解释的科学性、公正性和伦理性，对考古学史和服务于公众和社会的公共考古学的研究空前兴盛。

今天，知识积累、技术和观念等的进步已逐渐使全世界的考古学家从繁重的年代排列和人类历史的时空框架的研究中解放出来，开始将主要的精力集中在考古学学科体系与理论方法的探索及人类起源、食物生产的起源和文明与复杂社会的起源及其对文化进步的具体影响这样几个对认识人类文化演进和未来走向至关重要的关键性问题上。尽管它们只是人类文化演进过程中的几个关键性的转变环节，但对它们的全面认识几乎涉及考古学的全部认识成果。

中国虽然有长达千年的金石学传统，但是建立在田野考察与发掘分析基础上的考古学是在19世纪末20世纪初由一批外国传教士或科学家首先介绍进来的。1921年，瑞典人安特生发掘河南省渑池县仰韶村被公认为中国考古学之始。20世纪20年代末，李济、梁思永等从海外学成归国，带回了当时国外较为先进的考古学理论方法，同时也开始了中国考古学本土化的历程。抗战以前，中国考古学家的发掘主要是在殷墟，主要是因为那里发现了甲骨文并且可以和《史记·殷本纪》相比较，他们希望通过发掘搞清商代历史；新中国成立以后，随着大规模基础建设的展开，考古发掘逐渐多起来，到20世纪80年代，苏秉琦和殷玮璋以长达半个世纪对类型学的孜孜不倦的探索和推广，最终以区系类型学说从实践和方法上证明了考古类型学在中国的成功，以面向海洋和面向大陆的两大文化系统和六大文化分区演变的概括，建立起中国大部分地区史前文化的时空框架，并在碳十四等技术的协助下，草绘了中国各地区古代特别是史前文化发展的年代框架和演变谱系。步入21世纪之后，多学科合作进行考古调查和发掘工作成为一种比较流行的做法，中国的考古学家也开始比较系统地探索时空框架以外的史前文化演变规律、遗址分布、商品交换、玉器铜器等的技术传播和材料来源，以及人类起源、农业起源、中国文明起源及史前社会复杂化的机制与原因等比较复杂和具有国际性意义的重大学术问题，并很快建立起具有广泛影响的如动物考古学、植物考古学、环境考古学、聚落考古学、科技考古等以新技术、新方法为特征的一批新兴边缘学科。国家先后投入巨资组织了多学科联合攻关的"夏商周断代工程"和"中华文明探源工程"，中国考古学进入了一个新的时代。

二、陆地考古对象的扩展

距今 7000~5000 年的浙江河姆渡和罗家角新石器时代遗址都发现有废弃的独木舟板材。河姆渡遗址中还发现 1 件陶塑独木舟的模型，其形状为半月形，两头尖，呈梭状，可以说基本保持了后世出土的独木舟的形状，同时发现了 6 只木船桨。在距今约4000 年的广东珠海宝镜湾新石器时代晚期岩刻画上，描绘有舷艉尖翘的独木舟；黑龙江海林市牡丹江右岸石器时代岩画上还有先民在独木舟上渔猎的画面。在海洋文化的历史馈赠中，屡见于周汉以后的独木舟遗存也可以折射出史前舟楫的一些影子。江苏武进淹城的 3 艘西周时期独木舟分别长 11 米、7 米和 4.35 米，用整木挖凿中空而成，形态轻便，舷艉尖翘如梭形。福建连江鳌江的西汉独木舟长 7.1 米，在整段樟木剖面上沿中部凿空成舱，方舷方艉，平底微弧，舱内有火烧斧凿痕迹。广东化州鉴江 6 艘东汉独木舟都是中间宽、舷舰窄而两端上翘的梭状，唯四号独木舟艉部似方形；二号独木舟船舷内侧还有 7 排挖凿内舱时留下的左右对称凸起的木痕；最长的三号独木舟残长 6.2 米，船内也发现了明确的火烧斧凿的痕迹。此外，浙江温州的晋代独木舟也是舷舰窄、中段宽的船型。山东荣成毛子沟汉晋间的独木舟平面呈舷艉略窄的长方形，全长 3.9 米，底部削成平底，是原木型独木舟的进步形态，舱内的前、后各有两道横向的凸起。这些独木舟实际上已有两种类型：一种是武进淹城、化州鉴江、温州的历代独木舟，尖舷尖艉或尖舷方艉、两端上翘、圆弧底形的船型，河姆渡的陶舟、宝镜湾与海林岩画的独木舟也是这种形态；另一种是方舷方艉的船型，连江鳌江、荣成毛子沟独木舟都是平底或近似平底。

自 20 世纪 80 年代以来，我国南海周边地区被发掘的古代沉船已经达到百余艘，而已经知道的沉船遗址已近两百处。这些沉船的年代一般在公元 9 世纪至 19 世纪，往往载有数量庞大的船货。这些沉船的船体结构和船货类别不仅为研究"海上丝绸之路"的诸多问题提供了极其丰富的实体材料，同时也对中国古代海洋贸易问题的研究提出了很多新的挑战。其中，公元 14 世纪晚期至 17 世纪中期（即相当于中国明代）的沉船，更为研究明代与东南亚地区海洋贸易的变迁提供了直接材料。

从考古学的角度来看，海洋中的沉船是一种灾难性遗址，而且一般是由突发性的原因造成的。沉船的过程是一起将船由高度有组织和动态的组合变成无组织状态、静态组合的事件。由于这一事件发生的过程一般较短暂，只要埋藏过程中没有大的外部扰动，沉没在海洋中的船舶往往蕴藏着丰富的历史信息。如果沉船是从事远洋贸易的船舶，其所载的船货数量往往非常庞大，远远超出其他类考古遗址所包含遗物的数量。沉船材料可以弥补历史文献之不足，是研究当时船舶制造技术、经济水平和社群关系最直接的材料。船货的产地和种类更是研究当时区域贸易情况的重要证据。事实正是如此，经过严格考古发掘的沉船遗址，均更新了学术界对相关问题的认识。

第三节　海洋考古学的发展演变

科学技术的发展，使得考古学家已经可以以潜水等方式到水下去开展考古调查与发掘。水下的一个优点是它可以保存一些在陆地上无法保存的古代遗存，比如沉船上不仅可以留下大批同时期的遗物，而且常常会有出人意料的发现，因为水下多为低氧环境，有机物在水下往往比陆地上保存得更好。

一、海洋考古学的发展

在古代和现代的许多社会里，除了存在着人们了解得比较清楚的城市和乡村文化群以外，从事航海及渔业活动的民族已在不同程度上形成了独特的亚文化。海洋活动在人类历史进程的许多方面都起着不小的作用，研究这些活动必然能进一步探索和了解人类历史的一些重要方面。

研究任何方面的历史都可以采用若干种不同的方法，其主要区别在于它们利用了不同种类的材料。同研究其他大多数人类过去的活动一样，研究海洋活动历史时间最长、发展最为成熟的学科是历史学。历史学家们主要是通过对遗留下来的记载历史事件的文献资料进行研究，来了解历史事件的准确过程，以及隐藏在这些事件背后的理由、原因或动机。另一种最早在西方国家发展起来的学科是民族学，它系统地研究当地保留下来的社会风尚、传统及各种习惯，其中包括研究专门从事渔业及航海的社团的这类材料。最后一种学科是研究海洋及其沿岸地区人类活动的遗存物，从而认识这些物品的制造者及其当时的社会活动，实际上这是一种考古学研究。各种学科所得到的知识和观点，有时互相印证，有时却又相互抵触，但它们在整个海洋研究领域里可互为补充。换言之，海洋考古学是利用遗存在海洋中的物质材料来研究古代历史的学科。科学地研究海洋活动的所有方面，其中包括大小船舶及其设备，船上的货物、捕捞物以及乘客，使船舶发挥作用的经济体系，不同等级的船员，尤其是反映其特殊生活方式的器具及其他私人物品。参考一下关于海洋活动的流行史学著作就会发现，对海洋考古学所下的定义也反映了历史学所关心的问题，其区别仅仅在于材料来源不同。

在海洋考古学和海洋民族学之间，也存在着类似的关于对象和概念方面的混乱，这是因为两者在某种程度上都是依靠研究物质材料而取得进展。但是在本质上，海洋民族学是将物质材料放在社会组织、经济体制等环境中加以考察，而海洋考古学却仅仅研究物质材料本身。在考古学家看来，民族学所研究的只是范围很广的原始材料里的一部分，当考古学家试图解释其价值与史料、实验考古结果以及逻辑推理得出的理论完全等同的遗存物时，可以利用民族学研究的推论及其他类似成果。由于多方面的原因，海洋考古学几乎比其他任何一门考古学分支都更多地借助于海洋民族学的研究，而且得到了极为丰硕的成果。然而，现在要强调的是，尽管这两门学科关系密切，它们的本质却截然不同。如果要对海洋开发事业的发展及其影响所造成的海底遗存文物的荒废或破坏行为加以预测，并为了事先对之进行观察、保护、复原，考古学就应自觉承担起学术上的义务，理所当然地将其研究活动扩大到水下。

海洋考古学有一个特征，就是几乎全部海洋考古的现场都在水下，这一点可能是海洋考古学的最突出特征。船舶在正常航行时绝不会留下可供考古的任何材料，如果一帆风顺，船舶抵达目的港，卖掉货物，船员们各自回家，船舶再用于新的航行或者被拆毁，就无材料可言了。只有在航行中发生不幸事故，而且整个船舶包括船体和货物都沉落到海底，才有可能产生供后世考古发掘的永久性物质材料。当然，这些遗物的实际保存质量取决于多种因素，如船舶沉没的方式、沉船所在海底的性质等等。因此，这一分支学科的实际研究范围主要取决于水下环境的潜力及制约性。水下环境既是保存遗物的介质，又是进行实地发掘的场所，同样适用于分析物质材料的模式，也与对沉船过程的了解有密切的关系。

二、海洋考古学的演变

浩瀚无边的大海自从有了航船，就会有船只沉没。这些沉船一直引起具有打捞能力的人的注意。多个世纪以来，他们一直前仆后继地进行着打捞活动。一开始，自由潜水者们在温和清澈的水域里进行打捞，他们用的工具是渔网、抓爪或抓钩。到了最近几个世纪，由于潜水器具长足的发展和进步，打捞工作的效率有较大提高。17世纪时开始使用无动力潜水钟下到海里，18世纪后出现了密闭式潜水桶，19世纪以后使用"硬盔"式标准潜水服，20世纪后采用自动供气呼吸器。与此同时，海洋考古学从对古物的随意推测发展成一门系统而严密的学科，其目标和对象已在前面提及。可是，海洋考古学与其他许多学科相比，仍然是一门发展较晚的学科，直到 19 世纪晚期才开始产生其现代形式。

19 世纪，各国以海洋调查船、海洋研究所为中心推动了海洋学的研究。20 世纪中期，欧洲将考古学研究领域扩展到海底，水下考古学发展的背景就是悠久的海洋探险史及以此而形成的海洋学[20]。可以说，水下考古学就是海洋探险的精神和水下探查技术的凝结体，是将海底文物作为纯粹的探查目标，并将其升华到科学研究的高度。

人类最早把目光投入大海是为了寻找水中生物作为食物，这一点已被在世界各地发现的古代渔具、渔钩、渔叉等充分证明。在欧洲，这类渔具的使用可以上溯到旧石器时代晚期。如果追溯海洋学肇始的话，可以到公元前 3 世纪时的希腊。至公元前 4 世纪末，出身于希腊殖民地弗凯安斯（今马塞）的普泰阿斯前往大海探险并到达了北极圈，可以说这是海洋科学研究迈出的第一步。然而较之更早的公元前 10 世纪或公元前 9 世纪前后，希腊诗人荷马在《奥德塞》中记载了当时（即青铜时代晚期）已有长达 40 米的大型木船，在《伊里亚特》第 16 卷《拜德罗库里斯之歌》中记载了一位喜欢冒险的特洛伊潜水员的故事。公元前 5 世纪，历史学家埃罗德特斯指出了黑海是个封闭的海，他还记载了海洋探查最古老的方法即铅锤探测法。在古希腊，使用空气面罩采集海绵的技术已十分发达，这是将储存空气的袋子带入海底并将空气补充到面罩中以维持水下呼吸的一种方法。从以上事例看，人类在很早就已经掌握了海洋探查、海洋探险及采集海产的技术了。

其后人类海洋探险历史发展到一个新阶段，却经历了漫长的岁月。也就是说，经过 15~16 世纪的大航海时代后才发展到近代的。16 世纪初由 F·鸠兰开其端的海洋学，经由英国牛津大学博物学教授华威尔·汤姆森率领的调查船"挑战者"号自 1873 年至 1876 年进行的海洋探查后，才确立了真正科学的基础。汤姆森在三年半的时间里，到世界各海域的 362 个地点进行观测，船程约 9600 千米，获得了丰富的调查资料，这一调查活动使西欧人对海洋、海底的关心骤然增大。除此之外，为数众多的探险家们不畏艰险，通过丰富多彩和戏剧般的海洋调查活动，使海洋之谜一个一个地解开。

1944 年，法国海军水下工作小组发明了自携式水下呼吸器（Self-Contained Underwater Breathing Apparatus，简称 SCUBA），即常规轻潜，是潜水员自行佩戴的供气筒及呼吸器，可以使人在水下自由行动，为包括考古学在内的一切水下科学探索提供了最基本的保证。这种装置的发明对海洋科学调查做出了重大贡献，它可以使人们在浅海海域直接进行考察。虽然使用这种装置能下潜到水下 150 多米深，但是在科学研究上，这种仪器主要是用于小于 50 米的深度。1960 年，美国宾夕法尼亚大学教授乔治·巴斯对土耳其格里多亚角海域的古典时代沉船遗址进行调查、发掘，开创性地在水下实践了考古学方法，标志着水下考古技术的诞生。此后，乔治·巴斯的海洋考古队一直坚持地中海海域青铜时代海洋沉船的水下考古，于 1973 年成立了德克萨斯 A & M 大学航海考古研究所，他兼任人类学系海洋考古专业主任，出版有权威的《水下考古》（*Archaeology Under Water*）一书。同时期英国成立了"航海考古学会"，也先后调查、发掘、打捞了大西洋海域的一系列古代沉船。该学会编辑出版的《国际航海考古与水下探索杂志》（前述 IJNA），成为面向全世界的高水平的航海和水下考古学术交流平台。在亚太海域，英国考古学者吉米·格林自 1973 年以来进行的沉船考古工作已达 20 多处（其在澳洲、泰国、菲律宾海域以及我国东南沿海的工作最具影响）。

　　瑞典在水下考古方面做出了举世瞩目的成就。他们将一艘沉没于水底 300 多年的古沉船——沉没在斯德哥尔摩港、并完整保存的"瓦萨"号（Vasa）战舰——打捞出水。这艘建造于 1628 年的战舰在最初的设计上出现了重大失误，导致它在处女航时就立即翻船沉没。1956 年，有水下爱好者发现"瓦萨"号所在的位置，经过几年准备工作之后，该舰终于在 1961 年 5 月被打捞出水面。1967~1971 年在索伦特（Solent）发现并鉴定确认的"玛丽·玫瑰"号（Mary Rose）沉船遗址，也得到了学术界的认可。1999 年，英国打捞专家迈克尔·哈彻在南中国海打捞清代沉船"泰兴"号时，为了便于运输和抬高价格，竟然敲碎了 60 多万件成色普通的瓷器，将剩下的 35.6 万件瓷器运往欧洲进行拍卖。这种以获取金钱财富为目的的水下打捞，对古代沉船来说无疑是场灾难，打捞者们并不在乎沉船本身的历史研究价值。

　　如果说考古学家已认识到海洋考古这一新领域的重要性，并打算在此开始新的研究工作，那就决不能仅仅停留在目前的方法和技术范围内。与海洋有关系的诸多自然科学的吸收和引用，对于新研究领域的开拓和发展是十分必要的。因而，考古学家要想事先对水中新的研究对象有所了解，不仅要具有热情，还要选择与海洋、湖泊有关系的诸学科作为新的相关学科，跨越各种各样的专业理论局限，以确立互相协作、共同研究的方法论。毋庸讳言，这些相关学科是以海洋学、湖泊学、地质地貌学为中心的，反过来也可以认为，这时的海洋学、湖泊学等已经作为考古学的论据了。初期，考古学把"考古工地"限定在陆地上，所以无视水中考古遗迹的存在，或者是尚未将其放在恰当的位置上，因而不能深入水下，失去了直接进行水下考古的机会。但现在已开始了观察水下考古遗存并使之成为研究历史的资料的工作，考古学已经能够将考古工地向水下即海底、湖底扩张了。

在海洋科学发展上，海深的测定是最基础的条件。其方法在 20 世纪初就在摸索，但直至第一次世界大战之际，出于追踪潜水艇的战略需要，才进行声呐的开发，由法国物理学家兰鸠班研制成功后于 1923 年推向市场，被称之为兰鸠班式声呐装置。这一装置是从船底发出音波，碰到海底或异物其音波反射到船上收报机，计算其所需时间即可测知水的深度，这是水下声学与电子学结合的产物，这一发明给海底调查领域带来了一次大革命。此后，声呐研究在全世界范围内飞速发展，英国有 ASDIC（潜水艇探寻研究委员会研究机关的简称），美国有 SONA（由声音测定航线及距离方法的简称），日本于 1924 年由海军购入声呐设备，1931 年生产出"九〇"式声呐装置，在此之后屡有新型产品问世。

20 世纪中叶，经过一系列的海洋技术准备，水下考古学的帷幕终于拉开了。1943年，法国海军海底探险队队长杰克·伊万·库斯特和天然气设备公司工程师埃米尔·卡内在马赛研制出自动空气压缩机。这种机器的功能公之于世后，各国相继建立了潜水部队，二战后在港湾清理、扫雷作业以及海底的所有探索和调查等方面都发挥了巨大作用。今天，这种设备已广泛为人们所掌握并得到极大的普及。

第四节　海洋考古学研究的内容

海洋考古学在西方经历了漫长的学术探索过程。巴斯在开创水下考古之前，是一位对地中海古典历史文化研究卓有建树的专家，他在格里多亚角对沉船遗址的发掘，就是为了弥补古典文明史研究中仅依靠单纯文献史学的不足。1966 年，巴斯出版了《水下考古》一书，主张海洋考古必须为海洋社会历史与人文研究服务。澳大利亚吉米·格林从事水下探索的目的更是为了研究船舶技术发展史、东印度公司航海史等海洋经济文化史课题。1964 年成立的英国"航海考古学会"和巴斯主持的美国德克萨斯A&M 大学航海考古研究所，都十分注重海洋社会、经济与人文研究。由此看来，海洋考古作为考古学的一个新领域，一开始就无一不是构建在海洋社会、经济、文化与人文研究的学术宗旨上。面对当今世界打捞沉船巨大商业利益的诱惑，海洋考古应回归到这个宗旨上。乌鲁·布鲁恩水下沉船是水下考古最有名的发现之一。考古学家在土耳其南部乌鲁·布鲁恩发现的公元前 14 世纪的沉船中发现有 250 个四角牛皮袋装运的青铜矿砂及锡矿砂，每个重约 27 千克；还有蓝钴玻璃矿砂、象牙、河马牙、埃及乌木、金银首饰、武器等以及杏仁、橡子、松果和数以千计的橄榄、无花果、石榴子，还有整整一吨的可能用来制作葡萄酒或香油的树脂。这些遗物分别属于迈锡尼、塞浦路斯、埃及、巴比伦等，反映了当时地中海地区海上贸易的一角。尽管遗物如此丰富，但是考古学家却无法推测该船的归属。未来水下考古的一个关键领域是对随着海平面和海岸线的变迁已经淹没在水下的古代遗迹和遗物进行调查、勘测和发掘，运用考古学所特有的理论和研究方法作为认识问题和解决问题的手段，并使其发挥应用的作用。

一、海洋考古学概念

在西方，海洋考古学（Maritime Archaeology or Marine Archaeology）被视为调查、发掘和研究古代人类从事海洋活动之文化遗存的考古学分支学科。这一考古学的新领域即"水下"的考古学，也被称为"水下考古学"。它不囿于欧美一部分学者所惯用的"沉船考古学"和"沉船打捞考古学"，而具有更为广泛的意义。除了古代的沉船、沉没的货物、贸易、航线之外，沉没的城市、建筑及港湾设施，甚至被人们作为圣地的水域中的祭品都是水下考古学调查研究的对象。

海洋考古学既没有扩大考古学的概念，也没有改变考古学的研究方法。它不过是以水底的资料为研究对象。水下考古由于使用了新的研究手段，可以说更加扩大、完善和深化了考古学的方法论基础，也就是说，从整体上扩充了考古学知识领域。海洋考古学的特殊性在于其固有的任务，它要在迄今对考古学来说仍是未知世界的水下寻找研究对象，并在水下扩展新的研究领域。众所周知，考古学是以遗迹遗物等物质资料作为认识对象，进而研究决定它们的人类生活和文化的科学。由于海洋考古学是从被水淹没的遗物和遗迹这一角度进行研究，因而可能不能满足考古学所要求的某些条件。

吴春明对海洋考古学研究颇详，他在《海洋考古学》一书中阐述了海洋考古学的学科界定、研究领域、学科间的关系以及国内外海洋考古学发展史等等问题[21]。关于什么是"海洋考古学"，在考古学家和相关领域专家中，有不同的认识。其分歧的关键在于："海洋考古学"的"海洋"是指什么？海洋考古学是指研究海洋中埋藏的考古学文化遗存呢，还是研究海洋文化的考古学遗存呢？英国著名海洋考古学者基思·马克尔瑞（Keith Muckelroy）在《海洋考古学》一书中指出："海洋考古学就是人类在海上活动之物质文化遗存的科学研究。……她涉及海洋文化的所有方面，不仅仅意味着船舶等航海技术的遗存。""对作为海洋活动专门技术的船舶遗存的研究，只是海洋考古学的部分领域——航海考古学的内容。"[22] 英国伦敦格林尼治国家海洋博物馆的西恩·麦格雷[23]（Sean McGrail）在《海洋考古及船舶民族志的几个问题》一文中也认为海洋考古的中心内容是"海洋文化"。一本在美国通行的《历史考古学百科全书》对海洋考古学作了这样的界定："海洋考古学是多学科交叉中的一门新兴学科，涉及海洋交通、海洋技术、海洋活动之物质文化遗存的调查与历史复原。海洋物质文化遗存的内涵非常广泛、多样，可以是古代沉船，还可以是拦潮坝、捕鱼工具、港口、海防建设、海滨聚落、淹没地等各种不同的人类文化遗存。不像航海考古学家仅仅关心船舶的形态、建造与使用技术，海洋考古学家对海洋活动的各方面予以全面的考察，也由于它的系统性，海洋考古学不仅仅是'水下考古'的代名词。虽然海洋考古的不同领域内涵差别很大，但以海洋为基础的生计、贸易、手工业、防卫、开发、交通等是共同特征。"[24] 西澳大利亚海洋博物馆馆长吉米·格林（Jeremy Green）是东南亚与大洋洲海洋考古的开创者，他在其代表作《海洋考古——技术手册》这本强调海洋考古技术的专著中，虽主要针对海洋环境中埋藏的海洋文化，但书中亦明确指出："陆地上发现的古代沉船虽不出于海洋环境，也不属于水下考古，但却无疑属于航海或海洋考古学"[25]。由此可见，世界各国的海洋考古学家一般都认为，海洋考古学区别于其他考古学分支的特点在于，其研究对象是海洋文化的考古学遗存，而不是海洋埋藏的文化遗存，这就说明许多人将海洋考古等同于海底考古是不对的。海底考古主要是一个考古技术性的范畴，而海洋考古学则是考古学的一个学术理论领域。换句话说，海洋考古学是调查、发掘和研究古代人类从事海洋活动之文化遗存的考古学分支学科。要准确地把握这个概念，还得进一步解释"海洋文化"与"海洋文化遗存"的含义。文化与自然相对地存在，自然是地球与宇宙固有的存在，文化是人为的、生产的产品。英国社会人类学家马林诺夫斯基（B.Malnoveski）的理论[26]认为，文化是建筑在生物性基础上的，人类在满足生物性的各类需求（如饮食、居住、御寒、取暖、交通等）时，就创造了一个新的、第二性的、派生的环境即文化（如栽培、引养、聚落建筑、服饰、取火、车马、舟船等），而为了使这个"文化环境"得以维持，就创造了文化规格即组织和制度，这是一个更新、更高层次、更深刻的文化层面。

按照这一理论，可以说"海洋文化"是人类文化的一个重要方面，是人类在海洋活动中所创造的凌驾于海洋自然环境之上的一个新的、派生的环境。在海洋活动的工具方面，船舶是海洋文化的载体，港口、码头、栈桥是海洋文化休养生息的港湾、蓄势待发的基地。海洋活动的过程和结果也是海洋文化内涵的重要方面，如反映不同区域间文化海路交流的贸易或宗教物品、海路殖民、海洋聚落、航路轨迹等。海洋文化活动中的制度、组织、习惯等是海洋文化的深层内容，如历史上的禁海、开海、海关管理、海神信仰等。因此，海洋文化研究不能仅局限于考古学、历史学、社会人类学这些人文研究的主体学科内容，还涉及海洋学等自然科学，贸易学等经济科学，船舶、建筑、航海等工程科学内容。作为研究海洋文化的众多分支学科之一，海洋考古学仅仅涉及古代人类创造海洋文化的遗存部分，考古学上的"海洋文化遗存"主要是指海洋文化的物质文化遗存，通过海洋性的物质文化遗存去复原、研究海洋文化的多方面、多层面内涵，如古代船舶遗存及其所体现的造船、行船技术，港口与码头遗迹及其所体现的航海文化、技术，古代外销物品、舶来品及其所体现的海上经济文化交流等。就是说，海洋考古学与海洋文化研究中的历史学所强调的通过文献史料重建海洋社会文化史、社会人类学和民族学所强调的从现存海洋性社区文化调查中去寻找海洋文明史的方法和对象均不同。而且作为考古学的分支学科之一，海洋考古学包括了从调查、发掘等技术领域到海洋文化史理论综合的、完整的考古学过程。

二、主要研究领域

人类社会的海洋性文化活动是多方面的，除了主体性的航海活动外，还包括沿海、近海人群的一系列面向海洋的社会经济与文化活动，如古代东南沿海的外销陶瓷手工业活动以及丝、茶产业等。由于海陆变迁等原因，人类的海洋文化遗存不仅发现于海底，还同样见于陆上，即便是航海活动的物质文化遗存如沉船、码头等也是如此。因此，海洋考古学的学术领域是多方面、多层次的。海洋考古学区别于其他考古学分支的特点在于其研究对象是海洋文化，而不是海洋埋藏文化[27]。

（一）沉船考古

船舶是世界上一切海洋文化的主要载体。沉船考古（Shipwreck & Wreck Archaeology）是调查、发掘、研究古代沉船实物及相关遗存的海洋考古分支，其研究对象是一切古代沉船实物，包括不同埋藏环境（水下、淤积陆地等）中的沉船。随着我国中古、近古航海时代的不断推进，在环中国海主要是东南沿海遗留了许多汉唐时期，尤其是宋元明清时期的沉船遗存，成为我国海洋考古的一大特色。沉船考古资料对于建构海洋贸易史、海洋交通史、海内外移民和开发史等海洋社会经济环节都是不可多得的。沉船遗址是海洋考古研究的重要目标。对于沉船遗址的调查和发掘，不仅先要对海底环境作全面的观察与描述，还要对遗址的保存和分布情况作认真的分析研究，这样才能确定发掘区域和发掘重点。不少沉船中拥有种类繁多、数量惊人的遗物，也需分门别类地加以整理。近年来，海底沉船的不断发现，为研究古代船体的造型、结构、工艺、用材等都提供了丰富的内容和资料，使古代造船和航海技术史的研究呈现出新的局面，不仅填补了整个航海史和造船史的一些空白，也打破了许多旧的认识界限，开辟了新的探索领域。

国内近年考古发掘了不少古代沉船[28]。1974 年春，浙江舟山定海白泉农民在兴修水利时挖出大批木板、木头，经文博部门现场考察，确定其为宋代沉船残体。1984 年，浙江舟山文博部门在定海岑港外钓山清理了一艘明代战船，出土了铁炮、铁铳等数十件文物。2004 年，又发现了一艘古船的残骸，在这艘古船残骸附近的不同地层中，还陆续发现了一些宋代的酒瓶、瓷碗碎片，同时还有元代吉州窑的"兔毫盏"、明代早期的青花瓷碎片，而和古船残骸同一深度的地层中，多为宋代器具，据此推断此船可能是宋元时期的古船。1974 年，在泉州后渚淤积陆地调查、发掘出沉船实物与船货[29]。1978 年，在宁波东门口码头遗址中找到了一艘元代木船的残体，与泉州沉船、韩国新安沉船结构相似，再现了中世纪远洋木帆船的形态特点[30]。1990 年以来，福建连江发现多处宋元明不同时期的沉船，如"白礁Ⅰ号"宋代沉船的龙骨和大量瓷器，"白礁Ⅱ号"的明代沉船及青花瓷，"碗礁Ⅰ号"的清代沉船及青花瓷。另外，广东发现的"南海Ⅰ号"沉船和海南西沙群岛发现的"华光礁Ⅰ号"沉船，都展示了古代海上交通繁忙的景象。它们就像一卷卷内涵丰富的海洋历史档案，扩展了海洋社会历史研究的新领域和新资源。

沉船考古不但要研究沉船船体本身的遗存，还要通过对船货、用具等遗存的调查研究，探讨外销或舶来的物质文化史、贸易史、经济史、船上社会等有关的领域。此外，在中外考古发现中都有不少古代船模和船舶图像文字资料，它们虽不属于沉船考古，但对于复原研究古代船舶形态及造船技术发展史具有同样重要的意义。除了沉船遗址提供的材料外，在海底发现的锚及碇石等，也可以揭示出有关过去海上贸易及贸易路线方面的情况。因为，这类遗存物显露了古代航船经常躲避灾难的藏身之地。从理论上说，在这类遗址上发现的不同时期不同来源的锚的数量大小及其相对频次，能够相当可靠地反映出在各个时期内各个航海民族对海洋的熟悉程度和各条航线的相对重要性。

（二）海港考古

与沉船相关的，还有锚地、港口和码头，它们都是海洋活动的组成部分。这也是海洋考古的重要内容。

海港是古代船舶停靠、装卸货物、避风的重要设施。同时，作为集散地的海港，不仅是海洋社会、经济、文化体系的中心，也是海洋交通文明史的起讫点。海港考古，就是对古代港口、码头、锚地等泊船设施及相关遗迹的调查、发掘与研究。考古学所揭示的古代海港发展史，同样拓展了海洋社会经济史研究的新视野，对于海洋技术史、对外贸易史、海洋交通史等的研究都具有重要意义。海港遗迹既存在于陆上，也见于水下，除了田野考古工作上与沉船考古一样需关注淹没于水下的港口史迹外，还应关注码头及相关航运设施，它们是海港社会经济文化的龙头，如泊船、航标、灯塔、仓储、市舶管理等一切与港口储运有关的考古遗迹；道路与疏港系统是海港社会经济文化体系的有机构成，要将港区内部的道路、桥梁网络和连接经济腹地的道路、驿站等作为支撑港口的系统设施来研究。海港区的石刻、墓葬、寺庙等人文史迹，虽不是海港设施本体，却同样是以海港为中心的海洋文化活动直接和间接的结果。海港不是一个孤立的文化存在，海港以外的许多与海洋文化有关的遗存也与海港考古密切相关。

（三）海洋性聚落考古

除了与海洋文化活动直接有关的船舶、海港遗迹等内容外，海洋考古还有更广阔的学术领域，海洋性聚落的考古发现与研究就是其中之一。应该说人类（特别是早期人类）的聚落行为主要是大陆性的，但沿海地区的海洋性聚落活动很早就开始发育了。这些聚落活动的特点是沿海岸活动，靠海洋为生，如沿海地区史前考古中常见的贝丘、沙丘遗址应主要就是这种海洋性的聚落文化遗存。从理论上说，这些非直接海洋文化活动的海洋性聚落遗迹同样是海洋考古学的工作对象。由于生态与文化的延续性，以海洋采集兼事稻作经济为特点的海洋性聚落文化从史前时期一直延续至很晚的历史时期。晋代陆云说："火耕水种"，"断遏回浦，隔截曲限，随潮进退，采蚌捕鱼"。又由于海陆变迁等原因，这类海洋性的聚落文化不仅见于海岸上，也开始发现于海底。在宏观视野上，较大时空内的海洋聚落遗迹，体现了区域文化形态结构、发展过程，是海洋社会文化史的重要组成部分。聚落考古是20世纪后半叶在西方兴起的考古学研究领域，是考古学发展新阶段的标志，海洋性聚落考古的田野工作也随着水下考古技术

的完善而处于起步阶段，从学科发展的长远设想看，它有望成为 21 世纪海洋考古及海
洋社会史研究发展、完善的新的增长点。

第五节　小结

海洋考古学的发展可以归结有以下三个特点：一、时间短，发展迅速。与考古学
其他分支学科相比，海洋考古学是一门非常年轻的学科。二、发展不平衡。海洋考古
学起源于地中海，西方水下考古研究相当成熟，但其他地区的工作则处于起步的阶段。
三、海洋考古工作者的专业背景比较复杂。由于这是一门边缘性学科，且刚刚兴起，
势必吸引不少不同目的、不同职业、不同爱好的专家从事这种工作。但总体来说，海
洋考古学正得到各国重视，今后的海洋考古将会有更多的新发现、新研究，势必为海
洋文化史的研究增添新的篇章。

注释

① 李庆新：《海洋考古与南中国海区域经济文化史研究》，《学术研究》2008 年第 8 期，第 108~113、
　160 页。

② 基思·马克尔瑞：《海洋考古学》，海洋出版社，1992 年，第 155~157 页。

③ 王冠倬：《中国古船图谱》，生活·读书·新知三联书店，2011 年 5 月，第 28~35、62 页。

④ 阎根齐：《南海古代航海史》，海洋出版社，2016 年，第 32~33 页。

⑤ 张静芬：《中国古代的造船与航海》，商务印书馆，1997 年，第 3 页。

⑥ 张向冰：《舟船的文明》，《海洋世界》2009 年第 12 期，第 58~60 页。

⑦ 孙光沂：《中国古代航海史》，海洋出版社，2005 年，第 22 页。

⑧ Barry Rolett：《中国东南的早期海洋文化》，《百越文化研究——中国百越民族史学会第十二次年会
　暨百越文化国际学术研讨会论文集》，2004 年，第 5 页。

⑨ 河姆渡遗址考古队：《浙江河姆渡遗址第二期发掘的主要收获》，《文物》1980 年第 5 期，第 1~15 页。

⑩ Geikie, J. Discovery of an ancient canoe in the old alluvium of the Fay at Perth, *Scottish Naturalist*, 1879 (5) :
　1–7.

⑪ Hornell, J. British coracles and Irish curraghs, *Society for Nautical Research*, London, 1938: 25–30.

⑫ Lucas, A. T. The dugout canoe in Ireland, *Varbergs Museum Arsbok*, 1963 (68) : 57–68.

⑬ Mc Grail, The Brigg raft reexcavated, *Lincolnshire Hist*, 1975 (10)：5–13.

⑭ 程晓：《我国古代造船技术的兴衰及其启示》，武汉科技大学硕士学位论文，2007 年，第 1~2 页。
　　陈文钦：《中国古代舟船发展简述》，《才智》2018 年第 31 期，第 202~203 页。

⑮ 谭书龙：《魏晋南北朝舟船发展述论》，《内江师范学院学报》2005 年第 3 期，第 136~140 页。

⑯ 席龙飞：《中国造船史》，湖北教育出版社，2000 年，第 61~70 页。

⑰ 吴春明：《环中国海沉船：古代帆船、船技与船货》，江西高校出版社，2003 年，第 11~30 页。吴
　　春明、孙若昕：《海洋文化遗产的多学科新探索》，《华夏考古》2013 年第 04 期，第 141~150 页。

⑱ C.W. 西拉姆著，刘迺元译：《神祇·坟墓·学者——欧洲考古人的故事》，生活·读书·新知三联
　　书店，2001 年，第 80~95 页。

⑲ 曹兵武：《最简考古学概论》，2014 年，第 11~20 页。

⑳ 小江庆雄：《水下考古学入门》，文物出版社，1996 年，第 30~40 页。

㉑ 吴春明：《海洋考古学》，科学出版社，2007 年，第 20~40 页。

㉒ Keith Muckelroy, *Maritime Archaeology, New Studies in Archaeology*, Cambridge, 1978. 中译本：［英］
　　马克尔瑞：《海洋考古学》，海洋出版社，1992 年，第 48 页。

㉓ Sean McGrail, Boat ethnography and maritime archaeology, *International Journal of Nautical Archaeology
　　and Underwater Exploration* (UNA)，1984, 13 (2)：149–150.

㉔ Charles E. Orser (ed.), *Encyclopedia of Historical Archaeology*, Tarlor & Francis Group, 2002: 111–115.

㉕ Jeremy Green, *Maritime Archaeology, A Technical Handbook*, Academic Press Limited, 1990: 120–124.

㉖ B. 马林诺夫斯基：《科学的文化理论》，转引自 C. A. 托卡列夫《外国民族学史》，中国社会科学出
　　版社，1983 年，第 241 页。

㉗ 吴春明、张威：《海洋考古学：西方兴起与学术东渐》，《中国海洋大学学报（社会科学版）》2003
　　年第 3 期，第 43~49 页。邱克：《浅谈海洋考古学》，《海交史研究》1984 年第 1 期，第 67、
　　115~121 页。

㉘ 贝武权：《海洋考古与海洋文化建设——以舟山群岛为例》，《浙江海洋学院学报（人文科学版）》
　　2008 年第 1 期，第 37~42 页。

㉙ 福建省泉州海外交通史博物馆：《泉州湾宋代海船发掘与研究》，海洋出版社，1987 年，第 102~123 页。

㉚ 宁波市文物管理委员会：《宁波东门口码头遗址发掘报告》，文物出版社，1981 年，第 35~40 页。

第二章　世界海洋沉船概况

人类的历史就是不断征服自然的历史，当认识到从海洋中可以得到与陆地上不一样的收获时，人类就开始向往海洋、开拓海洋，进而征服海洋。当然，征服过程也并非一帆风顺，期间不计其数的大小船只去而无返、葬身海底，其中一部分沉船上装载有数目惊人的黄金、文物、艺术品等珍贵货物，它们像是一种历史化石，记载着人类文明的遗迹。海洋中众多沉没的船只，吸引了考古学家、历史学家们的注意和探究，也受到了别有用心的盗捞者的觊觎。

在许多情况下，海洋中沉船遗存物的保存状况极为良好。当然，在深水里要使各类材质物品较好地保存下来，这要根据当时的环境及随船货物的材质而定。首先最重要的条件是使所有物品迅速地被淤泥层掩埋，造成一种天然的密闭环境，从而形成一种持久的原始状态，大部分深海海底沉积是由陆上吹来的灰尘和海洋生物的尸体形成的淤泥和软泥组成的；其次，深水里没有波浪和海流，这种海底沉积环境一般很稳定，这保证了被掩埋的任何物品处于不受侵扰的状态；再者，深水水流运动很小，这就消除了沉船受到的外力作用及机械磨损，而且减少了对沉船的破坏；最后，深海海水的含盐度和温度都比较低，使许多材料尤其是金属材料发生化学腐蚀的速度减慢，从而得以保存。地中海最深处水温约为 13℃，比表面水温低 10℃，在大洋底部的水温则恒定保持 4℃，在这一温度下许多化学反应会受到很大的抑制，在大约100 米深度以下的深水里，蛀木水虱和船蛆几乎就不能生存，在海底水层与海面含氧水层之间没有产生显著对流和混合的环境中，以及在有机物足以消耗掉扩散到深水中氧的环境中，都可能形成有利于沉船保存的缺氧环境。即使在含氧环境中，由于极深处的水非常寒冷，生物的活动性也会明显地减弱，这些都保证了沉船能长久保存下来[①]。

第一节　国外沉船简介

沉船是研究古代航海技术、造船技术、航海文化和古代社会文明的重要实物资料。据不完全统计，至今仍有数百万艘尚未打捞的沉船潜藏在世界各个海域里。公元前4世纪时希腊的阿里斯特泰莱斯，可以说是海洋学始祖，提出人类在海中行动可以使用一种潜水钟。公元前5世纪，历史学家埃罗德特斯记载了海洋探查最古老的方法即铅锤探测法。1960年，美国考古学家乔治·巴斯（George Bass）应邀对土耳其格里多亚角（Cape Gelidonya）海域的公元7世纪拜占庭时期沉船遗址进行调查和发掘，他首次开创性地以科学的陆地考古方法应用于水下遗址的发掘及研究，被视为水下考古学发展史的起点。

一、欧洲沉船

沉船事件的最早记载是在公元1世纪，有两艘全长77米的罗马巨船沉没在罗马东南25千米的内米（Nemi）湖湖底，它们是暴君卡里库拉（Caligula）时代建造的皇家大型游艇[②]。1446年，雷温·巴特斯塔·阿尔伯特确定了沉船在内米湖的位置，试图采用绳拉的方法打捞其中的一艘沉船，不幸失败。1535年，弗朗·西斯科·德·马其使用极其简陋的设备潜入水中调查了其中的一艘沉船，他确认了一部分铺砖的甲板，发现了很多锚，还测量了船体，记录了该船长约70、宽约35米。1827年，技师安内西奥·弗斯尼科等用自制的潜水箱潜入水中，想利用在水面上的大型平底船用绳子将沉船拖曳上来，可惜也失败了。1895年，有人用潜水浮筒打捞沉船器物，现陈列在罗马博物馆的巨大青铜兽头即由此而来（图2-1）。1928年，墨索里尼下令排干湖水，水位下降3米时，两艘罗马时代的木造船雄姿再现，其中一艘船长71.3、宽20.1米，另一艘长72.8、宽23.8米。船上装饰华丽，甲板铺设马赛克和大理石薄板，上面尚存有青铜和大理石的立柱，且设有专用的浴室，因而被认为是罗马贵族游览及娱乐的专用船只。不幸的是，1944年，德国军队将其破坏，但在湖边的博物馆中尚陈列着该船缩小的模型及发现的其他遗物。在墨索里尼时代的调查之前，V·马尔法蒂对内米湖古船的调查进行了总结，于1905年出版了《内米湖的罗马古船》，可以说，这不仅是关于湖底沉船的科学记录，也是世界上最早的与水下考古学有关的著作。

图 2-1　狮头和狼头造型的青铜梁头

［作者于中国（海南）南海博物馆"向海而生——古罗马海港的传说"展览时拍摄］

1702 年，西班牙历史上著名的"黄金船队"在大西洋维哥湾被英国人击沉，约有 5000 辆马车的黄金珠宝沉入了海底，从而留下探宝史上一大遗案。

1900 年，在希腊的安提基西拉岛海湾海绵打捞潜水工人在作业时，偶然发现了沉在海底的大理石像和青铜像，并打捞上来一只青铜像手腕，由此发现了一艘沉船。希腊政府知道后组织了世界上第一次由国家参与的海底考古学调查。1900 年到 1901 年，动员了大批潜水员进行工作，进行了一次彻底的打捞，采集到了青铜像碎片并最终将其复原，另外还发现了双耳陶罐、雕像、首饰等器物。1953 年，法国的库斯特和迪玛使用空气压缩装置对这艘沉船重新进行了调查，推测船的重量在 300 吨以上；根据对部分船板所做的放射性碳元素年代测定，知其为公元前 260 年至公元前 180 年左右的船，其沉没时代当在公元前 80 年至公元前 65 年之间。这是首开先河的第一次古代沉船调查，在考古学和历史学上具有极为重要的意义。

1925 年，在希腊爱琴海深处的马拉东海湾的海底由渔网打捞出一尊青铜像——"马拉东青年像"，现存于雅典国家考古博物馆。专家认为这是希腊大雕刻家普拉克西泰莱斯的作品。

同年，发现了意大利阿尔本加港湾的海底沉船，20 年后又在捞贝时从水深 40 米的海底打捞出很多被认为是船上货物的古代陶器。意大利波尔迪盖拉利古利亚研究所联合一家公司承担了海底调查任务，1950 年开始对阿尔本加沉船进行探查，在很多打捞上来的双耳陶瓶内侧发现了类似沥青的涂料。推定这一艘沉船是公元前 2 世纪到公元前1世纪初的罗马商船。虽然这一工作是由考古学家指挥的，但其现场工作却采用了极其粗暴的采集方式。

1928年，在希腊埃维厄岛的亚尔台米希温海角的海底，发现了一尊"波塞冬"青铜像，据说是雅典艺术品收藏家安德尼斯·拜那基斯雇佣海绵潜水工打捞上来的。这尊雕像是公元前5世纪前后制作的三尊早期青铜像中仅存的两尊之一，是十分珍贵的遗物。传说这尊雕像最初放置在科林索斯的伊斯特毛斯，后来在运往君士坦丁的途中，因遇难而沉没海中。

1973年夏，沉没于挪威西海岸隆德岛海湾的"阿凯兰达姆"号船的财宝被潜水员们打捞上来，这是250年前沉没的荷兰东印度公司帆船货物的一部分。船上载有公司职员的工资和用来买香料的现金近30万荷兰盾。该船为躲避海盗的袭击，打算绕行北海而失败，沉没于隆德岛附近。

1975年8月3日，以赛德·安道留斯大学柯林·马迪博士为团长的调查团，工作了4年时间，使用了当时水下考古学的几乎所有设备和方法，发掘了沉没在爱尔兰近海海域的西班牙无敌舰队沉船。

二、美洲沉船

1687年，美国的威利阿姆·费布斯在巴哈马海域发现了一艘覆盖在珊瑚下面的黑色船体，他利用潜水球等设备，成功地打捞了金银条，船载着27吨财宝回到伦敦。费布斯成功的消息在欧美广为流传，极大地刺激了海洋探险热和冒险精神，使搜寻海底宝藏形成了一股不断高涨的浪潮[③]。

1708年5月28日，一艘西班牙大帆船"圣荷西"号缓缓从巴拿马起航，向西班牙领海驶去。这艘船载满着金条、银条、金币、金铸灯台、祭坛用品和珠宝，这批宝藏据估计现在至少值10亿美元。同年6月8日，"圣荷西"号被英国舰队击沉，"圣荷西"号连同600多名船员以及无数珍宝沉往海底。沉没地点经无数寻宝者的探测，终于有了一个大概的位置：它在距哥伦比亚海岸约10千米的、加勒比海740米深的海底。1983年，哥伦比亚公共部长西格维亚正式宣布，"圣荷西"号是哥伦比亚的国家财产。

1857年9月10日，正值淘金热潮，一群淘金者乘坐的"中美"号汽船在巴拿马海域遇上飓风，妇女和儿童被送上救生艇获救，但423名淘金者连同他们用血汗换来的那些无法估量的黄金却深埋海底。

1976年10月，一位渔民在墨西哥湾维拉库鲁斯附近海湾的浅海中打鱼时发现了金质护胸、金条以及宝石等 50 多件文物。墨西哥的考古学家们认为这些财宝很可能是古代阿斯泰加帝国传说中门泰斯玛财宝的一部分，从而引起了极大的轰动。

　　1985 年 7 月 20 日，世界上最著名的"海底宝藏捕手"——梅尔·费雪经过多年的寻找，终于找到了"阿托卡夫人"号沉船。据记载，"阿托卡夫人"号运宝船上共有重 40 吨的财宝，数千件古代器物，其中黄金就有将近 8 吨，宝石也有 500 千克，所有财宝的价值约为 4 亿美元。梅尔和他的团队称，这是继 20 世纪 30 年代发现埃及法老图坦卡门墓之后最丰富的财宝。

三、非洲沉船

　　1907 年，采摘海绵的工人在北非突尼斯东部的玛迪亚海水深 40 米的海底，发现了一艘沉船。此后，从 1908 年到 1913 年，共进行 5 次调查。据推测，这艘沉船应是从雅典皮莱乌斯港出航，在驶往罗马的途中遇到风暴向南漂流而沉没。该船长 36 米多，宽 10 米多，可能是无桨的椭圆形帆船。根据遗物的相关研究，推定其年代在公元前 2 世纪末到公元前 1 世纪初。"玛迪亚"沉船逐渐在学术界引起较大的反响，为 20 世纪初考古学调查的发展提供了一个很好的实习机会，并为其方法的摸索和实习创造了良好的开端。法国著名史学家和美术评论家马尔塞尔·布利茵对这艘沉船的调查给予高度的评价和赞扬，认为是"水下考古学的最早的胜利"。

　　1967 年，采集海绵的工人在塞浦路斯岛北岸基莱尼亚海域水深 30 米的海底发现一艘沉船——"基莱尼亚"号，这是公元前 4 世纪前后的古希腊沉船。自 1968 年起，班西鲁尼亚大学的考古学调查团对其进行了大规模的调查发掘工作，打捞上来 400 多个双耳陶瓶，发现船舷一侧损伤严重，船体的保存情况极其完好，除发现了甲板、桅杆座、木制滑车等之外，还在船内发现了壶、钵等陶器及青铜釜、货币及宝石等文物，货币中包括公元前 361 年至公元前 294 年间的马凯德尼亚铜币。船体在海底实测后，于 1970 年分解打捞出水。

四、亚洲沉船

　　1945 年 3 月 28 日，"阿波丸"号从新加坡驶向日本。4 月 1 日午夜，"阿波丸"号航行至中国福建省牛山岛以东海域，被正在该海域巡航的美军潜水舰"皇后鱼"号发现并击沉。据说"阿波丸"号船上装载有黄金 40 吨，白金 12 吨，大捆纸币，工艺品、宝石 40 箱，据估计，所有财富价值高达 50 亿美元。除了这些金银财宝，"阿波丸"沉船上很可能还有一件无价之宝——"北京人"头盖骨化石。1977 年中国曾对"阿波丸"号沉船进行过打捞，但一无所获。

1980~1995 年，日本文部省着手对九州岛西部长崎鹰岛海域内沉没的船只进行调查。但因各种原因，并未发现沉船遗骸本体，只发现了 20 多件战舰碇具，分碇石和木锚两种构件。还发现一批用具，其中一件青铜印的印铭为八思巴文"管军总把印"，并在一侧刻有汉字"至元十四年（1277 年）九月造"，这为确定沉船遗骸的年代提供了重要依据。

20 世纪，在日本福冈博多湾海底和沿海淤陆不断发现古代沉船、沉物线索，博多湾沿海发现的多件古代碇石就是最明确的古代沉船遗物之一④。1931 年，在修筑博多湾工事时发现 9 件被称为"蒙古军船碇石"的遗物，以后又接连发现近 30 个碇石，同时出水的还有中国宋代的钱币和瓷器。1962 年，在博多湾内打捞到宋元时期的海兽葡萄纹铜镜等物。自 20 世纪 50 年代以来，日本濑户内海东部当地渔民就经常在海底拖网捞出古代瓷器。这些瓷器主要是中国明代的产品，包括菊瓣纹和题写"福""寿"的青花瓷碗、瓶等器物，初步推测是一处中国明朝贸易沉船遗址。但由于这个地点水深达 80 米，超出了常规潜水的极限，所以还没有开展正式的水下考古调查。

1975 年夏，韩国西南的全罗南道新安郡渔民在道德岛附近海域作业时捞出 30 多件中国瓷器。1976 年 11 月，韩国文化部文物局立即组织考古学家和海军潜水员进行水下探摸，确认了一艘古代沉船的存在，即"新安"沉船⑤。1977~1984 年，联合考古队对沉船遗址连续进行了 10 次大规模的水下探查和发掘，找到了比较明确的木结构船体遗迹以及大量船货等遗物。震惊中外的"新安"沉船打捞迄今仍是东亚沉船考古史上最重要的发现。"新安"沉船木残骸保存状况较好，残长 21.8 米，上部残存最大宽度 6.4 米。船体在水下拆解后被分别打捞出水，前后出水的船板、龙骨、舷板和其他构件等共计 2566 件，大体可以确认"新安"沉船的规模、形态与结构特点。打捞出水的文物有陶瓷器、金属器、香料等船货和船员用品以及大量的中国铜钱，这是古代沉船考古上收获最丰富的地点之一。陶瓷器是最重要的船货，历次打捞出水的陶瓷器达 2 万余件，经鉴定，这批瓷器包括浙江南部龙泉窑系的青瓷、江西景德镇窑系的白瓷和影青瓷器以及福建建窑系的黑釉瓷器、江西吉州窑的白釉黑花瓷器、河北磁县磁州窑系的白釉褐花瓷器等。船货中中国铜钱的重量达 28 吨多，分别为唐、宋、辽、金、元、西夏等各朝铜钱，最晚的为元代"至大通宝"。香料数量极多，有檀香木、药材、胡椒、果核等。此外，还有各种金属制的宗教用具、生活用具。"新安"沉船的打捞引起了国际上的广泛关注，1977年在韩国汉城（今首尔）、1983年在日本东京先后两次召开"新安"沉船文物国际学术讨论会，将该沉船的研究推入高潮。发表的研究成果也涉及古船的时代与属国、船体形态与结构、船载货物与航线等广泛的学术领域。根据船货中中国瓷器、铜钱及墨书木签等文物的特征，考古、历史学家一般都肯定这是一艘元代中晚期始发于华南港口或始发于东南亚途经华南港口、目的港为日本的大型商船。

1991年，韩国木浦海洋文物保护所在全罗南道珍岛郡碧波里海滩还发现一艘古代沉船。该船残长16.85米，全船尖舷阔舰、头低尾高，由三段樟木使用榫卯和铁钉连接加固。沉船上发现了陶瓷和钱币遗物，瓷器有中国青瓷和高丽青瓷两种，保寿孔中的铜钱有宋代"皇宋通宝""至道元宝"等。船材经碳十四测定年代为距今710±30年，与铜钱和瓷器年代相符。考虑到该船取材于中国江南特产的樟木和马尾松，船体结构也是华南造船传统结构，该独木舟应来自中国宋朝的南方沿海。

1983~1985年，英国海洋沉船宝藏打捞商米歇尔·哈彻在印度尼西亚宾坦岛外约12海里的斯特霖威夫司令礁发现一艘被称为"中国帆船"（Chinese Junk）的古代沉船，打捞出2.7万件精美的中国瓷器，大多数是明末江西景德镇窑的青花瓷器。瓷器中有两件"癸未春日写"款的筒形瓷罐，"癸未"年为明崇祯十六年即1643年。1985年，哈彻又在斯特霖威夫司令礁附近的吉德亚多夹暗礁发现了1752年沉没的荷兰东印度公司"吉特摩森"号（Geldermosen）商船，获得大批中国瓷器和金锭等贵重文物。"吉特摩森"号总共打捞出水15万件瓷器，主要是中国清代乾隆年间景德镇青花瓷器；金锭125块，每块重750克，并带有标明质量的中文印记；沉船上铜炮铭刻"VOC"阿姆斯特丹商会的字徽。该船长45.72、宽12.8米，载重量115吨。1749年抵达荷兰东印度公司总部巴达维亚，1751年12月18日驶离中国广州准备返回荷兰，1752年1月3日航行至南中国海南部时撞上吉德亚多夹暗礁而沉没。

1984年，一艘私人盗捞船在马来西亚柔佛海域的荷兰东印度公司商船"莱斯顿"号（Risdam）沉船遗址上捞宝时被马来西亚海军截获，当地的博物馆和海军组织人员对沉船遗址进行了联合调查。1713年建成下水的"莱斯顿"号曾两次成功航行于欧亚航路之间，1727年第三次航行中在马来半岛南端的柔佛州海面沉没。沉船文物有象牙、锡锭、苏木等。

1998~1999年，在印尼勿里洞岛（Belitung）附近海域发现并打捞出一艘沉船，因船骸西北方150米处有一处黑色礁石，推测船舶航行过程中，很有可能是撞击这块礁石而失事，故将沉船命名为"黑石"号（印尼文译名 Batu Hitam）或"勿里洞"沉船（英文译名 Belitung Shipwreck）⑥。沉船的位置距离勿里洞岛海岸不到 2 海里，深度仅有 17 米。残存的船体长 18、宽 6.4 米，龙骨保存基本完整，长 15.3 米，与肋骨、船板等以绳索缝合和榫卯结构衔接。绳索用植物纤维制作，直径约 16 毫米。绳索穿过船板的钻孔，钻孔十分密集，间距 5~6 厘米。龙骨和艏柱用榫卯接合，船体未见铁钉、铁栓等，但在船体结构边缘或相接处发现类似青柠汁的填充物或黏合剂。从造船工艺看，专家们普遍认为"黑石号"是一艘缝合船，船的形制为阿拉伯独桅三角帆船，类似阿曼船，这种制作工艺曾流行于阿拉伯、印度等地，而不是中国船。"黑石号"出水船货种类十分丰富，从材质上分，包括陶瓷器、金属器、漆木器、玻璃器以及有机物。其中以瓷器为大宗，约 6.7 万余件，不仅数量达到了此船船货总量的 95% 以上，这也是唐代瓷器在海外最大规模的一次集中发现。陶瓷器为公元 9~10 世纪外销瓷"四组合"：湖南长沙窑瓷器、浙江越窑青瓷、河北邢窑白瓷和广东各窑口青瓷，其中长沙窑产品占陶瓷船货的大宗，约 5.6 万多件。

"井里汶"沉船是一艘船货装载量十分巨大的沉船⑦。沉船地点在距离印尼井里汶外海约 100 海里处，沉没年代比"黑石号"稍晚，约为公元 10 世纪。2001 年，当地渔民发现了沉船线索，并上报印尼文物部门。调查、准备和发掘工作集中在 2003~2005 年，由一家名为 PT.PPS 的印尼沉船打捞公司按照水下考古规范对沉船进行正式发掘。遗址原始堆积高 3~5、长 90、宽 60 米，位于深约 57 米的海底。沉船残骸长约 31、宽 10 米。打捞出水遗物数量多达 49 万余件，共 521 种。因造船木材仅产自苏门答腊或加里曼丹，分析者认为船体应为东南亚本地建造。与"黑石号"沉船显著不同的是，"井里汶"沉船船货种类结构表现出极强的多样性和复杂性。来自中国的器物不仅包括超过 30 万件来自不同产地的陶瓷器，还有大批银锭、铜钱货币、南汉铸铅钱货币、铜镜、漆器等，其中占比最大的是越窑青瓷，还有少量安徽和河南窑口的白瓷等。

这两艘沉船是当时繁荣的海上贸易的见证者，船货中大量的中国瓷器令人叹为观止，勾勒出海上贸易盛景。可以说，瓷器外销在 8 世纪中叶兴起后不久，在贸易规模、贸易范围、器物质量等方面都得到长足进步，甚至达到了中国瓷器外销历史上的第一个高峰时期。海上丝绸之路的贸易黄金时代要远早于欧洲人带来的大航海时代，湖南长沙窑是首开先河的外销瓷窑场⑧。

1999 年 5 月，哈彻再次在印尼一侧的南海海域打捞出一艘清代沉船，获得青花瓷器 35 万件，并于 2000 年 11 月在德国斯图加特拍卖。该沉船是 1822 年从厦门出发驶往南洋的"泰兴"号商船，船上运载的青花瓷器大都是福建德化窑的产品。

2002 年，在印尼爪哇附近由德国公司打捞的中国唐代沉船中，发现唐代文物约 6 万件，90% 以上为瓷器，而其中又以长沙铜官窑瓷器最多，各式碗有 5 万余件，壶约 700 余件。这批文物不仅十分珍贵，而且作为 9 世纪时中国与外国交流的见证物，在中外交通史、贸易史和文化交流史方面有极其重要的研究价值。

第二节　国内沉船的发掘

中国是一个拥有漫长海岸线和众多岛屿的国家，也是拥有众多江河湖海的国家。远古时期，人类以采集和渔猎为生，"逐水草而居"。为了进行水上活动，就必须利用和制造渡水工具，古代人们很早就开始了解并使用船只进行水上活动。早在距今 1 万年到 4000 年，人类就用斧、凿以及不断成熟的木工技术制造出了独木舟。独木舟的出现，开始了中国造船业的历史[9]。

1958 年，江苏武进淹城护城河中发现三艘周代独木舟，最大的一艘长 11 米，另两艘分别长约 7 米和 4.35 米。独木舟都用粗大的整段树干挖空而成，中间宽、两端窄，形如梭形，内壁有焦炭和斧凿痕迹，说明独木舟是用最为原始的木炭蚀烧法掘槽加工而成的。

1960 年，江苏省文物工作队在扬州施桥的唐宋码头中发现两艘沉船，这两艘沉船一大一小。大船用楠木制造，残长 18.4 米，分隔成 5 个大的舱位。小船是用楠木剖成的独木舟，全长 13.65、宽 0.75 米，舟身狭长，两端略微上翘，横断面型线为半圆形，船头有铁钉加固的补充板，是大船拖带的小船。大船内所出的遗物有青瓷钵、四系罐和铁刀、铁铲等物，具有唐宋时期特点。

1973 年，南京博物院在江苏省如皋县（今如皋市）蒲西马港河发现一艘沉船。该船全长 17.32、最宽处 2.58 米，用 3 段木料前后榫合而成，艏艉稍窄，平底微弧，船体内有 9 个舱位。出土了许多唐代陶瓷器以及"开元通宝"铜钱等，可以确定这是一艘唐代内河和沿海航行的帆船。

1973 年，浙江省宁波市文物管理委员会在宁波和义路的唐代船厂遗址中发现一艘木船。木船为一艘由整木挖成的独木船，尾部略有缺损，复原长 11.5 米，船内有 17 列挡隔板的痕迹。同时发现的还有晚唐时期浙江慈溪上林湖相关窑场生产的青瓷碗、盘、壶、杯等物，其中一件碗上有唐宣宗"大中三年"（849 年）印记，显示该船应属晚唐时期。

1973 年，福建省考古人员在泉州后渚港的海滩上发现一艘宋代沉船。沉船的甲板和上层结构已不复存在，基本上只残留了船底部，残长 24.2、残宽 9.15 米。船首存有艏柱和一部分底板，这一部分底板损坏较严重，船身中部底板、舷侧板和水密舱壁保存较完好，舱底座和船底板也较好地保存下来。船底部结构为尖底，头尖尾方，船身扁阔，平面近似椭圆形。舷侧板为三重木板结构，船底板为二重木板结构。这艘船共有 13 个船舱，基本保存完好，根据船的长度、宽度和深度计算，其载重量在 20 吨以上。船舱出土的遗物很丰富，有香料木、药物、木牌（签）、铜钱、陶瓷器、竹木藤器等，以香料木、药物为最多。瓷器有青瓷、黑釉瓷、白瓷、影青瓷等类，多为建窑、龙泉窑以及泉州各窑口的产品。货舱中发现 96 件木签、木牌，牌签上保留墨书文字，主要是地名、货名、人名、商号等的标签。船员用品的种类和数量非常丰富，有铜钵、铜勺、木锅盖等炊具以及印刷品残件等，体现了船员生活的丰富多样。综合海船的造型结构、船舱出土遗物和船体周围海泥堆积层，并结合文献记载资料，初步推断该船是一艘 13 世纪晚期（南宋末年），最晚不迟于元初的远洋货船。

1975 年，河北省磁县文化馆在南开河发现了六艘元代沉船。这些沉船的船型结构基本一致，横剖面型线为两侧向下内收的平底形态，纵剖面型线为两端向上翘起的微弧平底，属于北方典型的平底沙船。六艘沉船保存状况不一，其中二号沉船保存最完整，长 10.08 米，有 6 个舱位；五号沉船规模最大，残长 16.6 米，残存 8 个舱位。出土了以磁州窑系为主的陶瓷器，还有一批铁制工具、铜镜、铜权，以及"开元通宝""咸淳元宝"和元代八思巴文"大元通宝"等铜钱。

1975 年，山东省考古工作者在平度县（今平度市）泽河东岸海滩发现一艘隋代木船和一批沉船文物。这是一艘双体船，船体残长 20.24 米，两侧船体分别由 3 段粗大树干剖成的独木舟纵向连接而成加长式独木舟，独木舟横剖面呈"U"形，独木舟之间以舌形桦槽连接，并以铁钉钉合，船身两侧附接翼形木板。该船的船材是南方特产的樟木和枫香，因此推测原船的产地不是北方。沉船地层发现 10 余件陶瓷器物和隋"五铢"钱。

1975 年，武进县博物馆等单位在江苏武进万绥蒋家巷发现一艘汉代木船残段。该船由底板和船舷构成，底板由 3 块弧形木板前后半搭接成，两侧舷板由一段整圆木一剖为二、中间剖空而成，底、舷之间用木榫钉严密相连。

1976 年，泉州海交史博物馆在泉州东郊的淤陆中发现了一艘古代沉船。1982 年，该馆会同中国科学院对这艘宋元沉船进行了考古发掘。船体的中、前部都压在现代建筑物之下，上层结构已经无存，4 个舱位也仅见船底，最长处 7.3、最宽处 4 米。在船舱和沉船所在地层中发现了晋江磁灶窑、同安汀溪窑、安溪桂瑶窑、德化窑等地所产青瓷、白瓷和江西景德镇窑的青白瓷等。

1978 年，宁波市文物管理委员会在宁波东门口宋元码头遗址中发现一艘木结构沉船的残段，并出土一批沉船遗物。沉船残存船体中、前部的水线以下部分，残长 9.3、宽 4.32 米，属于中小型商船，尖艏圆底。沉船内发现少量"开元通宝""乾德元宝""元丰通宝"铜钱和棕绳、草帽、草鞋、木梳、残漆器等船上生活用品。沉船旁边的宋元码头遗址中发现有青瓷、青白瓷、白瓷、黑釉瓷等器。

1978 年，天津市文物管理处在静海县元蒙口地表以下 4 米处的古河道中清理出一艘古代沉船，这是北方典型的沙船。沉船方艏方艉平底，全长 14.62 米，中部最大宽度 4.05 米。主要骨架是横梁和肋骨，外壳板由舷顶板、侧舷板和船底板三部分构成。船体纵横板材连接处主要使用"T"字形铁钉和各种角度的衬木连接。沉船内出土的陶瓷碗的形态具有宋代特点，船内同时有宋"政和通宝"铜钱出土。

1978 年 12 月，上海市博物馆在南汇县（今南汇区）大治河发掘出一艘古代沙船[⑩]。古船深埋于距地表 4 米深的青灰色细沙土中，出土时船口向上，头西尾东，在里护塘外侧滩地上呈垂直状，船长 16.2、宽 3.86 米。其残存船体较为简单，船体舱面部分已毁，没有桅、碇、舵、桨、篷、篙等附件。船底部分保存较好，出土时仍十分牢固。整船由 8 块隔舱板分成 9 舱，是一艘 9 舱、单桅、平底的近海运输海船，估计载重量不低于 16 吨，是一艘当时被废弃的木船。舱内出土宋代瓷器、"太平通宝"铜钱等，据此推断应是一艘宋代北方近海运输的沙船。

1978 年，上海市文物保管委员会在嘉定县（今嘉定区）封滨杨湾发掘出一艘古代沉船，沉船位于地表以下 5 米深处的淤陆中。该沉船残骸船体两侧垂直略向内收，底部梯形小平，平面为艏艉窄、中部宽、小方头。船内残存 7 列隔舱板和 7 个舱位。船舱内发现的砖瓦遗存与上海宋墓壁砖材料相似，米黄釉瓷碗属于宋代江西吉州窑产品，铁锅与铁刀等也具有宋代特征，考古人员据此推测这是一艘南宋沉船。

1979 年，上海市文物保管委员会在浦东川沙县（已撤消）的川扬河发现了一艘古代沉船，沉船埋藏于地表以下 4.6 米。船艏艉尖窄上翘，两侧弧，小平底，残长 14.5 米；船体上层结构已不存，残存船底、侧舷和桅座。船底板由楠木、樟木搭接而成。桅座板左右侧的长方孔内各发现 1 枚"开元通宝"铜钱。船底板经碳十四测定其年代为距今 1260±95 年，相当于初唐时期。该船的楠、樟木料为江南一带的物产，因此该船应来源于南方沿海。

1982 年，山东省文物考古研究所在荣成县松郭家村的海相沉积中发现一艘独木舟。该独木舟保存基本完整，全长 3.9 米，由一段整圆木刳成。从造船工艺角度看，要比常见的汉晋独木舟晚，上限不超过汉代，下限可能至唐宋时期。

1984 年，在山东省蓬莱登州港的清淤工程中先后发现了三艘古代木制沉船，专家推测其为元代沉船。目前我国出土的最长古船为元代蓬莱古船，残长 28.6、残宽 5.6、残深 0.9 米。该船长宽比接近 5.0，而且船内有铁炮、铜炮等武器装备，共有 12 道舱壁，带龙骨，平底，艏艉上翘，显然是一艘出入沿海区域当巡逻用的有较高航速的战船。

1987 年，在广东省台山县川山岛的南海海域发现一艘古代沉船。后经中国历史博物馆（今中国国家博物馆，以下同）水下考古研究室组织对沉船遗址进行了多次调查和打捞。出水瓷器主要是宋元时期福建和江西的一些窑口产品，还有锡制的水壶、银锭、镀金腰带，以及"政和通宝""绍兴通宝"等铜钱。

1987 年，海南省文体厅组织的海军潜水员在文昌县（今文昌市）城东的宝陵港海域发现一处古代沉船遗址。1990 年，中国历史博物馆组织人员对该沉船展开水下调查。金属文物中有铁锅、铜锣等，间隙夹杂瓷器、铜手镯、银锭、铜钱等物，包含大量的"永历通宝"，凝结物的底层还发现了船壳板的痕迹。"永历通宝"是清初南明桂王政权所铸，对此《三番纪事本末》有较为明确的记载，这为沉船提供了准确的年代依据。

1990、1995 年，来自中国历史博物馆、福建省博物馆、厦门大学和西澳大利亚海洋博物馆等的水下考古人员在福建闽江口定海湾先后发现了一批宋元、明清时期的沉船遗物，这是十多年来环中国海水域最重要的一项水下考古工程。"白礁 I 号"沉船位于定海村东北水域白礁东段暗礁南面的海底[11]。沉船船体除保存部分龙骨外多已朽烂无存，船货非常集中地分布于在长 22、宽 6 米的暗礁南侧的海底区域内。陶瓷器是现有出水文物的大宗，共打捞 2200 余件，器类多为黑釉盏和青白瓷碗两类。沉船残存龙骨板的碳十四测定结果显示其年代约距今 1000±70 年，约为北宋初年。考虑到木材的生长年代和船本身的使用时间，推测沉船年代应为南宋至元时期，这与同船出水的陶瓷器时代特点一致。"白礁 II 号"明清沉船地点位于白礁东段暗礁盘北部海底，尚未找到船体遗骸，但已打捞出青花瓷、青瓷等计百余件。这些瓷器在福建明代晚期至清初的窑址中出现，故而该沉船应属于明晚清初。

1991 年起，中国历史博物馆先后对广东新会市银洲湖海域进行多次水下调查，声呐勘测发现几处沉船，在银洲湖岸边多次挖出宋代的船板和瓷器。水下获得的船板经碳十四测定其年代为距今 690±60 年。据史料记载，银洲湖就是宋元时期的崖门海域，1277~1279 年间南宋流亡王室与元军在这里发生了激烈的海上决战，宋军战舰全军覆没。

1991 年 7 月，辽宁省绥中县大南铺村的渔民在三道岗海域拖网捕鱼作业中，偶然打捞出一批古代瓷器和一些破碎的船板。绥中县文物管理所闻讯后征集了其中的 585 件瓷器，有白釉、白釉褐花、黑釉等类，碗、罐、瓶、盆、碟等器，初步推定为元代磁州窑的产品。1992~1998 年，三道岗元代沉船遗址[12] 先后经历了 6 次水下考古发掘，为中国第一次独立开展的水下考古发掘，工作中大量使用了包括浅地层剖面仪、磁力仪、侧扫声呐、GPS 全球卫星定位系统等先进科技手段，成功发掘出水文物 2000 余件，种类包括罐、盆、碟、碗、瓶等瓷器以及大量铁锅、铁犁铧等铁制生活用品。经推测，沉船长度 20~22、宽度 8.5~9、高度 3.2~3.5 米。从沉船遗址采集的一件朽烂船板标本经碳十四测定其年代为距今 740±80 年，与出水瓷器的时代吻合，可以肯定这是一艘元代沉船。

1994、1995 年，宁波市文物考古研究所在象山县七埠村的古海湾海相堆积层中发现并发掘一艘古代沉船。该沉船残存船体下部，残长 23.7、宽 4.9 米。除隔舱板、桅座为樟木外，其余船体使用杉木造成；平面为窄长梭形，横剖面为尖圆底，船底部的龙骨板比较薄弱；船体内部由 12 道附肋的隔舱板分隔出 13 个水密隔舱。船内发现的明代早期龙泉青瓷器为沉船年代提供了重要依据。

1995 年，台湾历史博物馆在澎湖大温海域发现"将军一号"沉船，1998、1999 年对其进行水下试掘，发现一艘运载砖瓦、陶瓷的木结构沉船。沉船残长约 21.8、宽约 6 米。先后发现有筒瓦、板瓦、铺地砖、陶罐、钵、壶，青瓷和青花瓷盘、碗、罐，"乾隆通宝"铜钱，以及铜铁器、木器、麻绳、竹片等物。初步推定这是一艘清代中期航行于闽台间的商船。

2000 年初，福建省东山县博物馆在冬古湾浅海地带发现了一些沉船文物，水下考古人员立即组织实地勘察，确定了一处明末清初的沉船遗址。从沉船遗址采集的遗物有铜铳、铁炮、弹丸和火药以及十余件瓷器和船板残片。铜铳的形制与曾在福建连江发现的"国姓府"字铭的铜铳相似，所出瓷器也都是明末清初漳州窑系的青花瓷产品。沉船遗存可能与这一时期郑成功在东山屯兵的历史事实有关。

2000年，福建省晋江县博物馆在深沪湾的一处俗称"沉船窟"的浅海区发现一些沉船文物，经水下考古勘察确定为一处明末清初沉船遗址。从沉船上获得并征集的文物包括"嘉靖三十二年（1553年）孟春吉日温字捌号温州府铸造耆氏张元征铜匠池魁嘉"铭文的铜炮1门、铭文不清的铁炮1门以及残铜锣、铜勺、剑格、铅锭、"大明成化年制"款花口白釉瓷盘等。此外，据近年来晋江市博物馆调查，在围头湾、蠔江湖海底还曾先后打捞出宋元时期的小口陶瓶、广肩陶瓷等物，也应是古代沉船的线索。

近年来重要的水下沉船考古发掘介绍如下：

一、广东阳江"南海Ⅰ号"南宋沉船

1987年，英国的海上探险和救捞公司（Maritime Exploration & Recoveries PLC）与广州救捞局合作，在广东阳江海域搜寻一艘18世纪东印度公司沉船"莱茵堡"号（RIJNSBURG）未果，却在广东台山上下川岛海域意外发现了深埋在23米之下的另一条古代沉船，并打捞起一条长约1.7米、重600克的金腰带及一批珍贵文物。由于发现沉船的海域位于传统的"海上丝绸之路"航线上，专家认为其历史价值不可估量，当时遂将这艘偶然发现的沉船命名为"川山群岛海域宋元沉船"。

1989年8月，中国历史博物馆与日本水中考古学研究所签订了合作协议，成立了"中日联合中国南海沉船调查学术委员会"。11月，组成了由中国历史博物馆馆长俞伟超先生为队长的"中国南海沉船水下考古调查队"，对沉船遗址进行了综合性的实地调查，并将该沉船遗址正式命名为"南海Ⅰ号"[13]。其后由于种种原因，中日合作中断。

2000年4月，国家文物局组织全国水下考古专业人员组成水下考古队，开始对"南海Ⅰ号"沉船进行调查、定位、试掘。2002年3~5月、6~7月，2003年4~6月，2004年4~6月对其进行了4次大规模水下探摸和局部试掘工作，较为全面地了解了沉船的规模、堆积情况、保存状况和文物分布情况。打捞出金、银、铜、铁、瓷类文物，多数都是十分罕见甚至绝无仅有的文物珍品。这些文物以瓷器为主，绝大多数文物完好无损，包括福建德化窑、磁灶窑、景德镇窑系及龙泉窑系的高质量精品，大都产自我国南方著名的生产外销瓷的窑场。

2007年1月下旬，考古队前往沉船海域开展打捞前的最后一次海底勘察，之后又持续进行了 9 个多月的打捞。12 月，沉井起浮成功，南宋古沉船"南海 I 号"经整体打捞出水，之后移驻位于广东阳江海陵岛的广东海上丝绸之路博物馆水晶宫，展开水下文物"原址保护"，被放置在一个与其原海底环境相似的水体环境中进行保护。船体残长 22.15、最大船宽约 9.9 米，计有 14 道横向隔舱壁板，已发现间距 0.62~2.01 米的14 个隔舱（含艉尖舱），纵向有两列隔板，船舯部设有可倒桅，两舷上部为多重板搭接结构，部分隔舱上部存有甲板残留。船体的右舷中部碰撞内凹，舯部、艉部的上层建筑已经倒塌，大量建筑板材等散落在艉部外围。按部位不同，船体木材分别使用马尾松木、福建柏木、海南榄仁木等 6 个树种。

整体打捞后沉船保存环境的不断改变，沉箱结构材料的力学性能改变和承重能力受严重威胁等原因，不利于文物保护工作的开展和考古发掘。2012 年开始启动场馆改造工程，并采用最先进精确的测绘技术和各种影像、三维模型等数据采集模式，建设了配套现场考古发掘的文物保护实验室等，建成世界最大最先进的现代化考古实验室（图 2-2）。

图 2-2 "南海 I 号"沉船保护现场

（作者 2012 年拍摄）

2014 年 3 月开始，由国家文物局水下文化遗产保护中心、广东省文物考古研究所联合实施的"南海 I 号"沉船考古发掘工作正式启动，参加考古发掘与文物保护的还有中国文化遗产研究院、广东省博物馆等多家单位，发掘工作得到了海上丝绸之路博物馆的大力支持与配合。

目前已完成沉船本体及上层船货堆积的清理。沉船表面轮廓基本暴露，船体结构较为完整，船型扁肥，船艏平头微起翘，两侧船舷略弧曲，艏艉部弧收，具有一定的型深，但艏艉部分受损残缺，舵楼等上部建筑和舵杆、桅杆等断裂散落，右后部微倾斜下沉。船体残长约 21.91 米，最大船宽约 9.87 米，分布轮廓面积约 179.15 平方米。左、右两舷侧板为多重板搭接结构，主要为三重板结构，已发现 14 道木质隔舱板以及 13 道横向隔舱，舱壁板上部残损，下部保存较好。隔舱最宽的是艏舱，宽 1.93 米，最窄的是第十三舱，仅宽 0.83 米。在隔舱间还存在以舵、桅为中心、左右对称的两道首尾纵向小隔舱和货物隔板。沉船表层舭板绝大多数无存，部分隔舱间保留有舭板痕迹，如第十舱左半部残存一片约 2×1.68 平方米的疑似舭板。第六舱有保存较好的桅座以及厚重的桅面梁，第十三隔舱与尾舱间的隔舱板中部发现有舵孔一处，残存部分呈半月形，较厚重，外孔径 0.66、内孔径 0.26~0.36 米，两侧尾封板为倾斜结构。尾部左、右两端发现装载瓷器船货的小舱室各一处，以舵孔为中心呈对称布局，距离舵孔 1.5 米，整体呈燕尾状结构。从已发掘暴露的船体结构判断，该沉船属于我国古代"福船"类型，是研究宋代造船史不可多得的活标本。

发掘提取的文物种类丰富，主要有陶瓷器、铜铁器、金银器、漆木器、钱币和朱砂、动植物残骸、植物果核等。截至 2019 年 4 月 29 日，共发掘文物 171600 件套，其中瓷器约 158600 件套，金器 188 件套（重约 2.8 千克），银器 198 件套（约 300 千克），铜器 196 件套（部分为铜钱、铜环），铁器 13 件套，铅锡金属器 60 件套，竹木漆器 98 件套，玉石玻璃器 26 件套，材质不明器 274 件套。另外提取船木 139 块，标本 2931 件，其中木材标本 389 件、铜钱标本 663 件（约 23000 枚，另有一大块凝结物未拆解）、骨骼标本 446 件、朱砂标本 303 件、铜环标本 123 件、果核标本 337 件、种子标本 26 件、漆器标本 79 件、珠子标本 403 件、杂项标本 162 件。铁器凝结物 124 吨。船货瓷器几乎囊括了当时南方主要窑口的所有种类，大部分产自江西、福建和浙江，为南宋时期南方瓷器研究提供了一大批年代性质明确的标准器。

"南海 I 号"沉船发现的铜钱中，最晚年号钱为南宋早期孝宗时期（1174~1189 年）的"淳熙元宝"铜钱，而金币和银锭铭文都与国内出土的南宋时期同类货币一致，瓷器中的景德镇窑青白釉婴戏纹碗与江西出土南宋嘉泰元年（1201 年）青白釉孩儿戏水纹碗相同，福建晋江磁灶窑酱黑釉和绿釉器物的大部分为土尾庵、蜘蛛山等窑址的南宋晚期产品，部分器物也与南宋晚期"华光礁 I 号"沉船出水器物一致，据此推测该沉船应属南宋中晚期。其后又发现一件德化窑瓷罐上的墨书"癸卯"字样，南宋淳熙癸卯年为 1183 年，可推测该沉船出航年代应在此时。

二、西沙"华光礁 I 号"南宋沉船

1996 年，在西沙群岛永乐群岛南部的华光礁发现沉船残骸，后经考古发掘，命名为"华光礁 I 号"南宋沉船遗址。此遗址随后曾遭到多次非法盗掘，破坏严重。1998 年，中国历史博物馆（现中国国家博物馆前身）和海南省文化广播体育厅联合向国家文物局提出开展西沙群岛水下文物遗存抢救性发掘工作的请示。请示获批后，组成西沙水下考古队对其进行了初步试掘，出水船板、陶瓷器、铜镜残片等遗物 850 多件。2007 年，由中国国家博物馆和海南省文物部门共同组建的西沙考古工作队，再次对"华光礁 I 号"沉船遗址进行考古发掘。2008 年，第三次赴西沙海域发掘，将"华光礁 I 号"沉船船板采取拆解后逐片（对每片船板进行编号）打捞的方式将其全部托出水面。至此，这艘沉睡海底 800 多年的南宋古船得以重见天日，沉船遗址发掘工作圆满完成。共发掘出水古陶瓷器 1 万多件和古船板 511 块。通过对其中一件刻有楷书"壬午载潘三郎造"字样的青白釉碗以及其他一些器物的研究，推断该船应是南宋中期，从福建泉州港启航，途经海南，驶向东南亚地区的贸易商船。

"华光礁 I 号"南宋古沉船的顺利出水，是我国第一次在远海对古沉船遗址进行全面发掘清理。水下沉船实质上是我们在水下发现的最大的文物，它既是所有水下古代船货的承载体，同时也是我国古代造船工艺及远洋航海技术的完整再现，其文物价值之高，提取及保护难度之强，都要远远地超出某个单件的文物。"华光礁 I 号"古代沉船的成功出水，是我国在水下文化遗产保护领域迈出的重要一步，对我国水下考古事业的全面发展也具有里程碑式的意义。

三、辽宁绥中元代沉船

绥中三道岗元代沉船[14] 发现于 20 世纪 80 年代末。1991 年 7 月，渔民在三道岗海域进行捕鱼作业时，打捞出一批古代瓷器和一些破碎的船板。10 月，时中国历史博物馆水下考古研究室的专业人员赴绥中进行了初步的考古调查，共采集各种遗物 39 件。其中 1 件疑为木质船板的标本，经碳十四测定其年代为距今 740±80 年，这与同时出水瓷器的时代特征吻合，据此确认这是一处元代的沉船遗址。

1992~1998 年，由中国历史博物馆水下考古研究室联合全国各地水下考古人员组

成"绥中水下考古队"，对沉船遗址展开水下发掘工作。水下考古人员在遥感物探、航海运输、海洋打捞等部门的合作下，先后对三道岗元代沉船遗址进行了 6 次正式的调查、勘探和发掘，发掘出水文物共计两千余件。打捞出水的沉船遗物以瓷器为主，还有少量陶器、铁器和零星的木质船板，其中，出水瓷器为河北磁县元代磁州窑系产品。

这是我国首次凭借自己的力量独立开展较大规模的水下考古发掘，被称为"中国水下考古第一捞"。其发现也被评为 1993 年度"全国十大考古新发现"之一。绥中三道岗元代沉船的发掘对环渤海古代航海史、海外贸易史和陶瓷史的研究以及处于起步中的我国水下考古事业具有重要意义。

四、广东汕头"南澳Ⅰ号"明代沉船

"南澳Ⅰ号"沉船[⑮]为一艘明朝万历年间的木质古船，沉船遗址位于广东省汕头市南澳县东南三点金海域。2007 年，当地渔民网捞作业时发现。沉船保存较好，水深约 27 米，船体大部分被泥沙覆盖，后经广东省文物考古研究所等调查确认为一处明代沉船遗址。2007 年 6~7 月，广东省文物考古研究所组织专业水下考古工作队对"南澳Ⅰ号"沉船进行调查和试掘。2008 年，由该所水下考古研究中心制订的《"南澳Ⅰ号"沉船抢救发掘与保护方案》通过了国家文物局专家论证，并获国家文物局批准。2009 年 9 月，"南澳Ⅰ号"明代沉船水下考古抢救性发掘项目启动。2010~2012 年，由广东省文物考古研究所、广东省博物馆和国家水下文化遗产保护中心联合对"南澳Ⅰ号"沉船进行了 3 次发掘，共出水文物近 3 万件，文物基本清理完毕，船的结构也基本得到确认。由于船体表面覆盖有泥沙和大块凝结物，船体和文物受腐蚀和人为因素破坏较小。沉船呈南北走向，艏北艉南，船体由西向东倾斜，上层结构已不存，但隔舱和船舷保存状况较好，残长 27、宽 7.8 米，共有 25 个舱位，从中心位置的隔舱板往北编号为 N1~N18，往南为 S1~S6。船体最宽处位于中部 N5 舱处；艏尖舱残，存其下的底舱板；艉即 S6 隔舱板为尾封板，呈倾斜状保存有二层板；船舱数量包括残破的艏尖舱，平均舱宽度为 80~100 厘米；船底板共有二层，每层厚 5 厘米，总厚 10 厘米。发掘出的船载货物中，瓷器最多，其次是陶器、铁器、铜器、锡器等，还有多件小串饰、铜钱等遗物，此外还出水了较多的无机物和有机物标本，包括荔枝、龙眼、橄榄等果核，柿饼、植物根茎、水银等遗物。

"南澳Ⅰ号"沉船是迄今为止发现的明代沉船里舱位最多的，也是中国发现的第一艘满载"汕头器"的明代晚期商贸船，初步推测"南澳Ⅰ号"是从福建漳州附近驶向东南亚一带。沉没时是较为平稳地沉在海底，船体保存比较完好。船体的价值胜过

船上所有文物的价值，清理发掘完文物后，古船船体最终要打捞出水。

五、浙江宁波"小白礁Ⅰ号"清代沉船

"小白礁Ⅰ号"沉船位于宁波市象山县石浦镇东南约 26 海里的渔山列岛小白礁北侧水下 24 米处。2008 年 10 月，在浙江沿海水下文物普查时发现该沉船。2009 年 6 月，中国国家博物馆和宁波市文物考古研究所对其实施了重点调查和试掘；2011 年 6~7 月，配合首届"国家水下文化遗产保护（考古）培训班"的教学，对遗址进行了表面清理；2012 年 5~7 月，基本完成船体以上船载遗物的清理发掘。2014 年 5~7 月，由宁波市文物考古研究所（国家水下文化遗产保护宁波基地）、国家文物局水下文化遗产保护中心、象山县文物管理委员会办公室组织实施，国内外 20 余名水下考古队员和 10 余家合作单位的 30 余名技术人员参与的"小白礁Ⅰ号"船体发掘与现场保护全面完成（图 2-3、2-4）。

"小白礁Ⅰ号"沉船上层船

图 2-3 "小白礁Ⅰ号"船体发掘与现场保护
（图片由宁波市文物考古研究所金涛博士提供）

图 2-4 "小白礁Ⅰ号"清代沉船展陈
（图片由宁波市文物考古研究所金涛博士提供）

体和船舷等原高出海床表面的构件已不存，残存龙骨、肋骨、船底板、隔舱板、铺舱板、桅座等。水下的船体发现时残长约 20.35、宽约 7.85 米，断裂为东西两半，东半部分长约 20.35、宽约 4.65 米，西半部分长约 20、宽约 3.2 米，出水船体构件共 236 件。经树种鉴定分析，船体用材丰富多样，分属 9 个科 15 个属，主要产自东南亚热带地区，以龙脑香科、马鞭草科和桃金娘科为主，均为阔叶材硬乔木，结构致密，质地坚硬。2014 年发掘出水的船载器物共计 451 件，其中青花瓷器 96 件、五彩瓷器 21 件、陶器 7 件、金属制品 19 件、竹木制品 2 件，另有石板 306 块。发现铜钱 9 枚，面、背分别以汉文、满文两种文字书写钱文，表面有铜锈，可辨认出"雍正通宝""乾隆通宝""嘉庆通宝"。"小白礁 I 号"沉船出水的五彩瓷碗、"孟臣制"底款紫砂壶、酱釉陶壶、青花瓷碗等器物也与马来西亚海域"迪沙如"号沉船（The Desaru ship，沉船年代为 1840 年）所出器物类型基本相似，两船的沉没年代应相近。

综合判断，"小白礁 I 号"应是一艘在清代道光年间（1821~1850 年）沉没的木质商贸运输船。它是浙东海域首次通过水下考古手段发现的一艘具有较高文物价值的古沉船。

六、福建平潭"碗礁一号"清代沉船

2005 年，福州市平潭县渔民在碗礁附近海域捕鱼时意外捞出古代瓷器，遗址被发现后即遭到大规模盗捞。7~10 月，经国家文物局批准，由中国国家博物馆水下考古研究中心组织抽调全国各省 30 多名优秀水下考古队员，迅速集结碗礁，组成了中国水下考古发掘有史以来规模最大的一支队伍——"碗礁一号"水下考古队。"碗礁一号"沉船为康熙中期的一条中型海船，残长 13.5、残宽 3、残高 1 米。残存 16 个舱位，但多数隔舱板已损坏，除东部船头三个舱位较窄外（宽度 30~60 厘米），其他舱位一般宽度为 90 厘米，东六舱稍宽一些，为 134 厘米，西四舱最宽，为 178 厘米。在船的西南部发现一根圆木，周长 77 厘米，出露长度为 250、宽 22、高 26 厘米，剖面呈"凸"字形，应为龙骨。沉船遗址埋藏文物数量庞大，但大部分被盗捞，经过水下考古工作者120 多天的抢救性发掘，共打捞出产自江西景德镇清康熙年间的瓷器 17000 多件，以青花器为主，兼有少量的青花釉里红、青花色釉、仿哥釉瓷和五彩器等[16]。2008 年，对"碗礁一号"沉船船体以及水下遗址进行测量，提取各种数据，为沉船打捞及水下文物遗址保护研究提供科学依据。

七、辽宁"丹东一号"清代沉船

"丹东一号"沉船遗址地处黄海北部、辽宁省丹东市东港西南 50 多千米的海域，曾为 1894 年中日甲午海战时的交战海区。为配合丹东港集团有限公司的海洋红港基建项目，经国家文物局批准，国家文物局水下文化遗产保护中心（以下简称水下中心）与辽宁省文物考古研究所（今辽宁省文物考古研究院）联合组建水下考古队，承担丹东港水下考古调查项目。本次调查工作始于 2013 年 11 月，历经 2013 年度、2014 年度和 2015 年度三个年度的调查，通过翔实、科学的考古调查，初步推断"丹东一号"沉船为北洋水师致远舰。考古工作提取文物近 60 个种类，计 120 多件，其中带"致远"篆书的瓷盘、铜加特林机枪以及刻有致远舰大副陈金揆（Chin Kin Kuai）名号的单筒望远镜等尤为珍贵，再现了当年致远舰的英勇悲壮。

1894 年 9 月 17 日上午，清北洋舰队运送陆军从鸭绿江口（当时称大东沟的位置）登陆支援朝鲜前线，卸载停泊时发现寻求决战的日本联合舰队。交战海域在黄海北部。此次海战北洋水师先后损失"扬威""超勇""致远""经远""广甲"5 艘军舰。致远舰由英国阿姆斯特朗公司建造，穹甲巡洋舰，于 1887 年完工，全长约 76、宽约 11.6 米，吃水约 4.6 米，排水量 2300 吨，双桅、单烟囱，穹面装甲 2~4 英寸厚，航速 18.5 节。甲午海战中，致远舰奋勇激战，为救起火的旗舰定远舰而以舰体侧面抵挡炮弹，舰体多处中弹倾斜，管带邓世昌欲冲撞日舰吉野号，与之同归于尽，但不幸的是途中致远舰因爆炸而沉没。

第三节　小结

水下文化遗产保护是我国文化遗产保护工作的重要内容，中国的水下考古始于 20 世纪 80 年代后期，人员配备、技术和设备从无到有。1988 年以来，在中国的渤海、黄海、东海、南海四大海域，辽宁、山东、浙江、福建、广东和海南等省份之近海，以及西沙、南沙群岛，已进行了多次水下遗产的调查和发掘工作。其中，中国南海是"海上丝绸之路"的必经航线，有数千艘古代商船沉没于此，无数宝藏深埋海底，现已发现多处沉船遗址。除了"南海Ⅰ号"沉船，辽宁绥中三道岗元代沉船、福建平潭"碗礁一号"清代沉船和"大练岛一号"沉船、西沙群岛"华光礁Ⅰ号"南宋沉船皆为重要的水下考古项目。截至目前，我国的水下遗址，经过正式调查的就有 200 多处。

2012 年，国家文物局成立总领海洋考古事业的"水下文化遗产保护中心"[⑰]（2020 年 11 月更名为国家文物局考古研究中心），目前已设立南海基地（琼海）、北海基地（青岛）、阳江基地、福建基地、宁波基地、武汉基地等。附近国家海域打捞出水沉船，如韩国"新安"沉船、印尼"黑石号"沉船等同样与中国海洋活动有关，世界各沿海国家在抓紧开发利用海洋资源和空间，水下文化遗产的保护与利用也日益引起各国政府的广泛关注。

注释

① 小江庆雄：《水下考古学入门》，文物出版社，1996 年，第 107~109 页。

② Peter, Marsden. A boat of the Roman period found at Belgium in 1899. *International Journal of Nautical Archaeology*, 1976, 5 : 23–55.

③ 杨凌：《世界七大著名海底沉船宝藏》，《山海经》2018 年第 481 卷第 7 期，第 15~16 页。

④ 佐伯弘次：《博多遗迹群出土墨书资料集成》，博多研究会，1997 年，第 123~128 页。

⑤ https://baike.baidu.com/item/ 新安沉船 /6828258?fr=aladdin.

⑥ REGINA K, Shipwrecked: Tang Treasures and Monsoon Winds, Washington D C, Smithsonian Books, 2010: 17、87、101–119、125. MICHAEL F, A ninth–century arab shipwreck in indonesia: the first archaeological evidence of direct trade with China.

⑦ ADI M M、TIRTAMARTA A 著，辛光灿译：《井里汶海底 10 世纪沉船打捞纪实》，《故宫博物院院刊》2007 年第 6 期，第 151~154 页。

⑧ 辛光灿：《9~10 世纪东南亚海洋贸易沉船研究——以"黑石号"沉船和"井里汶"沉船为例》，《自然与文化遗产研究》2019 年第 4 卷第 10 期，第 28~32 页。

⑨ 吴春明：《环中国海沉船：古代帆船、船技与船货》，江西高校出版社，2003 年，第 5~15 页。

⑩ 季曙行：《上海南汇县大治河古船发掘简报》，《上海博物馆集刊》总第四期，上海古籍出版社，1987 年，第 175~178 页。

⑪ 林国聪、金涛、王光远：《浙江象山县"小白礁 I 号"清代沉船 2014 年发掘简报》，《考古》2018 年第 11 期，第 2、50~71 页。

⑫ 孙键：《绥中三道岗元代沉船的发现》，《国际博物馆》（中文版）2008 年第 4 期，第 114~118 页。

⑬ 付鑫鑫：《"南海一号"：沉睡 800 年的繁华》，《文汇报》2016 年 2 月 24 日第 4 版。"南海 I 号"考古队：《广东"南海 I 号"南宋沉船水下考古发掘项目圆满完成》，《中国文物报》2020 年 2 月 7 日

第 5 版。

⑭ 孙键：《绥中三道岗沉船与元代海上贸易》，《博物院》2018 年第 2 期，第 33~38 页。孙键：《绥中三道岗元代沉船的发现》，《国际博物馆》（中文版）2008 年第 4 期，第 114~118 页。

⑮ 杨映红、陈泽芳：《地域文化视野下"南澳一号"的历史印记》，《岭南文史》2014 年第 2 期，第 35~39 页。

⑯ 张振玉：《出水青花——"碗礁一号"沉船打捞记》，《闽都文化》2019 年第 2 期，第 30~34 页。

⑰ http://www.uch-china.com/col/col1719/index.html 国家文物局水下文化遗产保护中心门户网站。

第三章　饱水木质文物的保护

饱水木质文物在进行长期保存前必须进行脱水干燥处理。饱水木质文物的管孔内因腐蚀而形成空洞并充满了水，水里的化学物质会侵害木质部，使得文物的细胞壁变得很薄而且脆弱，细菌长期的降解作用又会破坏文物材质的纤维素等化学物质，使得文物变得松软脆弱，因而出土或出水的考古木材大多数是高度降解的。在大多数情况下，出土的木材在微观和宏观两方面都受到了生物体的侵害，导致其结构脆化，并可能使内外结构遭到破坏。生活在土壤中的细菌和真菌会消化构成木材的复杂碳水化合物，而木材的腐烂在很大程度上取决于土壤的含水量和排水系统，其他生物如白蚁都可以很快地破坏和消耗木质制品；各种化学污染物和酸也可以分解土壤中的木材，而来自腐蚀金属的酸性金属盐可能在细胞水平上分解木材，还有一些埋在地下水位以下（如湖泊、河流或海洋中）的木制品都被水浸泡过。从考古遗址中发现的干燥、潮湿甚至高度饱水的木材文物都需经文物保护人员进行保护处理。单凭外观不能判定木材是否稳定，是否需要进一步的养护处理，必须进行专业技术分析才能进行下一步的保护措施[①]。

第一节　饱水木材的特征

饱水木材是在其细胞空间、毛细管和微毛细管中几乎没有间隙空气的木材，和普通木材一样，化学成分含有纤维素、半纤维素、木质素等，但会因浸泡时间长短不同而导致成分含量不一[②]。纤维饱和点（Fiber Saturation Point，FSP）是木材仅细胞壁中的吸附水达饱和、而细胞腔和细胞间隙中无自由水存在时的含水率，其值随树种而异，它是木材物理力学性质是否随含水率而发生变化的转折点。木材含水率大于木材纤维饱和点时，表示木材除吸附水达到饱和外，还有一定数量的自由水，此时，木材如受到干燥或受潮，只会引起自由水改变，故不会引起湿胀干缩；木材含水率小于木材纤维饱和点时，表示木材的吸附水不饱和，无自由水存在，此时，木材如受到干燥或受潮，会引起木材的湿胀干缩，对木材的强度和体积有影响。

饱水木材在纤维饱和点（FSP）或高于纤维饱和点或细胞壁中所有木质纤维和微原纤维都被水饱和的那个点显示出水分含量（MC）。在脱水时，饱水的木材可能会在 FSP 处或 FSP 上方出现细胞崩溃，水依次会从木材细胞中涌出，由于水具有很高的内聚性（毛细管张力），所以当它冲出细胞时，会将木细胞壁向内拉，从而使木细胞在显微镜下发生剧烈的破坏而撕裂。在饱水考古木材中，用肉眼很容易观察到坍塌、干燥，因为木材结构中突然出现裂缝，如果将其静置在大气中，那么潮湿的饱水木材也将很快坍塌，毛细管崩裂使脱水饱水木材受到永久性伤害，即使再次加水也不会恢复原貌。

纤维饱和点以下的饱水木材进一步脱水将导致细胞壁收缩，并使干燥的木材进一步变形，与塌陷不同，在一定程度上，收缩在重新水合时是可逆的再水合作用。可以将其定义为通过蒸发在细胞壁中损失的水。这种水通常被锁定在纤维素纤维中，但在干燥条件下会蒸发；绿色木材或未干燥的木材，即使含有相当多的水分，在管胞内也含有气穴，这些气穴在脱水时膨胀，使水离开绿色的木材细胞，而不会造成巨大的毛细管张力从而导致被水浸透的木材崩溃。在完全脱水或接近脱水状态下，绿色木材的细胞壁确实会出现一些可逆的收缩，根据种类不同，在完全饱和状态下，绿色木材和浸满水的木材都会膨胀 8% 到 12%。

毛细张力的收缩和膨胀使饱水木器的处理过程复杂化。处理饱水木材的程序要比处理干燥的木材复杂得多。专业人员在处理浸满水的木材时，试图阻止或减轻木材的坍塌和收缩，并增加其强度，以保持其尺寸和外观。基本上有两种方法来保存饱水的木材：浸渍法和填充法。浸渍是用惰性材料填充所有木材空间和木质单元，惰性材料在干燥后会变硬，以增加木材的强度，同时减少毛细张力的崩塌。当浸渍材料显示出比水小的表面内聚力时，塌陷减少。浸渍用于状况极差的饱水木材，其中细胞壁中的许多纤维素已被破坏并清除。浸渍材料包括分子量大于 1000 的聚乙二醇（Polyethylene Glycol，PEG）、明矾、松香、硼酸钡和可在木材中聚合的单体[③]。与浸渍相比，填充是一种温和的方法，它可以定义为将惰性材料插入细胞壁以替代缺失的纤维素，从而增强木质细胞壁并使它们更耐塌陷和收缩。与浸渍材料一样，填充材料通过减少水的表面粘合力来减少塌陷。填充用于饱水的木材，其微观损伤很小至中等，并且仍保留其大部分纤维素。填充材料包括分子量小于 1000 的 PEG 和各种糖、盐或乙烯基单体。填充法和浸渍法已被证明是一种非常有效的木材加固处理方法，但如何选择合适的处理方法是保护人员面临的难题。在某些情况下，选择是容易的，高度降解的木材用浸渍法，非常轻微降解的木材用填充法。在某些情况下，很难做出选择，但幸运的是，科学的测试和分析可以帮助做出这个决定。

木材材质分析是饱水木材文物保护研究的一个永久主题。根据保存状态，饱水考古木材可分为三类[④]：

Ⅰ类，最大水分含量 ≥ 400%，严重降解；

Ⅱ类，400% > 最大水分含量 >185%，中等降解；

Ⅲ类，最大水分含量 ≤ 185%，轻度降解。

在同一物种中，饱水木材的基本密度与健康木材的基本密度距离越远，其降解越严重。在加固过程中，如果出现明显的泡孔塌陷和尺寸收缩趋势，则应在以后的干燥过程中选择较温和的方法。

饱水木材的收缩和溶胀规则与健康木材不同，高景然等[⑤]对此进行了详细研究：

（1）饱水木材从饱水状态到全干的收缩率明显高于健康木材，在后期补强的干燥过程中，去除溶剂应放慢速度，以防止因细胞塌陷而导致古木变形和开裂。

（2）饱水木材从全干到饱水状态的膨胀略高于健康木材。此外，饱水木材的膨胀率远低于其收缩率，这意味着干燥过程后对水的重新吸收虽然会膨胀到一定程度，但无法恢复到原始大小。根据研究，饱水木材的降解越严重，差异越大，反复干燥和膨胀古木会导致越来越大的差异。原因在于古木材中多糖物质的降解，会产生大量的羟基并增加木材的孔隙度，从而导致古木材最大饱和水分含量的增加。在干燥过程中，随着水的排出，纤维素链越来越紧密，使羟基形成氢键。烤箱干燥后的古老木材重新吸收水时，新形成的氢键不能再接受水分子，使溶胀无法恢复到原来的大小。

（3）健康木材弦向收缩率是径向的 1.74 倍，饱水木材弦向收缩率是径向的 3.03 倍。这表明，与健康木材相比，饱水木材的弦向和径向收缩率之间存在较大的差距，主要原因在于对木射线的控制，这是木材从径向和弦向的主要区别，对于饱水的细胞皮细胞严重降解的木材，木射线的抑制作用更加明显。

第二节　饱水木材的填充加固

如果考古木材是从淡水环境中发掘出的，它含有的可溶盐通常可忽略不计。如果木材来自海洋环境，填充木材细胞的水中含有大量可溶盐，在进行保护处理之前，必须将木材经过去离子水浸泡以去除大部分盐分，否则，经处理的木材表面会形成白色的结晶沉淀物。木材是有机物，当埋在地下和水中时，通常会在生物和化学的共同作用下腐烂，然而，无论是在非常干燥的环境中还是在充满水的环境中，它都可以保存很长时间。木材在水下存放时，会经历一个复杂的劣化过程。因此，保护时要了解木材的材质，是硬木还是软木，这是非常重要的，因为每个物种都具有独特的特性。硬木如橡树，是具有导管孔的阔叶被子植物；软木，或裸子植物，如松树是针叶树，缺乏导管孔。在潮湿的土壤、泥炭沼泽和海洋环境中，细菌的作用会导致所有木材细胞壁的纤维素成分降解。一般来说，水溶性物质如淀粉和糖首先从木材中消失，同时消失的还有矿物盐、着色剂、鞣剂和其他黏合材料，最终通过水解，细胞壁中的纤维素分解，留下木质素网络来支撑木材。随着纤维素和木质素的分解，木材变得更加多孔和透水，细胞腔和分子间空间充满了水，木材细胞中残留的木质素结构和吸收的水分保持了木材的形状。只要饱水的木头保持湿润，它们就会保持原来形状。如果木材暴露在空气中，多余的水分就会蒸发，蒸发水分的表面张力会导致弱化的细胞壁坍塌，造成相当大的收缩和变形。

饱水考古木材通常是通过保护处理来保存的。这种处理包括用一种能使木材固化并具有机械强度的材料来代替多余的水分，或者用一种能防止木材收缩或变形的方法来去除多余的水分。

木质文物的保护处理，需根据器物的体形大小和饱水状况选择适当的脱水加固方法。潮湿木质文物的脱水与化学加固可同步进行。常用的方法是用一些水溶性的化学物质的水溶液喷淋饱水木质文物，使浸泡溶液的浓度逐渐升高，直到最大浓度，最终用该溶液的物质全部置换出木质文物中的水分，待溶液水分蒸发后该物质固定在木材中，这是潮湿木质文物化学脱水加固的基本原理。最通常用于保存饱水木材的处理方法是用聚乙二醇、丙酮/松香、糖、高级醇等材料来置换出木材内部的水分。

一、聚乙二醇

聚乙二醇（Polyethylene Glycol，PEG）是单体乙二醇的聚合物，其分子量在200~6000之间，无色无臭，低分子量的PEG为黏稠液体，高分子量的PEG呈蜡状固体。无毒，对人体无害，常用于食品添加剂。聚乙二醇是具有广义式 $HOCH_2 \cdot (CH_2OCH_2)n \cdot CH_2OH$[⑥] 的合成材料。低分子量（300~600）为液体，中间成员（1000~1500）为半液体或具有凡士林稠度，高分子量（3250~6000）为蜡状材料。分子量越低，分子尺寸越小，越容易渗透，吸湿性越强；高分子量的聚乙二醇分子量大，不渗透，吸湿性差。不同分子量的 PEG 有不同的用途。

PEG 填充是第一种处理饱水木材的方法，操作简单，经济高效，目前继续被广泛使用。虽然 PEG 具有蜡的一些物理特性，但它们与真正的蜡不同，因为它们可以自由地溶于水和酒精（如乙醇、甲醇、异丙醇）。

液体 PEG 可以与水以任何比例混溶，PEG 能渗入木材内部，增强木材的机械性能，是最常用的饱水竹木器脱水填充剂[⑦]。早在 20 世纪 60 年代，PEG 就被用于 Vasa 号古船的脱水保护；在波兰 Poznan 遗址，PEG 也被用于现场保护，以降低木材吸湿性，但当湿度高于 80% 时，PEG 就不太适宜。同时，链长较长的 PEG4000 在长时间的保存过程中会断链，变为较短的 PEG 聚合物，而短链的如 PEG600 更易吸湿，使干燥后的木材返潮霉变。

木材浸于 PEG 水溶液中，PEG 分子通过木材中的毛细管空隙或与木材中的水分子交换而进入木材，前者为毛细管作用，后者为扩散作用。PEG 对木材尺寸的稳定作用，主要取决于 PEG 对胞壁的渗入，木材原含水率较低，扩散作用就减小。在木材含水率低而 PEG 浓度高的情况下，浸泡处理早期阶段甚至会产生木材的迅速脱水、收缩，PEG 几乎不能从胞腔渗入胞壁，从而起不到填充木材、稳定尺寸的作用。所以，对古木来说，在木材含水率较低时，则应采取提高含水率和降低 PEG 浓度等必要措施。PEG 在胞腔中填充很快，在胞壁中渗透较慢，所以，PEG 有一个先进入胞腔、后渗入胞壁的过程，为使扩散过程继续进行，试件在浸泡结束后应有保湿步骤。在干燥中，水分先从木材的大毛细管中散失，这就增加了胞腔 PEG 的浓度，使它能进一步向胞壁内扩散，故用 PEG 处理过的木材，其干燥应采取缓慢方式。

Martin Nordvig Mortensen 等[⑧]对 Vasa 号古船的保存近况进行了评估。实验通过质谱法（Mass Spectrometry，MS）和尺寸排阻色谱法（Size Exclusion Chromatography，SEC）测定 PEG 分子量，发现 Vasa 号古船上残留的 PEG 主要为 PEG600，船体中的 PEG 含量已经基本稳定，由外层向内层逐步递减，占船体总重的一半。

在 RH（相对湿度）93%、T（温度）18.2℃条件下，经 PEG1000 处理的含水率为 112% 的松木古船呈潮湿状态，而经 PEG4000 或 PEG6000 处理的含水率 120% 的古船外观则为干燥。PEG1000、PEG4000、PEG6000 均对古船松木有足够尺寸稳定性，比较古船松木 PEG1000 和 PEG4000 或 PEG6000 处理试件的全干缩率，仅差 1.5%。PEG4000 和 PEG6000 处理的古船松木平衡含水率如按 12% 计，估计达气干时弦向干

缩率约为 2.7%，比一般木材的弦向收缩还
要小。古木陈列不宜采用涂料涂刷外表，在
尺寸稳定又具耐湿的要求下，采用 PEG4000
处理古木效果更佳。跨湖桥独木舟[⑨]（图
3-1）保护处理过程是将独木舟残片放入蒸
馏水中充分浸泡，除去可溶性杂质，然后用
7.16% 尿素、21.5% 二甲基脲、5% 聚乙二醇
PEG4000 溶液浸泡，并逐步递增 PEG 浓度至
60%，4 个月后取出样品，让其在室温下自
然干燥。3 个月后，样品趋于稳定，其各向
收缩率均为零，具有木质感强、色泽正常、
无黏稠和蜡状感、在高湿天气不易返潮等优
点，完全保持了原貌。采用尿素 + 二甲基脲
+PEG 复合液脱水加固定型法明显优于仅起
填充作用的单一 PEG 渗透法，这为独木舟脱
水保护方案制订提供可靠的依据。

图 3-1　跨湖桥独木舟的保护处理
（图片由浙江省博物馆郑幼明研究馆员提供）

　　三艘蓬莱古船中期保护[⑩]用化学试剂为分子量 4000 的 PEG，稀释浓度 12.5%，与
浓度为 0.4% 的硼砂及浓度为 0.3% 的平平加溶液混合，早、晚各喷淋一次，分子量
4000 的 PEG 用于渗透和脱水加固古船船材，0.4% 硼砂溶液用于船材防腐，0.3% 平平
加溶液用于保护试剂的渗透。文物保护人员通过对化学保护试剂多次喷淋试验，发现
以 PEG 为主的化学保护试剂，在多次喷淋和低温下喷淋时易出现白色结膜、化学保护
试剂渗透不好的情况。需对白色结膜及时进行清除，以确保化学保护试剂的充分渗透，
避免因化学保护试剂渗透情况不良而造成浪费。

　　Mikkel 等[⑪]认为 PEG、三聚氰胺树脂等的填充会使木材塑料化，必须采用生物材
料建立支撑用的框架。他们用壳聚糖和仿生纤维素进行测试，将从动物甲壳中提取的
甲壳素改性后制成壳聚糖，用其作为支撑木材结构的纤维框架。实验发现，植物纤维
素中的主要成分微晶纤维素耐酸不吸湿，结晶时易发生絮凝，反而能作为渗透用的表
面活性剂。

　　文物保护人员在用 PEG 等化学试剂溶液浸渗处理木质文物时，考虑到文物的不可
再生性，在针对具体对象制订的具体处理方案往往较为保守，处理时间较长，以确保

PEG 充分渗入木材内部，但过长的处理时间不仅意味着单位时间处理能力的降低，而且消耗更多的能源。因此，国外有学者对古木材处理过程中 PEG 的分布开展了研究，以使该过程更加科学高效。Donato 等 ⑫ 使用热重分析法分析了朽蚀木材内的 PEG3000、PEG425 的含量，验证了这种热分析方法的可靠性。Mortensen 等 ⑬ 为了更好地保护出水的 Vasa 号沉船，使用氯仿萃取渗入木材内的 PEG，然后用凝胶过滤层析、高压液相色谱法确定了不同分子量 PEG 的含量。刘东坡等 ⑭ 采用动态粘度法间接测定饱水木材的 PEG 浸渗程度。王福添等 ⑮ 认为使用高分子物质进行浸渗是出土饱水木质文物保护的常见保护方式，为了更好地掌控浸渗处理过程的进度，有必要测出加固材料在木材中的浸渗量。差式扫描量热分析（DSC）只需要毫克级微量样本，为将该技术应用于木材内聚乙二醇（PEG）含量检测，对 DSC 样本取样进行了实验研究，得到了相对误差 ±3.3% 以内的浓度测定方法：使用不锈钢针穿刺取样，在真空干燥后进行 DSC 扫描，利用该方法，对 50% PEG4000 溶液 50℃ 连续浸渗处理 1 个月以上的木质文物样本进行了取样检测，根据检测结果估计了木材 PEG 浸渗状况。

PEG 填充后需干燥处理。木材中多余的水分被去除，木材会膨胀，处理过程中大部分都涉及溶液加热。较小的物体可以放在通风、加热的烤箱中，温度逐渐升高，最终达到 52℃~60℃；更大的文物必须使用循环泵和各种加热溶液的方法。使用聚乙二醇时，因为温度变化，必须使用杀菌剂来防止霉菌生长。

在大多数情况下，较小的木片可以在酒精 /PEG 溶液中处理。当使用酒精作为溶剂时，饱水的木材通常会脱水，然后以确定的速率添加 PEG。一般来说，经酒精 /PEG 溶液处理的木材颜色较浅，重量较轻；处理所需时间较短，且无须使用任何杀菌剂。

用 PEG 处理过的木材往往比较重，特别是使用水和低分子量 PEG 时。它可能弯曲，但很难将处理过的零件黏合在一起。一般来说，对木材 / 金属复合制品文物进行处理要谨慎，因为 PEG 对大多数金属，尤其是对铁具有腐蚀性。

二、蔗糖法

考古木材发掘出土或出水后，人们一直在寻找一种方便又可靠的处理方法。PEG 提供了一种选择，但还有一种更行之有效的方法。蔗糖法处理程序与 PEG 完全相同，只是使用了糖。使用糖的优点在于它的分子大小与低分子量的 PEG 差不多，都很容易穿透木材，处理时间缩短，糖的吸湿性比任何分子量的 PEG 要低得多。

开始处理前，应清除所有附着的污垢，并清除大部分可溶盐，然后把木头放在

1%~5% 的糖溶于水的溶液中。只能使用精制白糖（纯蔗糖），应避免使用褐色粗粒粗糖（A 型糖），因为用它处理的木材比用精制白糖处理的木材更吸湿。对于高度降解的木材，可以从较高浓度的蔗糖开始，但是，为了谨慎，从 1% 重量 / 体积溶液开始处理，一旦木材在糖溶液中达到饱和，根据木材的状况和处理的树种，可将浓度增加 1% 至 10%。通常，一旦木材在 50% 的溶液中达到平衡，就可以再增加 10%，对于大多数标本而言，70% 的糖浓度是可以达到填充加固目的的。

当木材与所需的糖分比例达到平衡时，将蔗糖溶液移除，让木材进行缓慢的、受控的干燥。处理的木材应在湿度低于 70% 的条件下储存保管。

总的来说，蔗糖处理结果与各种 PEG 处理相当，但这种处理的优点是木材尺寸稳定，收缩率比 PEG 处理的木材小；它比 PEG 便宜，易溶于水，糖的小分子尺寸缩短了处理时间。缺点是木材沉重，不弯曲，它有一个哑光表面。不建议对含有金属制品的复合木材进行蔗糖法处理，因为金属浸没在加热的糖 / 水溶液中可能会被腐蚀。还有一个潜在的问题是，昆虫和啮齿动物会食用蔗糖处理过的木材，当然这可以通过适当的储存条件来消除。

糖或蔗糖处理是一种可行的替代方法，可经济地处理大块饱水木材，如独木舟和船舶结构部件，而且这样处理的文物不需要更多防腐处理。

三、乳糖醇法

用乳糖醇稳定饱水木材是在应用蔗糖的基础上发展起来的。由于蔗糖存在临界吸湿率（开始大量吸湿时的相对湿度，蔗糖为 85%RH）高，容易形成三水化合物并较易发酵，不利于对处理后文物的保存。利用乳糖醇法对饱水考古木材进行保护处理，是日本木质文物保护工作者首先采用的一种新的尝试。乳糖醇法是一种可逆的方法，当技术成熟或发现了更有效的方法时，还可以将处理后的木材中的乳糖醇重新溶解出来，进行再次的保护处理，这符合木质文物保护的可逆性原则。

乳糖醇又名乳梨醇，为白色结晶或结晶性粉末，或无色液体，其分子式为 $C_{12}H_{24}O_{11}$，分子量 344.32。乳糖醇为非还原性糖醇，不发生美拉德褐变反应和还原反应，也不会被酶降解，常温常压下也不易发生氧化反应，在酸、碱及高温下的稳定性都很高；溶解度、吸湿性和保湿性都很好，可以在高达 60℃ 的温度、没有结晶水释放的情况下使用。研究表明，乳糖醇具有较高的抗虫蚁、抗细菌等能力，在饱水考古木材保护上既可以起到填充和充胀作用，又可防止考古木材的进一步降解。

张振军[16]以江苏泗阳出土的饱水考古木材为研究对象，用乳糖醇以及海藻糖为处理材料，通过大量的试验，分别就饱水考古木材的理化特性、乳糖醇在饱水考古木材中的扩散性以及饱水考古木材经梯度浓度乳糖醇溶液处理后的稳定性进行研究，发现饱水考古木材经梯度浓度乳糖醇溶液处理后，随着溶液浓度的递增，各饱水考古木材试件的干增重和湿增重逐渐增加，干增重的数值远大于湿增重，80% 浓度乳糖醇溶液处理结束后，各饱水考古木材试件均达到理想效果，未出现明显地收缩开裂现象。

四、丙酮 / 松香法

用丙酮 / 松香处理是为了克服高分子量 PEG 穿透保存完好的橡木致密芯材的困难而开发的[17]。处理方法是用松脂（也称为树脂）代替木材中的水分。用丙酮 / 松香处理饱水木材的程序是一个简单的过程，处理从清除表面污垢开始，如果是从海洋中出水的，则应冲洗掉可溶盐。在某些情况下，需要在稀盐酸（HCl）中进行酸预处理，这样可通过分解有机物来提高松香对木材的渗透性。

可以将木材漂白到一个更自然或原始的颜色，但是不建议在盐酸中对木材进行预处理，因为用盐酸处理过的木材收缩更多，并且在保护处理完成后更容易开裂。一般来说，酸预处理会对木材有害，漂白只是暂时的，很少影响处理件的最终颜色，对于海洋考古木材，有任何程度的虫蛀侵扰，盐酸将溶解石灰隧道，并大大损伤木材。如果不使用酸预处理，则一般清洁后的第一步是连续 3 次在丙酮溶液中使木材完全脱水，每次持续 2~4 天（视木材厚薄程度增加或减少时间）。这一步的处理非常重要，如果木材中有水，它会给不溶于水的松香形成一道屏障，使松香不易渗透。

在实际处理过程中，木材被放置在一个密封的容器中，容器中含有溶解在丙酮中的松香饱和溶液。饱和溶液浓度为 67%，温度为 52℃。为确保为饱和溶液，应在容器中放置过量的松香，使容器底部有一层厚厚的黏性层。被处理的物体应该悬挂或支撑在这层厚而不溶的松香上面，木材应在室温下放入松香溶液中，然后将木材和松香溶液一起加热至 52℃ 后再放置在恒温控制的设备里。处理时间可能持续两周到几个月。把木头放进去后，再提高溶液的温度，对木头造成的冲击比直接放进加热的溶液要小，Mc Kerrell 和 Varsanyi[18]认为 5~10 厘米厚的物体可以在 4 周内处理完，而小于 5 厘米厚的物体只需要 2 周。用松香浸透木材后，从容器中取出，用蘸有丙酮的抹布擦掉多余的松香。

在目前可用的保护疗法中，这种处理方法的成功率很高，呈现的木材是完全干燥的，用松香浸渍的木材不太容易受到相对湿度变化的影响，因此更独立于其储存环境。当要保存的饱水木材不能保证良好的储存条件时，丙酮／松香法处理就是首选。丙酮／松香法处理的其他优点是处理后的木材重量轻，干燥，断裂时易于黏合和修补，强度强，可用于木材／金属复合物体。许多人认为它是所有木材／金属复合制品的首选处理方法，但缺点是有机溶剂和松香的成本高，丙酮且易燃性。由于使用有机溶剂成本高且具有一定的危险性，这种处理方法通常只用于小而重要的物体，但只要稍加考虑和巧妙，较大的物体也可以安全地处理。

松香可溶于乙醇和异丙醇，在这两种溶剂中的饱和溶液浓度不到67%，但在加热和非加热处理中，这两种溶剂都被成功地用于处理含水木材。两者的挥发性和易燃性都低于丙酮，可用于聚氯乙烯（PVC）容器中，来自北卡罗来纳州的1862年恩菲尔德水塔步枪和来自尚普兰湖的1812年战争步枪，都是木头、铁和黄铜的复合材料，室温下在PVC容器中用乙醇／松香保护处理非常成功。当室温处理时，不管溶剂是什么，处理时间都应该大大增加（6~12个月），以确保被处理文物完全被松香溶液饱和。替代酒精溶剂的使用使松香的处理更加多样化，而且总体上的成功是相似的，务必使用无水酒精或丙酮以确保成功。

五、高级醇法

高级醇在常温下呈蜡状白色固体，不溶于水。常用于饱水漆木器加固处理的高级醇有碳数为16的鲸蜡醇［$CH_3(CH_2)_{14}CH_2OH$］和碳数为18的硬脂醇［$CH_3(CH_2)_{16}CH_2OH$］，其理化性质较适合作为降解木材的填充剂：白色结晶，熔点范围26℃~60℃，不溶于水，溶于醇、醚、氯仿等。高级醇加固漆木器文物是利用甲醇具有较强的渗透性和亲水性，置换出木材中的水分子，然后再以硬脂醇置换甲醇，使失水后的木材纤维细胞壁得到加固。

20世纪90年代中期，日本报道了用高级醇稳定饱水木器。随后国内也开始了这方面的研究，湖北省荆州文物保护中心分别采用鲸蜡醇和硬脂醇处理长沙走马楼饱水吴简取得了成功；成都博物馆试用17醇稳定木竹文物也积累了有益的经验；四川省文物考古研究所与日本京都造型艺术大学、吉田生物研究所合作，采用甲醇—硬脂醇加固绵阳市永兴双包山西汉墓出土的饱水漆木器文物，使一些较大的构件脱水定型；中国文物研究所与日本奈良文化财研究所进行了漆木竹文物脱水定型方面的多项研究，包括高级醇类对漆木器的稳定研究；浙江省博物馆根据PEG热浸法处理饱水木质文物的经验，采用乙醇—鲸蜡醇成功地稳定了杭州萧山跨湖桥遗址出土的 8000 年前的草编织物，又采用鲸蜡醇稳定安吉出土的饱水木俑，处理后的器物不会发生糖醇类材料存在的潮解突变点或酸化等问题[19]。为了给已加固饱水木器文物留下再处理的空间，韦荃[20]对高级醇加固的饱水木器进行了可逆性实验（是使已加固饱水木器重新回到饱水状态），实验结果显示，硬脂醇属于"可逆"性加固材料。

相对于 PEG 法，高级醇处理后的器物更接近木材原有的颜色和质感，处理前后尺寸变化不大，符合木质文物的保护要求。但高级醇处理饱水木材文物不足之处是必须以乙醇、甲醇等低级醇或其他有机试剂作为溶剂，在大规模加热处理时对设备和安全的要求较高，费用较大。

第三节　饱水木材的干燥脱水

经常采用酒精和冷冻干燥对饱水的木材进行脱水处理，但是，脱水处理只能用于填充加固后具有足够机械强度的木材，不适用于严重退化的木材，最主要的因素是溶剂和冷冻干燥设备的成本。在大多数情况下，只有相对较小的物体才能在实验室常见的冷冻干燥装置中进行处理。

饱水木质文物经填充加固后，须将内部水分或溶剂干燥去除以利保存。在干燥过程中，由于水的表面张力的作用，会使木器产生应力而引起开裂，木器内外含水率的不同使木器干缩不均匀，从而造成变形。用于陈列的文物在干燥后应是轻度或无收缩、无断裂、无颜色改变，因此干燥过程是饱水木质文物处理的重要阶段。目前研究较多的干燥方法有自然干燥法、溶液置换干燥法、超临界流体干燥法及冷冻干燥法等。

一、自然干燥法

自然干燥法是将饱水木质文物放置在特定的稳定环境中，使其水分极其缓慢地蒸发（蒸发越慢，脱水效果越好），最终达到脱水目的。

刘丽等[21]采用硅胶法对出土饱水漆木器定型，脱水时长 7 个月，效果基本符合预期。张立明等[22]则利用沙埋的自然干燥法处理出土的漆木杯，含水量降低曲线稳定，能够很好地达到脱水定型要求。此方法在实践中效果较好，但要求可靠稳定的环境，在实践中不易达到，适用于木材组织没有损伤的情况。

二、超临界流体干燥法

超临界流体是在温度和压力处于临界点以上的无气／液相界面区别而兼有液体性质和气体性质的物质相态。超临界流体的密度接近于普通液体，比相应常压气体要大100~1000倍，它的粘度接近于普通气体，其自扩散系数比普通液体大10~100倍[23]。超临界流体的这些特性，使它比通常液体和气体都具有独特的应用。

超临界流体干燥技术就是利用超临界流体具有气体的高扩散系数和低粘度的特点，很好的流动性、渗透性、传导性，在超临界状态下，控制饱水文物内部的液体在临界点之上，使气／液界面消失，在无液相表面张力的情况下进行干燥，避免了对文物的破环。

三、冷冻干燥法

由于本身的局限性，溶液置换干燥法、超临界流体干燥法很容易引起木材的收缩和开裂，自然干燥法从浸渍到完全干燥需要花费很长的时间，同时也会产生收缩、变形、开裂等现象，因此，冷冻干燥法是目前保护饱水竹、木、漆器等的一种快速、简便的方法[24]。

木材被 PEG 溶液浸透后，在低温冷冻中凝固，木材中的细胞壁可以防止大冰晶的形成，而大冰晶可以在冷冻阶段破坏木材细胞，然后将冷冻木材放入冷冻干燥室，在处理过程中保持低真空。在真空下，冰晶升华，冰直接从固态变成气态，没有中间的液态，造成最小的收缩。形成的气体或水蒸气冻结并在冷冻干燥装置的低温冷凝器上聚集。经过几天到几周的时间后，根据木材的大小和冷冻干燥装置的容量，所有的水分都会从木材中去除。冷冻干燥通常用于保存饱水的小块木材，然而，由于这是一个脱水过程，它往往导致过度收缩，特别是对那些严重退化的木材。

饱水文物的冷冻干燥处理开始于20世纪70年代。早在1961年，瑞典科学家就用 PEG 溶液对从水中打捞上来的"Vasa"号木质战船进行相关处理。他们先用5%PEG400溶液将打捞上来的散落雕刻物件浸渍1个月后，再进行冷冻干燥，取得了良好的结果。A.Rosenqvist[25]报道了用10%PEG溶液对饱水文物进行加固处理，冷冻干燥后文物并没有产生收缩断裂等现象。Wason[26]提出对于处在良好状态下的饱水木器，将其置于20%PEG400溶液中浸泡1~6个月；对于降解严重的木器，则先在10%PEG400溶液中浸泡1个月，然后加入15%PEG4000溶液，以后每隔2个星期溶液浓度增加5%，

PEG4000 的浓度可增加到 25%，木器在最终的溶液中继续浸泡 3 个月，之后再进行冷冻干燥处理，结果令人满意。

Samuel 等[27]用山梨糖醇、甘露醇、海藻糖分别处理饱水木质样品，并对其进行了切片取样，在冷冻干燥过程中进行实时显微观察。研究发现，用山梨糖醇处理的样品收缩较微小，渗透速度快，且溶解温度低，在低温冷冻条件下不易析出。

张金萍[28]介绍了一种用甘露醇和 PEG 冷冻干燥饱水木质文物的方法。室温条件下将木材放在加 20% 甘露醇水溶液中浸泡 7 天，取出后分成 4 组分别浸泡在 20%、30%、40%、60% 的 PEG4000 溶液中 7 天，最后再进行冷冻干燥。实验结果表明，处理后的木材收缩率较小，状态良好。

Leszek[29] 使用了 4 种不同浓度（8%~20%）的 PEG300 溶液，与 3 种不同浓度（15%~25%）的 PEG4000 溶液，在普通风干和冷冻干燥两种方法下，对比观察样品的收缩情况，样本脱水后又在不同温湿度环境中保存，观察其回潮情况。通过对比可知，小件木器采用冷冻干燥法脱水很有优势，但是冷冻用的装置运行费用高，也难以放入大件饱水木器。之后，Leszek 又以醇糖为实验对象，对乳糖醇 / 海藻糖、甘露醇 / 海藻糖混合物进行了相似实验，发现其效果与 PEG 相似，浓度达到 10% 时脱水效果最佳。

刘秀英等[30]介绍了一种 PEG 冷冻干燥方法。饱水木材在 60℃ 下逐次在 40%、60%、80% 的叔丁醇水溶液、纯的叔丁醇及 20%、40%、60% 的 PEG4000 叔丁醇溶液中浸泡 6 个月或更长时间，溶液中最终的 PEG 浓度与木材的含水率有关。浸泡后，用热的叔丁醇去除木材表面多余的 PEG4000，随后进行冷冻干燥处理。此种方法可避免干燥过程中出现的木材开裂现象。

赵桂芳[31]对 4 件绝对含水率为 676% 的西汉木俑用 PEG 冷冻干燥法进行脱水处理。选用起始浓度为 15% 的 PEG2000 浸泡液进行浸泡，然后循序渐进，直至浸泡液的浓度达到 60%，最后恒温槽的温度升到 60℃，再用 60%PEG4000 进行浸渍处理。冷冻干燥后木俑长、宽、厚方向的收缩率最大值分别为：1%、4%、4%，干燥后木俑没有产生开裂等现象，颜色加深，强度大大提高。

由于 PEG 分子量较大，液体呈黏稠状，故通过加温可提高其流动性，增大其向木材内的渗透性。但温度太高，水从木器内渗出的速度太快，PEG 还来不及进入细胞内就会造成木器过分收缩。温度升高还会加速一些反应的进行，使木材结构组织发生降解，因而把温度控制在 PEG 熔点之上即 60℃ 以内较为适宜。用一定浓度 PEG 浸泡溶液浸渍木材，溶液浓度太低，浸渗后器物无法定型；溶液浓度太高，一是 PEG 溶液无法渗透到木质内部，二是有些木器色泽变黑，浓度越大，色泽加深越严重。通过前期处理再经真空冷冻干燥试验，浓度为 60% 的 PEG 溶液浸渍木器能够达到脱水定型、稳定木材的最佳效果。

冷冻干燥过程中适当的温度很重要，不少学者对此进行了研究。

梁永煌等[32]、方北松等[33]先后运用超临界状态的二氧化碳置换水分，达到木质文物的干燥目的。实验发现，当干燥温度达到临界温度 376℃ 时，文物会彻底毁坏；温度在 60℃ 时，木材收缩率变化不大；最佳工艺条件是干燥温度 50℃，压力 25MPa，CO_2 流量 20kg/h，脱水干燥时长 5 小时，这时竹木漆器含水率可下降到 15% 以下。此方法虽然提高了干燥速度，但无法使饱水木质文物各部位的干燥同步进行，各处收缩率有所差异，会使得木质文物的边缘略有扭曲、收缩，明显没有饱水时平直。

P.Jensen 等[34]对 PEG 冷冻干燥饱水木质文物建立了数学模型。该模型以真空多孔物质的传热、传质定律为基础，能用来测试 PEG 共晶点温度下的冰的温度，而冰点温度的确定对保证冷冻干燥过程中 PEG 的物理稳定性很重要，因此模型为检验冻干装置的性能、木质及 PEG 溶液渗透参数三者的关系提供了有用的工具。模型还确定了饱水木材和 PEG4000 溶液的传热和水蒸气传递系数，得到了 PEG 浸渍过的木质文物的理论传递系数，并建立了基于在有限时间间隔内线性干燥的数学模型，能准确预测饱水木质文物和 PEG 冷冻干燥过程中相应参数的变化情况。

Schnell 等[35]通过一系列的实验来研究 PEG 浸渍饱水木质文物的最大冷冻干燥温度。实验过程中，先冷却分子量从 1000 到 10000 不等的 PEG 溶液以加固，再加热使其充分液化，来测试溶液的物理稳定性。实验得到了共晶温度、解冻温度、强度特性与 PEG 分子量之间的函数关系，PEG 溶液的软化温度和解冻温度要高于固化温度和共晶温度，这样就能找到 PEG 和水都是固体时的最高温度，使冷冻干燥过程所需的时间和能量最小化。

除了将聚乙二醇（PEG）作为填充剂外，对其他化学试剂也进行了尝试。乙二醛（Glyoxal）分子量较小，易溶于水和许多有机溶剂中，易起聚合作用，能渗透到木质文物组织细胞中取代水，并随着脱水过程逐步在器物中聚合，增加木质文物组织的强度。罗曦芸等[36]实验研究用乙二醛作为填充材料，液氮作为制冷剂，使用真空冷冻干燥装置，干燥饱水木简。实验过程中，在 35℃ 下将竹简依次浸渍在 20%、40%、60% 乙二醛溶液中以置换竹简中的水，然后进行冷冻干燥。处理后的竹简色泽明显较脱水前浅，强度增加，长度和宽度方向的收缩率都较小。

醇醚树脂冷冻干燥法是先用醇、醚将饱水木质文物中的水分置换出来，进行脱水处理。陈元生等[37]用这种方法脱水处理了一批严重朽蚀的战国竹简，在 35℃ 下将竹简依次浸渍在 40%、60% 醇醚溶液中 7 天，取出后再进行冷冻干燥。脱水后的竹简收缩率宽度方向在 0.7%~0.9%，厚度方向有所膨胀，定型效果良好，色泽自然，并有一定的加固效果。

甘露醇冷冻干燥法的原理与前两者相似。张金萍报道了使用该方法处理饱水木材的实验，将木材分别在浓度为 10%、20%、30%、40% 的甘露醇溶液中浸泡 7 天，取出后进行冷冻干燥。处理后的木质文物表面有泛白现象，且有细小裂缝产生。

第四节　饱水木材的防腐防霉处理

作为植物性原料，木材具有明显的生物特性，真菌腐朽是对木材破坏最为严重的方式。饱水考古木材历经千百年的埋藏，受其所处环境的物理化学、微生物等的影响，往往会使木材发生发霉变质的情况；而且，饱水木材在加固干燥之后，为了延长其保存时间，通常也必须进行防腐防霉处理[38]。

一、防腐处理

木材的微生物危害主要是由真菌引起的各种损害，细菌对木材的腐朽有促进作用。总的来说，生长在木材上的微生物类群有木材腐朽菌、木材软腐菌、木材变色菌、污染性霉菌、细菌、放线菌等多种。这些微生物类群具有不同的特性和生物协作，它们共同作用完成了对复杂的木质有机物的生物分解。

微生物存在的多样性和作用环境的不同，也是木材劣化不确定性和复杂性的成因。Yoon Soo KIM 等[39]对饱水古木材的腐朽机制做了大量研究，发现在水淹环境中的考古木材主要是被软腐真菌、腐蚀细菌和隧道细菌降解。他们通过实验确定，在缺氧环境下，木材首先被细菌腐蚀，然后是软腐真菌。汤显春等[40]从曾侯乙墓中分离出 16 种菌进行了微生物对木材的降解效果的对比实验，并通过采用杀菌杀虫的石油气、乙醇溶液防治微生物对木材的浸蚀，完成了对防治措施的研究。Wilcox 等[41]研究发现，木腐菌生长所需的 pH 值的最佳范围为 4.5~5.5，如果木材基质的 pH 值大于 7.0，则许多木腐菌就不能寄生和繁殖，然而大多数木材的 pH 值处在 4.0~6.5 之间，这恰好为木腐菌寄生和繁殖提供了优良基质。不仅如此，寄生在木头上的木腐菌在繁殖过程中还释放出二氧化碳等酸性挥发物质，使木材的酸化程度加重，反过来又促进了木材的腐朽。另外，环境因素如水、温度的影响也不能忽视，真菌通过空气传播，在温暖潮湿的条件下迅速生长繁殖。

目前，常用的防腐剂有两种，即水溶性防腐剂和油溶性防腐剂。前者如拟除虫菊酯（Syntheticpyrethroids），这是一种高效、低毒的杀虫剂。大概在 1800 年，天然除虫菊就曾被用作木材杀虫剂。水基防腐剂中应用最广泛、使用时间最长的是铜铬砷防腐剂（简称 CCA），可防止白蚁、白腐菌、褐腐菌、软腐菌以及海生钻孔虫的侵害。CCA防腐处理的主要特点是抗流失，它能渗透到木材中，其中的铜、铬、砷与木材组分发生化学反应而"固定"在木材中，具有长期的防腐效果；此外，CCA 水溶液呈淡棕黄色，喷涂木器表面后，在一定程度上还有作旧的效果。但是由于对环境的污染，其应用在逐渐减少。常用的油溶性防腐剂为木油。

防腐剂使用方法通常包括喷淋、真空浸注、热冷槽、涂刷和吊瓶滴注等，要根据实际处理木材的条件和环境选择合适的方法。水溶性防腐剂，常采用喷涂的方法，为避免水分带入过多，宜采用少量多次的做法。待前一次喷涂干燥之后，再喷涂第二次。油溶性防腐剂，一般则采用涂刷的方法，注意要均匀轻涂[42]。

刘秀英等[43]使用水溶防腐剂喷淋的方法完成对甘肃省秦安县兴国寺古建筑的保护。候时拓等[44]使用硼酸盐类的防腐剂，通过喷淋、扩散及涂刷的方法对故宫慈宁宫等古建筑木构件进行了现场防腐处理。赵振等[45]采用戊唑醇和山梨酸钾对成都商业街船棺、独木棺遗址出土的大型饱水木质文物进行浸泡保护杀菌，取得了理想的效果。李东风等[46]为避免采用合成抗菌防霉防腐剂带来的环境污染问题，采用壳寡糖、儿茶素和纳米氧化锌对浙江余姚河姆渡出土的建筑木构件进行处理，选择 2.5% 的壳寡糖作为首选的环保型抗菌剂。邢嘉琪[47]认为木材的生物防腐方法，包括生物保护和生物防治，也是研究的一个方向。

二、防霉处理

木材的霉变，主要是由有色孢子引起的，而由于孢子一般生长在木材表面，因此，霉变的发生一般在木材表面或接近表面比较浅的一层。对木材而言，出土或出水后其平衡被打破，除氧化作用外，降解木材的生物腐蚀也成为危害木质文物的主要因素之一。文物保护工作者通常在浸渍液中添加防腐防霉剂来解决这个问题，所以对木材的防霉处理一般是与防腐同时进行的，主要原因是两个问题常常一起出现[48]。四硼酸钠是常见的无机抗菌剂之一，卢衡[49]就做过对四硼酸钠的副作用分析。王晶[50]对非水溶性无机锌盐制剂的防霉效果进行了探究，取得良好的效果。在湿度大的地区，在 PEG 溶液内加入防霉剂是十分必要的，用硼砂虽也能起到防霉效果，但由于硼砂的碱性及副作用会加深试块的颜色，所以可用 MV（英国托尔防腐剂）、HMB 防霉剂，并在含浸过程中加入渗透剂 BS-12（十二烷基二甲基胺乙内酯，两性离子表面活性剂）[51]。

除了防霉试剂的选择，处理环境和方法同样重要。根据处理环境的不同，分为大气处理方法和加压处理方法。饱水古木材由于其特性，一般考虑在大气状态下进行溶液渗透或是蒸汽熏蒸，因为古木材中主要考虑的生物败坏影响因素是虫类和菌类。

第五节　沉船保护案例

根据打捞方式的不同，世界上海洋出水古沉船的保护主要采用两种方式。对于整体打捞的船体，通常采用聚乙二醇长期喷淋的方式来脱水加固，再通过缓慢自然干燥最终完成脱水定型，如瑞典的"瓦萨"号；对于拆解出水的船体，通常先进行脱盐、聚乙二醇浸泡脱水加固，再进行复原拼装，如韩国的"新安"沉船。这两种保护方式均使用聚乙二醇作为脱水加固材料，保护处理的周期很长，"瓦萨"号沉船前后用了 26 年，"新安"沉船则用了将近 20 年。

一、"瓦萨"号沉船

瑞典斯德哥尔摩瓦萨博物馆（Vasa Museum）[52]内藏有 17 世纪的战舰——"瓦萨"号（Vasa），这是有史以来最大型且保存最为完好的木制船，已从海底打捞出水。

"瓦萨"号战舰由古斯塔夫二世·阿道夫国王（Gustav II Adolf）亲自监督建造。拥有 3 根桅杆和 10 张帆，船体高度 52 米，长 69 米，重 1200 吨，搭载 64 门大炮。它是当时瑞典海军舰队的一艘重要战舰。

1628 年 8 月，"瓦萨"号沉没在斯德哥尔摩海港内。由于该船是全新的，船况很好，且一直沉没在寒冷、黑暗、几乎无氧的水中，因此，船体木材保存完好，只有木头表层的几厘米会被细菌降解。但用于固定船板的约 5000 个铁制紧固件都被腐蚀了，随着港口水的被污染，硫也进入了木材内部。

1961 年，在海床上待了 333 年后的"瓦萨"号沉船被打捞出水（图 3-2）。从无氧的埋藏环境中转移暴露在富氧的陆地环境下，导致沉船船体木材发生诸多化学变化，船板受到不同程度的破坏。

图 3-2　"瓦萨"号沉船发掘出水
（2015 年作者在瓦萨博物馆拍摄）

（一）出水后的早期保护

当饱水的木材变干且其中的水分蒸发时，木材会收缩并破裂。为防止"瓦萨"号沉船船体发生破裂和收缩，对船舶的保护从沉船出水后就已开始，主要使用 PEG 代替水来对其进行喷淋。松散的船体放在大浴池中，同时利用精心设计的输送泵和过滤系统，借助 500 个喷嘴进行全天候喷洒。刚开始使用 PEG4000 喷淋，后发现分子量太高的聚乙二醇渗透性差，就改为使用 PEG1500 喷淋；在船体中间还插入数千个低碳钢螺栓用以将松散的船体结构固定在一起，船体的上部得以重建。

1964 年，为防止沉重的船体崩塌，在船下安装了支撑架。

1965 年，安装了自动喷雾系统来代替手持喷雾器，提高了喷淋效率。

1971 年，浸泡溶液中加入 PEG600。

1964~1976 年，PEG 浓度从 10% 逐渐提高到 45%，期间以浓度为 7% 的硼酸：硼砂（质量比 7：3）来处理微生物。

1979 年，喷淋完全停止。随着空气湿度从 95% 降至 60%，该船在随后的几年

（1979~1988 年）中逐渐干燥，船体木材表面经过涂抹 PEG4000 以提供物理保护。

　　1988 年，该船被移至新建的瓦萨博物馆，以利于开展后续的保护和展陈工作。

　　历经 26 年（1962~1988 年）的本体保护，"瓦萨"号沉船完美地呈现在世人面前。

（二）展陈时期的综合保护

　　1990~2000 年，在船体上安装了桅杆和索具，并在支撑架中添加了其他支柱。瓦萨博物馆于 1990 年正式对外开放，吸引了大量的游客。瓦萨博物馆（图 3-3）现已成为世界上参观人数最多的海事博物馆，出于船体保护的需要，除了博物馆工作人员会定期上船开展研究或维修工作外，该船不允许观众零距离接触，观众只可远观。

图 3-3　"瓦萨"号沉船的展陈
（2015 年作者拍摄）

　　博物馆整体可以比作一个巨大的展示柜，为保护船体，配有专门的气候控制系统；然而，该系统的运作能力不够，无法应对纷至沓来的大量游客，并且船体周围的空气湿度波动很大。多余的水分被木材和 PEG 吸收，木材内部的化学物质（例如铁和硫）与水分结合在一起，并在木材干燥时被迁移到表面，它们在木材表面形成黄色和白色的酸性沉积物。

2000 年夏季，天气非常恶劣，几乎持续降雨。同时，成千上万游客的到来提高了博物馆的湿度，船上出现许多黄色和白色斑点。这些都表明，高湿度时，水与木材中的硫结合在一起会产生破坏性的酸。"瓦萨"号沉船表面的酸性沉积物数量大大增加，文保工作人员考虑到木材内部的酸性条件会降低木材的强度，这艘重约 900 吨的船可能无法长久支撑，随着时间的加剧，船体已经出现明显变形。为了监测变形情况，遂安装了三维激光测量系统，每年进行两次测量监测。

2001 年，瓦萨博物馆召集了一个由化学和环保专家组成的国际小组探讨保护对策。经过对沉积物成分分析，发现它们由各种硫盐组成，通常与铁结合在一起。

由于铁的存在会加速木材内部的各种化学反应，2002 年，文保工作人员探究出一种从木材中去除铁的方法，如添加络合剂将铁置换出来。此法有一定的效果，但置换速度非常缓慢，长期结果仍需评估，且此法只能处理小件物体，不能处理太过庞大的船体。

2003 年，博物馆发起了一项名为"Preserve Vasa"的研究项目，通过分析这些盐沉积物，以调查"瓦萨"号船体木材的保存状况。经过分析确定：没有发生木材的微生物降解，并且填充剂 PEG 是稳定的。

2004 年，博物馆的气候控制系统得到了升级，可使场馆全年保持相对稳定的温湿度（温度 $18.5 \pm 1.5°C$、湿度 $53 \pm 2\%$）。

自 2007 年以来，每年的游客人数已超过 100 万人。尽管游客人数增加，但博物馆温湿度仍保持相对稳定状态，这使木材在化学和结构上得以稳定，是船体木材得以长久保存的最重要措施。

2008~2011 年，"瓦萨"号沉船保护的第二个研究项目"瓦萨的未来"（A Future for Vasa）开始启动。研究发现，集中在"瓦萨"号内部深处的木材强度大大降低，这似乎与高的铁含量和酸度的增加有关，"瓦萨"号船体的保护又一次被提上日程。

2011 年，为了增加船舶的结构稳定性，开始更换 19 世纪 60 年代为把船体结构固定在一起而插入的螺栓。当时为了支撑船体构件，将数千个低碳钢螺栓插入原始螺栓孔中，用于加固庞大的船体，但随着时间的流逝，它们已经呈现腐蚀现象并且船也开始变形了。最后与瑞典山特维克钢铁公司合作设计开发新的螺栓，其采用坚固的耐腐蚀钢（型号 SAF 2707），可以适应船体的变化，并且重量减轻了 50%，为船体提供了更好的保护。

2012~2016 年，研究项目"Support Vasa"启动。该项目研究目标是从微观尺度到单个木材的中间尺度，再到整个船舶，以确定"瓦萨"号沉船木材的机械特性。选取"瓦萨"号船体的部分（4 米 ×5 米 ×2 米）的复制品用来检查和测试船体接头的机械强度。将复制品放置在一个特制试验台上，并受到各种力的作用，以测试这些力是如何影响船体机械强度的。这些信息为如何设计船舶的长期支撑解决方案提供了重要的参考信息。

2016 年，对"瓦萨"号船体的化学和机械变化的研究仍在继续。博物馆的气候保持稳定，木材的酸度和强度受到监控，随着对木材特性随时间变化的了解不断增加，正在不断改善"瓦萨"号沉船保存的环境条件。新的支撑结构（包括内部和外部支撑）的建筑工作已经开始。

至 2018 年，花费 7 年时间用新型的耐腐蚀的钢螺栓替换了 4000 余个生锈的铁螺栓，不仅使"瓦萨"号沉船的重量减轻了 8 吨，而且降低了木材发生化学反应的风险，从而延长了船体的保存年限。

（三）现阶段的保护措施

"瓦萨"号沉船船体的保护一直在进行。目前还有以下项目在长期进行：

1. 变形监测

研究表明，由于木材中的化学降解，"瓦萨"号船体中的木材强度已被削弱。跨学科研究还表明，木材的化学状态与其机械性能之间存在明显的联系。博物馆的文保人员很早就注意到船体的木材正在变形，定期的位置测量表明船体的变形还在持续。该船也略微向左舷倾斜，随着时间的流逝，这种倾斜度不断增加，势必会使船舶拉直。因此，"瓦萨"号沉船船体需要新的支撑，以减缓船体木材相对运动和变形，从而确保船舶得以长期保存。目前"瓦萨"号沉船与帆船的支撑方式相同，在龙骨砌块上并沿其侧面进行支撑。现有的支撑架可以追溯到 1960 年，在 1990 年得到了加强，但还不够。当前对船舶特定特性的研究将作为建立船体新支撑的工作基础。

通过测量"瓦萨"号船体上 400 个固定点的相对距离变化，可以研究船舶随时间的变形。自 2000 年以来，每年进行两次测量，大量的测量和计算需要两个人同时进行大约两个星期的时间。

随着时间的流逝，"瓦萨"号船体会发生形状改变。部分原因是船舶在进行养护处理后缓慢变干，从而导致木材收缩；部分原因是木材相互之间的运动，这是沉降过程，因为船舶对单个木材的重量和负载的微小变化做出了响应（图 3-4）。这些形状变化

（称为变形）可以通过多种方式进行监控。最简单的方法是测量样品木材的重量变化或单个木材表面固定点之间的距离。为了解整个船体如何变化，测量系统在船体上相对于彼此测量了 400 个固定点的运动（在船体外侧总共测量了 350 个点，在船体内侧测量了 50 个点），测量结果非常精确，可以看到小于 1 毫米的运动。该系统是与瑞典皇家技术学院（KTH）合作专门为瓦萨博物馆设计的。

图 3-4　"瓦萨"号沉船部分构件的保护展示
（2015 年作者拍摄）

2. 气候控制

保持稳定的气候是影响考古材料保存的最重要原因之一。木材等有机材料对环境变化特别是湿度十分敏感。湿度太高，则有利于生物活性，并且会使用于保护船体的保护剂变得黏稠并吸附灰尘；反之，湿度太低，则木材可能会变干，出现破裂和收缩。

"瓦萨"号船体的结晶盐暴发部分是由于相对湿度（RH）不稳定造成的，因为在潮湿的环境里，旧的气候控制系统无法应付因大量游客的到来所带来的相对湿度的变化。2004 年，对整个场馆进行了大修，现在气候控制系统能将船舶周围的相对湿度保持在 51%~59% 之间。

温度保持在 18℃~20℃ 左右，这是保存要求和访客舒适度之间的平衡。如果温度较低，则对船舶会更好，因为高温会加速化学反应和生物活性。

二、"玛丽·玫瑰"号沉船

"玛丽·玫瑰"号（Mary Rose）[53]是亨利八世（Henry Ⅷ）在 1509 年登基成为英格兰国王时下令所建造的战船，于 1510 年开始建造，最终于 1511 年下水。1545 年，"玛丽·玫瑰"号作为防御舰队的一部分，与当时意图通过朴次茅斯（Portsmouth）入侵英格兰的一支大型法国舰队在进攻怀特岛（Wight Island）的战役中遭遇，由于未知的原因，"玛丽·玫瑰"号倾覆，不幸沉没。它沉没在距朴次茅斯海岸仅几千米的水下深约 14 米的海底。

（一）打捞出水

1. 搜索（1965~1971 年）

对"玛丽·玫瑰"号的搜寻和发现是亚历山大·麦基（Alexander McKee）努力追寻的结果。1965 年，亚历山大与英国 Sub-Aqua 俱乐部南海分公司共同发起了"Project Solent Ships"计划，以探索发现 Solent（索伦特海峡）中的沉船，但他真正希望的是找到"玛丽·玫瑰"号。通过使用声呐扫描，研究小组在海底发现了一个奇怪的形状。1968 年至 1971 年间，一群志愿者潜水员对该地区进行了探索，他们开始使用挖泥机、喷水器和空运工具等进行挖掘，若干木材的出现使他们备受鼓舞。

1971 年 5 月 5 日，潜水员珀西·阿克兰（Percy Ackland）发现了三个遗迹，从而使搜索达到了高潮。

2. 探测（1971~1978 年）

潜水员在沉船处看到了框架、木板和甲板横梁，并在船外进行了一系列有限的挖掘，以寻找可能的残骸。

1978 年，在船首残骸上发现一条沟渠，证明幸存有两个甲板。研究团队决定对这艘沉船进行全面挖掘，并于 1979 年成立了"玛丽·玫瑰"号信托，由英国威尔士王子担任主席，任命了专职人员从事挖掘船只及其所含物品的工作。500 多名志愿潜水员以及岸上更多的志愿者为这项工作提供了帮助。

3. 挖掘（1979~1982 年）

1979 年 3 月，救助船 Sleipner 停泊在现场。该项目成为一个专业项目，拥有专职考古学家和其他工作人员、管理人员、保护者和募捐人。大型船只的加入意味着潜水员和寻找人员可以交替轮班工作，从而加快工作进度。

潜水员利用抹子和气铲等工具，用手轻轻地将淤泥从细腻的人造物上吹走。同时使用明亮的黄色管道对项目现场进行了网格划分，潜水员可以快速找到自己的确切位置，所有发现的遗物和木材均经过仔细记录和妥善保管。当将发掘物带到地面时，会将其存储在受控的环境中。整个挖掘过程都在精心控制的条件下进行。

4. 出水（1982 年）

为了打捞"玛丽·玫瑰"号，成立了专门委员会。他们使用了专门的起重框架来完成沉船的出水工作。该起重框架通过电线固定在经过精心选择的点处穿过船体的钢螺栓上，这些点均匀地分布在船体的整个截面上（主要分布在主要结构梁上）；将管状钢制升降框架放置在适当位置，并支撑在沉船上方的四个腿上，船体通过螺栓连接到车架；然后，用液压千斤顶将船体抬升几厘米，以使其从下面的淤泥的吸力作用中提起；最后，将船体悬挂在起重框架上，然后转移到沉船西侧海床上的钢制托架上。当天气和潮水有利时，起重机抬起起重架，将船体移至框架上。

在海底埋葬了 437 年之后，"玛丽·玫瑰"号的一半结构已被船蛆和其他食木的海洋生物吞噬殆尽。尽管船的一半丢失了，但该船本身提供了都铎式军舰的剖视图，仍能够以独特的方式展示船的结构。

"玛丽·玫瑰"号沉船遗址是英格兰第一批由专业团队进行考古发掘的水下遗址之一，它可能是当时唯一通过露天海域进行挖掘的遗址，这也是英格兰第一个在岸上设有专职记录团队分析所有发现物的水下考古项目。

（二）保护处理

1. 保护启动

项目一开始，考古学家和文物保护工作者就共同努力，以确保发掘出水文物的保存状况不会恶化。他们将文物放置在密闭容器内，以防止任何原因而导致的恶化，直到专业团队开始进行保护。例如，将小的木质文物简单地密封在聚乙烯袋中以保持其水分，而大型木材则存储在未密封的水箱中以保持水分。

为防止任何有害真菌或微生物的生长，保护团队尝试使用了多种技术，包括低温储存、化学药品处理等，甚至使用普通的池塘蜗牛，因这些蜗牛吃掉了会降解木材的生物，但不会影响木材本身。皮革、纺织品也被放置在保持湿润的水箱或密封的塑料容器中；骨头和象牙等则被放置在去离子水中，以阻止盐结晶所带来的任何损害；玻璃、陶瓷器和石材也进行了脱盐处理；将铁、铜和铜合金制成的文物放在碱溶液中保持湿润和脱盐，以防止氧化以及与渗透到表面的任何氯化物发生各类反应；铅和锡合金在大气中具有固有的稳定性，通常不需要作任何特殊处理。

2. PEG填充

"玛丽·玫瑰"号船体本身太大而无法完全密封，因此在保护过程中，采取定期喷洒去离子水的方式来保湿并保持低温，以防止其干燥并阻止微生物活动。如果不进行喷洒，饱水木材缩水程度会多达50%，而且水从其蜂窝状结构中蒸发会导致木材变形和破裂。然后，保护团队向船体喷洒了聚乙二醇（PEG），以置换木材细胞结构中的水。聚乙二醇（PEG）处理存在三个不同的阶段，首先使用低分子量PEG（分子量为200，浓度最终提高到30%），然后使用较高分子量的PEG（分子量为3000，浓度最终提高到50%）以填充并增强木材的结构，最后将船体水分蒸发干。

3. 清除木材中的硫铁化合物

海洋出水的木质船体构件和许多木质文物很容易产生酸，这些酸会破坏木材结构。酸源自在海床中的海洋矿物质硫或者硫酸盐还原菌（Sulfate-Reducing Bacteria，SRB），当发掘出水暴露于氧气时最终会转变为酸。在最初包含铁的人工制品中，也会发生这种问题，因为被腐蚀的铁迁移到木材内部与硫反应生成酸，因此，抑制酸产生可以通过使木材中的铁与合适的络合剂反应，来去除铁离子。此方法已经进行多次试验，现在正处理木质文物。

由于铁和硫的存在，许多饱水木质文物都有可能形成酸。硫部分来自海底发生的生物反应，铁来自船体船钉或铁质船货的腐蚀，处于海底无氧环境时，几乎不反应，对文物没有威胁。但是发掘出水后，长时间暴露在氧气中就会形成酸。去除铁是解决此问题的一种很有效的方法，对于"玛丽·玫瑰"号，使用碳酸锶中和酸，形成了可以保留在木材中的稳定产物。

鉴于硫铁元素对木材腐蚀的巨大影响，脱硫除铁成为减缓木质文物降解的一大难题。有相关实验已证明碳酸锶能够减缓酸的形成，纳米碳酸锶与无机含硫化合物发生以下反应：

$$SrCO_3 + FeSO_4 \rightarrow SrSO_4 + FeCO_3$$

英国学者Eleanor[54]通过实验展示了利用纳米碳酸锶表面涂刷法对木质结构进行加固的可行性。研究表明，此方法不仅能还原硫酸盐等硫化物，还可以减少水分交换，在增加PEG稳定性的同时，隔绝木质文物表面与铁的直接接触，可免除铁锈催化形成的酸对木质文物造成的威胁。

从 1982 年出水至今，39 年过去了，"玛丽·玫瑰"号的保护还在有条不紊地进行（图 3-5、3-6）。目前，游客无法直接登上"玛丽·玫瑰"号，但通过从海底打捞出水的成千上万的船货文物得以重新体验船上的生活。

图 3-5　"玛丽·玫瑰"号沉船博物馆
（2015 年作者拍摄）

图 3-6　还在保护中的"玛丽·玫瑰"号沉船
（2015 年作者拍摄）

三、"新安"沉船

"新安"沉船[55]是 1976 年在韩国新安地区道德岛海域发现的一艘中国元代沉船，到 1982 年共进行了 8 次打捞，1984 年被打捞出水。打捞出水的文物有瓷器 20664 件，中国铜钱 28 吨，是海外水下考古的重大发现。船货是以龙泉窑瓷器为主的青瓷器、白瓷器、青白瓷器、黑瓷器、杂釉瓷器，以及金属器、石制品等。从这些瓷器可以看出，龙泉青瓷在当时中国瓷器的对外输出中占首要地位，景德镇青白瓷占第二位。这与日本和菲律宾等东南亚国家出土的中国元代瓷器的数量比例相符。已经探明这艘沉船的平面轮廓残存，长约 28 米，宽约 6.8 米，倾斜地卧在深 20 米的海底。"新安"沉船的发现，对了解中国元代的海外贸易情况、瓷器的生产和输出以及海上航线等，有着重要的研究价值。

（一）打捞出水

1975 年 7 月的一天，渔民崔享根出海捕鱼时打捞出 6 件完整的青瓷器。他留下了其中的 1 件，其余的送给了邻居。

1976 年元旦，崔享根的弟弟（一位公立学校的教员）来看望他的哥哥，发现了这件青瓷。他认为，既是从海底打捞出来的，便是一件古物，有一定的文化历史价值，应该向文化与情报部文物管理局报告。

1976 年 7 月，崔氏兄弟收到政府颁发的 100 万韩元奖金。考古专家们当即注意到了这些珍贵的宋元青瓷，并意识到它们可能来自一艘古沉船。但因这几件青瓷是在茫茫大海上一个不明确的地点偶然打捞上来的，出水地点不确定，并未立刻进行实地调查。

1976 年 9 月 1 日，6 名渔业潜水员在相关海域仔细搜索，成功地找到了发现遗物的确切地点。他们利用三角测量法记住了海上发现瓷器的地点与附近岛上两个山峰的相对位置关系，并打捞出水 123 件青瓷器，把它们卖给了在道德岛以南约 40 千米的木浦城的一个古董商。其后他们因非法出卖文物而被逮捕，但鉴于他们发现了沉船的确切地点，做出了一定的贡献，于国家有利，故宣判无罪。韩国文物管理局组织了以尹武炳教授为首的发掘队，开始对沉船遗址进行正式发掘。这是韩国考古学家进行的第一次水下考古，海军潜水员应邀协助。于是自 1976 年 10 月开始，在以后的几年内，成功地打捞出数以万计的珍贵文物。

1977 年 10 月，在韩国首府汉城（今首尔）召开了有 6 个国家 40 多名相关领域专家参加的国际学术讨论会。

1978 年 9 月，在中国香港召开了另一次中国外销瓷学术讨论会。此后在日本也召开了类似的国际性学术讨论会。为保存和陈列"新安"沉船打捞出水的中国瓷器，在新安郡所归属的全罗南道厅光州市兴建了一个全新的博物馆。

1982 年夏季，开始对沉船遗骸进行打捞。

1984 年 9 月，在韩国木浦海域打捞出水"新安"沉船。

2019 年 4 月至 6 月，韩国国立海洋文物研究所与韩国国立济州博物馆一起，在济州市翰京面新昌里海域，对"新安"古沉船进行发掘作业。

（二）保护处理

出水后的"新安"沉船船体木材浸泡在装有 PEG 溶液的水槽里，用低分子量 PEG 处理轻度降解的木材，而用高分子量 PEG 稳定严重降解的木材[56]。

首先用 5%PEG400 溶液浸泡木材，每隔三四个月后增加 5% 的浓度，逐渐提高到 20% 的浓度。经过 20%PEG400 溶液处理后，木材被转移到另一种装有加热设备的水槽内。开始用 25%PEG4000 溶液浸泡，逐渐提高浓度，最后至浓度达到 70%~80%。不同尺寸的加热水槽共有 6 个，水槽配备有自动恒温装置，保持 40℃ 左右温度。木材占水槽体积的 30%，其余均注满 PEG 溶液。"新安"沉船残体木材体积大约有 50 立方米，需分批次对其进行处理，每批处理周期较长，且每批至多处理 10 立方米。对于用 PEG4000 处理水浸木材时的浓度问题，虽然一般认为后阶段达到 50% 浓度就可以起到稳定的作用，但浓度总是以过量 20%~30% 为标准，以保证木材有足够的强度。水浸木材保护的目的，不只是保持其尺寸的稳定性，同时也起着恢复木材的一定强度。经过试验，用 PEG4000 处理的水浸木材样品比未用 PEG 处理过的样品，其强度大于 8 倍。

"新安"沉船从 1981 年船板出水到 1994 年进博物馆展示（图 3-7），木材的脱盐、浸泡共花费 14 年的时间。1994 年进馆后至 2004 年的十年间，对船体进行复原展示。到 2014 年，复原后船体已经暴露在空气环境下二十年。在此期间，研究人员对船板进行了长期的监测。近期观察和分析检测结果表明，船板表面出现了不同程度的酸劣化，为应对出水木质文物这一国际性的保护难题，他们在船体三个部位采用不同的化学方式进行实验性保护处理，相互对比并持续跟踪，有望在酸劣化现象对船材保护造成实质性破坏前，攻克这一技术难题。

图 3-7　韩国"新安"沉船
（图片由中国海洋出版社原副总编辑刘义杰先生提供）

四、泉州后渚港宋代沉船

1974 年，在福建泉州后渚港海滩出土一艘南宋木船（图 3-8、3-9）。出土时船体自舯部以上结构及桅、舵、碇等已不复存在，仅残存船体水下部分。残长 24.20 米，残宽 9.15 米，船体扁阔，平面近椭圆形，尖底。船内有 12 道隔舱板，将船分隔成 13 个舱。第一舱和第六舱保存有桅杆座，尾部有舵座，首部尚有艉柱残段。船体用材主要是杉木、松木和樟木三种，其中龙骨为两段松木结合而成，船壳板基本上为杉木，桅座、舵座与肋骨均为樟木，隔舱板为杉木、樟木并用。出土时，大部分杉木构件保存较好，木材含水率虽高达 300% 以上，但木材组织中的主要成分如纤维素、半纤维素与木质素的含量与现代木材接近；樟木肋骨则大部分已腐朽。李国清、费利华研究馆员经历了泉州宋代沉船的整个保护过程[57]。

（一）出土后的早期保护

泉州宋船自发掘后便开始了相应的保护工作，考虑到盐分可能会起到一定的防腐作用，且盐分结晶后可代替部分水分支撑细胞壁，能减轻因失水导致的细胞收缩变形，加上当时形势与条件所限，决定不采取脱盐处理措施。早期的保护主要分为两个部分：

图 3-8　泉州后渚港宋代沉船发掘现场

（图片由泉州海外交通史博物馆李国清研究馆员提供）

发掘后至展陈前的脱水定型保护和早期的修补加固。

1. 发掘后至展陈前的脱水定型保护

此过程又分为三个阶段：

图 3-9　泉州后渚港宋代沉船
（图片由泉州海外交通史博物馆李国清研究馆员提供）

（1）竹棚时期（1974 年 8 月～1975 年 10 月，计 15 个月）

古船出土时，先将各块船板逐块拆解并进行编号，后运至泉州市开元寺内东侧临时搭起的竹棚内。经过清洗去泥，立即由造船厂工人按原来形状对古船进行复原安装，龙骨下垫 0.5 米高的砖块，两侧用 15 根肋骨铁架临时支撑，安装时使用了 20000 多颗大大小小的铁钉。地面铺垫着厚厚的沙层，每天往沙层上洒水两次，以调节竹棚内的湿度。一年后，除杉木船壳板无显著变形外，松木材料的龙骨已产生许多裂纹，并有局部剥落，樟木材料的肋骨、桅座、舵座与隔舱板均发生严重龟裂。

（2）塑料帐时期（1975 年 10 月～1977 年 4 月，计 19 个月）

为了保持高湿气氛，在船体四周罩上塑料帐及薄膜底面，构成较密封的薄膜室。在此期间，对船体进行了再次清洗，并用 3% 氟化钠溶液喷洒消毒，后又用五氯酚钠溶液喷洒两次。由于保湿较好，此阶段船体开裂变形程度较轻。

（3）掩体时期（1977 年 4 月～1978 年 10 月，计 19 个月）

因塑料薄膜开始老化破裂，又正值古船陈列馆兴建，为避免建筑材料从空中掉落而砸坏船体，便用砖在船体四周砌成掩体。该掩体密封性较差，湿度波动幅度大，只能采取经常喷水的办法来保湿。期间，杉木船壳板陆续出现程度不等的细长裂缝，且局部不时有木纤丝从表面迸裂垂挂下来。由以上可以看出：在整个脱水过程中，虽考虑了需控制古船保存环境的湿度问题，但受当时条件所限，调控手段十分简单，实际上并未能达到理想的合适湿度，保存环境状况较差，这是导致船木出现开裂变形的重要原因。而出土时材质保存较差的松木与樟木构件，出土后就开始出现开裂现象。

2. 早期的修补加固

由于在自然环境阴干脱水过程中，船木出现开裂变形，特别是樟木与松木构件裂断与扭曲严重，因此工作人员从竹棚时期开始，即针对船木的病变情况采用一些可行方法进行加固处理试验。主要有：有机玻璃单体渗透、脲醛树脂加固、桐油松节油渗涂、聚乙烯醇聚乙二醇渗透加固、松香汽油溶液溶腊渗涂、松香石蜡热渗等。经过对比实验，最终采用松香石蜡热渗法对所有樟木与部分松木构件进行加固。由于加固材料本身性质的原因，且当时脱水还未完成，效果并不十分理想，致使构件表面颜色加深，呈蜡质感。

（二）陈列展示时期的综合性保护修复

1979 年 10 月，泉州湾古船陈列馆建成。拆除了古船四周掩体，船体脱水也基本完成，古船开始以开放式陈列向公众展示，自此古船保护进入新的阶段。此后的三十多年间，针对船体保存情况，主要进行了综合性的物理化学保护修复，包括日常养护、船体局部的加固修复等，取得了良好的效果。

1. 日常养护

（1）温湿度监测与调控。在泉州湾古船陈列馆对外开放后，早期是人工一日三次记录船馆内的温湿度值，并采取一些简单的调控措施，如在湿度较低的秋冬干燥季节，往船底的水池中放水，以缓解船木干裂，但由于水池漏水等原因，效果有限。此外，平日里尽量少开两侧窗户，以减少空气对流。目前，展厅内使用自动温湿度记录仪，每隔一小时采集记录一次数据。

（2）定期清洁去尘与防腐防霉处理。由于沉船馆采用的是开放式陈列方式，使敞开的船舱内表面极易沉积尘粒。尘粒在造成表面污染的同时，也容易吸附有害物质，滋生腐败菌；加上极少数不文明的参观者随意将饮料包装、果壳、食品等杂物扔向船舱内，因此工作人员必须定期清扫船舱内的垃圾与灰尘，但由于船舱内表面凹凸不平整，且船木表面有许多细小缝隙，彻底清洁灰尘相当困难。为防止船木滋生虫霉，每年定期交替使用硼酸硼砂、五氯酚钠、异噻唑啉酮等多种防霉防腐药剂喷洒船体，效果良好，自陈列展示至今，未出现虫害及霉菌侵害。

2. 船体局部的保护修复

保护人员针对船体局部出现的开裂、变形等状况，通过使用一些特定材料，有针对性地进行保护修复。

（1）加固修补船体局部构件。如用复合材料对脆弱的松木龙骨进行渗透加固与表面封护处理，防止其继续开裂；对船体局部起翘变形部位用适当的材料将起翘部分软化后，再用小的不锈钢钉修复固定；对出现松动的尾舵局部采取脱卸后再进行加固复位的处理，在不改变原貌的基础上稳固了整体结构。

（2）填补封闭裂缝。如对龙骨、舵座等严重开裂部位的大裂缝，采用小的船木块填充，并用环氧树脂粘接，表面再用桐油灰补全密封；小裂缝则直接用桐油灰填补密封，修复效果良好，大部分裂缝开裂程度得到有效控制。

（3）更替腐朽肋骨。船体出土时，大部分肋骨已经相当糟朽，后虽用环氧树脂进行粘接加固，但仍然不断出现粉化乃至崩溃，而最终难以保存。为此，用近代旧船木上的相似构件替换已完全粉化的肋骨，使原有结构得到完整保存。

（4）更换铁钉。船体复原时使用的20000多颗铁钉在含盐船木中很快就出现了锈蚀，锈蚀产物不断渗透、侵蚀钉头周边的船木，被腐蚀的船木严重糟朽且变色，形成一个个腐蚀圈，不仅破坏船体外观，而且铁钉本身因锈蚀而逐渐失去应有的加固作用。因此，1996年至2000年，陆续将船板外表面的大部分铁钉拔除，并使用经高温处理及桐油熬浸的特质竹钉替换，表面再用桐油灰封闭，处理后大大减轻了铁钉对船木的腐蚀作用，同时也减轻了船体的重量。

（5）进行表面封护保护试验。由于未脱盐的船木中含有较高的盐分，使船木的含水率会随着空气相对湿度的变化而不断变化，极大地影响了船木的稳定性，不利于长期保存。为减缓不稳定的环境对船木的影响，先后使用亚麻油、桐油等天然有机材料，有机硅、有机氟、聚氨酯等合成有机材料，以及多种复合材料等进行船木表面封护试验，均取得一定的效果。但其长期有效性仍有待检验，所以仅进行了局部实验。此外，对船舱内表面连接上下两层板的铁钩钉用桐油灰涂抹，进行封闭处理，以防止其在空气中腐蚀而进一步损害船木。目前来看，效果明显，铁钉与木材接触部位未出现严重的腐蚀扩散现象。

（三）船体目前保存现状

1.保存环境状况

根据对船体保存环境的温湿度、光照水平以及空气质量的调查分析：由于开放式陈列展示，且缺乏环境调控设施，主要使用的又是自然光源，受区域环境气候的影响明显，古船保存环境主要存在温湿度偏高、相对湿度不稳定、紫外辐射偏高以及颗粒物污染严重等问题，不符合"稳定、洁净"的预防性保护的基本要求，不利于船体的长期稳定保存。

2. 主要构件的保存状况

由于船体由多种木材构成，不同构件使用不同的木材，材质不同的构件保存状况差异很大，作为船体主要用材的杉木构件虽表面开裂现象较为普遍，但大多数仍保存良好，存在的主要问题是受铁钉腐蚀损害严重，造成船木局部糟朽及变色。目前，虽外层船壳板表面大部分铁钉已拔除，并用竹钉替换，但船舱内层板及隔舱壁等部位仍留存相当数量的铁钉未能拔除，是船体存在的主要危害与不稳定因素；另外，船舱内船板表面出现明显的降解劣化现象。松木构件整体存在严重的横向开裂甚至断裂，部分已糟朽粉化，其中龙骨虽然进行过表面处理与修补，但仍然出现空鼓、开裂起翘等症状。所有樟木构件表面均已收缩开裂、扭曲变形。

3. 船体病害状况

通过对船体病害的统计与分析，船体存在裂隙、糟朽、断裂、变形、残缺、变色、表面降解、生物损害等多种类型、不同程度的病害。根据损害特征又可分为物理形变、糟朽与表面降解三大类。从对船体木材损害的程度与损害范围来看，由应力作用导致的开裂、变形等物理形变病害普遍存在；船木中的铁、硫等化学介质的氧化还原反应导致木材酸化降解腐朽，对船体危害最大，主要分布在船体铁钉部位、船头、船尾、船舱底板及部分隔舱壁；在不稳定的保存环境中，船木中含有的可溶性无机盐反复结晶、溶解是引起船材表面降解劣化的主要原因。大部分出土后形成的病害在现有的保存条件下仍不稳定。

4. 船木的材质状况

纤维素、半纤维素和木质素是构成木材细胞壁的主要成分，三大主要成分的相对含量是反映木材降解程度的最重要的指标之一。通过对三种船木代表性样品的纤维素、半纤维素与木质素等主要化学成分的检测分析，并与相应的现代木材进行对比，结果显示：古船杉木的主要化学成分含量接近于现代杉木，与出土时相比没有出现明显的降解趋势，保存最好，材质基本稳定；樟木的降解程度高于杉木；而松木纤维素含量仅为现代木材的30%，降解程度很高，其腐朽程度也最高。三种船木主要化学成分的检测结果与船木的实际保存状况相符合。

5. 船木中的盐分

海洋出水木质文物中往往含有大量盐分，并会对后期的保存带来重要影响，特别是目前的研究证实：海洋出水木质文物中普遍存在以黄铁矿为主的硫铁化合物，硫铁化合物在空气中氧化后产生硫酸与硫酸盐，可引起木材的酸化降解。泉州宋船出土后并未采取脱盐处理，根据船木中盐分的检测分析结果可知，船木中含有的主要盐分是氯化钠、硫酸钙（石膏）与碳酸钙（方解石），少量样品中含有含铁化合物，个别样品中含有黄铁矿，盐分沉积于木材细胞腔与细胞壁内。从检测结果来看，泉州宋船并不普遍含有硫铁化合物，应主要与船体特殊的埋藏环境有关。泉州宋船沉埋于泉州湾后渚港近海岸的滩涂中，船体上部沉积层是晋江、洛阳江的陆源碎屑物交互沉积的结果，其沉积层地球化学环境为弱还原环境。而硫铁化合物一般在强还原环境下生成，黄铁矿是还原性沉积环境的代表性矿物，因此，泉州宋船不具备产生大量硫铁化合物的环境条件，局部含有的黄铁矿可能与该部位与铁有过密切接触有关。

（四）保护分析与建议

泉州宋船采取了分拆发掘，出土后在未进行脱盐处理的情况下，先复原安装，再在高湿环境中经过4年多缓慢自然阴干脱水的保护方式成功地保存了船体。相较于其他古沉船的脱水保护，脱水时间很短，在相对较短的时间内实现了陈列展示，且保持了木材的原有色泽与质感。另外，泉州宋船所采取先复原再脱水的方式，也避免了因船体构件在脱水过程中变形而导致复原困难的问题，较好地保持了船形。自然阴干的脱水方法是一种能最大程度上保存古代木质文物原始信息的较好的保护方式，但能否使用该方法还取决于木质文物出土时的保存状况。由于泉州宋船大部分使用的是较耐腐杉木，出土时材质保存也较好，因此采用自然阴干的脱水方式是合适的；但对于出土时材质本身保存状况较差的松木与樟木构件，出土后很快产生了开裂、变形，因此对于降解程度较高的松木与樟木构件，使用4年多的缓慢阴干脱水的方式并不成功。

泉州宋船的脱水保护是大型饱水木质文物使用缓慢自然阴干脱水获得成功的案例，无疑为其他出土饱水木质文物的保护提供了一个难得的可参考的样本。但早期保护未脱盐处理及复原时使用大量铁钉连接加固给船体后期的保存与保护带来了极大的隐患与困扰。船木中的盐分极不利于气干（即船体内外含水量平衡状态）后船体的稳定保存，并加速了船体中铁钉的腐蚀。而铁钉在含盐船木中的快速腐蚀又引起了船体木材酸解腐朽与变色，造成无法逆转的破坏，这也是船体出土后最主要的损害因素。陈列展示时期的保护主要是针对船体出现的病害而采取的相应保护修复措施，有效地缓解了病害的发展，特别是用竹钉替换铁钉从而减轻铁钉对船木腐蚀，效果较为明显。而未进行船体整体化学封闭处理是审慎而科学的，不仅保持了船木的原有质感，也保留了船体的原始信息。

（五）现存主要问题

根据对船体前期保护的分析评估与船体保存现状的综合调查研究结果，泉州宋船现存的主要问题是：

1. 未脱盐船木的稳定性问题

未脱盐的船木中含有高约 5% 的氯化钠盐分，在开放式保存环境中，船木中含有的盐分会随着环境相对湿度的变化在反复的结晶与溶解过程中产生应力破坏。同时，由于氯化钠易潮解的特性，持续的高湿环境可使船木保持较高的含水率，水分携带空气中的氧、二氧化碳、二氧化硫等进入船木细胞中，与氯化钠溶解形成的高浓度的盐溶液共同作用会对船木产生破坏。在酸性条件下，可导致木材的水解降解。船木中的含铁化合物也不稳定，极易产生氧化还原反应，在此过程中可加速木材的降解。因此，盐分的存在对船木的稳定保存存在显著影响。

2. 残留在船体中的铁钉腐蚀问题

船体复原时使用的大量铁钉在含盐船木中严重腐蚀，腐蚀产物在潮湿空气中水解所形成的酸会造成船木酸解破坏。目前，虽然船体外壳板中的大部分铁钉已被拔除，但船体内部及隔舱壁中仍残存着相当数量的铁钉，由于铁钉所处位置，目前还难以清除，这些铁钉的存在对船体的长期稳定保存构成极大威胁。

3. 开放式保存环境问题

多年来，泉州宋船一直在开放式环境中陈列展示，缺乏环境调控设施，受区域气候影响严重，船体保存环境温湿度值偏高，相对湿度变化频率高、幅度大，长期保存在这种环境状态下对于含有高盐分的船木来说是极不利的。一方面，长时间的高温高湿环境会使船木持续含有较高水分，可促进化学与生物等破坏作用的产生；另一方面，相对湿度频繁大幅度的变化会直接影响船木的含水率的变化。据研究：含盐船木在自然保存状况下的平衡含水率的变化为 14%~43%，变化幅度很大，环境不稳定造成的干湿交替变化所产生的不均衡应力使船木结构难以稳定。另外，开放式陈列保存环境使船舱内沉积尘粒，造成表面污染，亦带来隐患。因此，缺乏调控的开放式保存环境极不利于船体稳定保存。

4. 脆弱构件的加固修复问题

出土时，船体的松木与樟木构件本身降解程度高，出土后即出现了开裂变形。目前，松木构件横向断裂严重，局部粉化，部分樟木构件表面亦出现酥粉现象，这些构件均需进行保护修复处理。由于在早期保护过程中曾使用松香、石蜡等材料进行渗透加固处理，加大了再次保护处理的难度。

综上所述，泉州宋船现存的主要问题是含有高盐分与大量铁钉的船木在开放式的不稳定保存环境中产生物理、化学及生物等破坏作用，从而导致船木逐渐劣变。同时，部分糟朽构件亟须保护修复处理。

（六）保护现状与思路

鉴于船体中含有大量的盐分与铁钉，因此，泉州宋船已经不是单纯的木质文物，而是一个木、铁与盐分的有机无机结合体，特殊的保存状况极大地增加了后期保护的复杂性与难度。要使船体长期稳定保存，必须彻底解决盐分与铁钉的问题，也就是需重新拆解船体来拔除铁钉并进行脱盐，但从船体保存现状来看，腐朽脆弱的构件比例较高，重新拆解船体势必会使腐朽脆弱的构件难以完整保存，导致船体现有结构受损，部分信息丢失，造成二次破坏。从技术角度来看，船体所含的盐分，特别是含铁化合物难以彻底脱除，在脱盐后的干燥过程中可能出现船木构件变形，从而导致船体复原困难。对于本身材质已很脆弱且早期已经进行过渗透加固处理的樟木与松木构件，若重新浸泡脱盐不仅效果有限且极易造成木材再次受损。因此，通过重新拆解拔除铁钉与脱盐来解决现存问题，不仅可操作性难度大，且存在很大的破坏性风险。从船体主要病害的形成因素来看，铁钉与盐分是内因，保存环境是外因。因此，在难以彻底解决铁钉与盐分的情况下，通过改善保存环境，为船体创造一个可控的稳定、洁净、低氧的保存环境来减缓各种破坏作用，并尽可能地保持现有结构的稳定是目前较可行的保护思路。既符合"预防性保护"的基本理念，也符合"最小干预"的文物保护基本原则。同时，对部分糟朽严重的构件可进行局部加固与修复处理以保持完整。基于泉州宋船的特殊保存状况，目前迫切需要在深入研究船木病害机理的基础上，开展船体稳定保存研究，并制定切实可行的科学保护技术方案，从而最终解决船体如何长期稳定保存的问题。

五、蓬莱古船

蓬莱古船博物馆内展出了蓬莱小海出土的四艘元明时期古船及随船出土的大量文物。这些古船见证了蓬莱作为海上丝绸之路的一个重要港口，昔日的繁荣与兴盛。原馆长袁晓春[38]亲身经历了蓬莱古船的保护过程（图3-10）。

图 3-10　蓬莱古船发掘现场
（图片由登州博物馆原馆长袁晓春先生提供）

（一）元朝古船

1984 年 6 月，在山东省蓬莱市登州港（蓬莱水城）发现 3 艘古代木质沉船。文物考古工作者从 2.1 米深的淤泥中，将其中一艘古代沉船发掘出来，其他两艘沉船仍埋在登州港内。被发掘的古代沉船长 28.6 米，宽 5.6 米，深 1.4 米，船内由 13 道隔舱板分为 14 个水密舱。沉船甲板以上部分已不存，仅存甲板以下船体。经我国有关专家鉴定，该船为元代战船，距今已有七百多年的历史。其复原长度为 35 米，宽 6 米，型深 2.6 米。

1984 年 6 月，蓬莱古船在登州港内发掘现场经编号、测绘后，将船体龙骨、舱

壁板、外板等各部分分别拆开，搬往脱水处理工地。古船脱水处理工程当即开始，至
1988年10月结束。经过4年的脱水处理，成功地解决了饱水船板木材在脱水处理时
因水分子迅速从植物细胞内渗出，产生表面张力，致使细胞壁崩散而形成的船材翘曲、
开裂，以及细胞壁机械强度降低，造成细胞壁的坍陷导致船材收缩等技术难题，蓬莱
古船的脱水处理工程获得较理想的结果。

1989年7月20日~11月20日，在蓬莱古船博物馆展厅进行了蓬莱古船复原工程。
此次复原工程采用我国古代传统的"船壳法"造船技术，即先定龙骨，再安装水底板，
后加隔舱板的造船顺序，将蓬莱古船进行了复原修复。

1990年5月，复原后的元代蓬莱古船正式对外展出。从对外展出到1993年7月，
蓬莱古船船体无任何保护层，其船木木质强度降低，船体外侧船材出现腐朽。加之蓬
莱古船博物馆临近海边，夏秋季节海滨雾大，空气潮湿，海风中带有盐分，船体不断
受潮膨胀；冬春季节气候干燥，展室西侧阳光直接照射在船体上，船体干燥收缩。一
年中膨胀、收缩现象不断重复发生，致使蓬莱古船外侧船材表面出现龟裂。

1991年春季，蓬莱古船部分船材因干燥收缩发生条块剥落，剥落块长度在3~12厘
米之间。采取将花盆移进展室，通过浇花使水分蒸发的简单措施，达到湿润空气、防
止干燥的目的，使条块剥落情况完全得到控制。

1991年秋季，条块剥落现象不再出现，但古船表面发生粉尘性腐朽。粉尘不断飘
落，情况日益严重。同时，古船散发出难闻的朽木气味，其保护工程刻不容缓。

1993年5月28日~6月17日，清除船体表面结层。

在对蓬莱古船进行脱水、复原阶段，出于对古船保护的需要，未将船材表面的泥
沙彻底清除。自发掘出土后至保护处理前长达9年的时间中，船材表面已形成一个坚
硬的结层。要喷涂化学保护材料，就必须将船材表面结层全部清除。文保工作人员使
用7.5千克的空气压缩机，以喷出的高压气体辅以钢丝刷对船体表面进行喷刷，全部清
除了附着在船体表面的泥沙和结层。

1993年6月18日~6月24日，修复船体。

船体修复分两步：首先，对部分船材的开裂处使用小铁钉进行了加固；其次，对
船板间长1.1~1.7厘米的缝隙以及船体表面的钉眼、腐朽的孔洞进行了修补。在蓬莱古
船的复原工程中，船板间是采用铲钉、穿心螺钉连接加固的。考虑到如果这些铁钉暴
露在空气中，因水蒸气冷凝形成的冷凝水以及水中的杂质将使全部铁钉产生化学反应，
生成铁锈，如果铁钉锈蚀严重，则其连接加固作用就会逐渐丧失，最终使船体解体。

为此，工作人员使用"舱料"（"舱料"是由麻丝、石灰、桐油经机器辗压和人工反复舂捣而成）对船体上所有的缝隙、孔洞进行了填补，对某些暴露在空气中的钉眼做了封盖，这样既保护了船材，又对船体上可能暴露在空气中的钉眼进行了隔绝封护。

1993 年 6 月 25 日~7 月 26 日，喷涂保护材料。

蓬莱古船共有船板 102 块，其中外板 59 块、舱壁板 31 块、其他板 12 块。古船内侧、外侧和舱壁面积约 259.4 平方米。

第 1 阶段：表面喷涂聚醋酸乙烯酯丙酮溶液。喷涂 5% 聚醋酸乙烯酯丙酮溶液保护处理一般船材，腐朽严重的船材则喷涂 7% 聚醋酸乙烯酯丙酮溶液进行保护处理。聚醋酸乙烯酯丙酮溶液喷涂在船材表面后，船体表面色泽无明显变化。

第 2 阶段：喷涂生桐油。在蓬莱古船船体上喷涂生桐油，其漆膜干燥后，形成一个稳定的保护层，起到隔绝空气氧化、防潮、防晒、防大气腐蚀等诸多保护功能。蓬莱古船喷涂生桐油的施工方法与喷涂聚醋酸乙烯酯丙酮溶液施工方法相同，只是在喷涂第一遍生桐油时，要少而均匀，待其干燥后，再喷涂第二遍生桐油，但不要过厚。只有喷涂两遍生桐油才能在古船船体表面形成均匀致密的保护层。经过严格控制喷涂生桐油用量和厚度的蓬莱古船，船材色泽略有加深，但尚未改变木材质感，也没有出现炫光，成功地保持了蓬莱古船的原有观感，效果较理想。

（二）明朝古船及高丽古船

2005 年，在登州港蓬莱水城第二次清淤工程中，发现了明朝古船及高丽古船等 3 艘中外古船。其保护过程如下：

在发掘工地，3 艘古船船材表面露出后，下部仍埋在淤泥中。文保人员采取往船材表面喷淋 75% 医用酒精的方法，以抑制船材表面的细菌生长。此后开始喷淋丙二醇溶液进行船材保护，其后不久改为喷淋 5%~10% 的 2000 分子量的聚乙二醇，用以加强船材强度，后改喷 12.5% 的 4000 分子量的聚乙二醇和硼砂混合水溶液，进行脱水加固，以防止水分过速蒸发及船材长霉。

2005 年冬季，聘请从事过元朝古船修复的造船厂老工匠承担此 3 艘古船的分体拆运工作。工匠们先将古船隔舱拆开，再把船材外板缝隙间的舱料剔除，连接船板间的铁钉挑断；按照先拆隔舱板，再拆外板，后拆龙骨的拆船程序，将船体逐步拆分。每块被拆开的船材，分别用钉标牌、书油漆、墨书三种方式进行标记，为将来的古船复原做好翔实、完备的记录工作。将分拆船材搬入室内进行后续的科学性保护和修复工作。将古船船材离地垫起摆放，使古船船材四周通透，便于饱水船材水分子的溢出以及聚乙二醇材料的渗透。此外，离地架起船材，也能有效避免船材腐朽现象的发生。冬季温度较低时，在古船保护室内，文保人员采取锅炉供暖，一般室内温度保持在15℃~20℃，室内湿度保持在65%左右。古船从发掘现场搬入室内后，船材表面形成泥沙结层，文保人员使用竹签、毛刷、湿布对泥沙结层进行彻底清除，使船材本色全部显露出来，得见真容的同时也便于化学保护材料的喷淋渗透。使用的化学保护试剂，初期为分子量4000的聚乙二醇，稀释浓度12.5%，与浓度为0.4%的硼砂及浓度为0.3%的平平加溶液混合，早、晚各喷淋一次，分子量4000的聚乙二醇用于渗透、脱水加固古船船材，0.4%的硼砂溶液用于船材防腐，0.3%的平平加溶液用于保护试剂的渗透。文保人员通过对喷淋化学保护试剂多次选择和比较试验发现，以聚乙二醇为主的化学保护试剂，在多次和低温下喷淋易出现白色结膜，有化学保护试剂渗透不好的情况发生。这需对白色结膜进行及时清除，以确保化学保护试剂的充分渗透，避免因化学保护试剂渗透情况不良而造成的浪费。

　　2008年夏季开始，增加化学保护试剂的喷淋次数。利用夏季气温高，古船船材喷淋化学保护试剂较易渗透的特点，从每天早、晚2次喷淋，变更为早、中、晚3次喷淋，以加快化学保护试剂在船材的渗透效率。

　　2010年12月，因聚乙二醇喷涂效果不很明显，停止喷涂原化学保护材料，改用新的保护材料进行后期古船保护（图3-11）。新材料为1%木质素、2%黄酸钙（喷淋3个月，后改为4%黄酸钙）溶液，每天喷淋一次。通过增加古船船材的木质素，以增加船材强度，便于古船船体复原和展示。

　　2012年3月，蓬莱3艘古船运进新落成的蓬莱古船博物馆（图3-12），对其进行复原组装。采用我国古代"船壳法"造船工艺，即搭起龙骨墩、边墩，在墩台上安放龙骨，再连接左右底板、外板，后

图3-11　蓬莱古船的喷淋保护
（图片由登州博物馆原馆长袁晓春先生提供）

加舱壁板、肋骨的顺序，完成了古船的复原工程。

蓬莱元朝古船保护采用喷涂聚醋酸乙烯酯、生桐油保护船体等技术，取得了较好的保护效果；而蓬莱3艘中外古船采用喷淋聚乙二醇方法保护船材，其保护效果尚有待时间的检验。同时，由于蓬莱3艘中外古船船体外表未进行喷淋桐油或高分子保护材料的处理，导致未穿"外衣"的3艘古船长期处在潮湿的环境下，保存状况堪忧，相关的后续保护工作亟须展开。

图 3-12　蓬莱古船的展示
（图片由登州博物馆原馆长袁晓春先生提供）

六、洛阳运河古沉船

2013年9月，在洛阳偃师首阳山镇义井村附近的洛河里发现两艘古代沉船。洛阳市文物考古研究院负责完成此次沉船的考古发掘工作。经过7个多月的发掘、清理，古船的全貌清晰地呈现出来[59]。一号船船体通长20.14米，宽3.48米，残存最高1.42米，有13个分隔舱；船体平放，底倾斜，呈东西向。二号船是在发掘一号船时，通过发掘出的锚链而随之发现的。船体侧翻，前半部保存较好，残存有7个船舱，后半部缺失，在船的东南部散落有船体的木质构件。船体残长10.65米，底最宽1.83米，最窄1.12米，残高1米；船体结构与一号船基本相同。船体北侧连接有四爪铁锚，铁锚与船体间有长约8米的铁链。在一号船船舱内出土有铁斧、铁锛和各种铁镉钉等，在二号船船体东北二三米外出土有粗瓷坛、瓷罐、锡壶、铁油灯、木钻、木锛、木斧等遗物。

此次发现的古沉船为全木质，有多个分隔舱，船体因掩埋在沙体内部而呈现饱水状态。一号船被发现时，露出的部分船体木质表面已多处出现霉变，附着苔藓等低等植物；船体部分构件开裂、脱落。发掘清理结束后，经现场仔细勘查，船体大部分保存较完整，但船体已倾斜变形；第5、6舱的隔断和船体中部、东南部有缺失；船体表面木质部分酥解、粉化，木材力学强度降低；部分木质构件出现残破、断裂、脱落；船体首部，部分甲板及左侧导缆桩、首封板等缺失。二号船船体侧翻，前半部壳板保存较好，后半部缺失，部分构件散落在船体左右两侧；由于船体侧翻，船内构件多已开裂，部分构件已与船体分离，并散落在船舱内淤土中。在清理的同时，对二号船进行加固定位，使其保持出土时的原状，为后期复原研究提供科学依据。

在考古发掘现场，工作人员通过各种化学保护手段，如杀虫、防腐防霉杀菌、渗透加固等，提高古沉船对环境的适应能力。根据古沉船本身的特殊病症和保存环境，做有选择性的防霉、防虫、防水、防紫外线处理，降低保存环境的变化对古沉船造成的危害。

1. 防腐防霉杀菌

文保工作人员对整个船体（木质船体）进行防腐防霉杀菌和加固处理，其目的是防止在搬迁前后，因外环境的变化，船体滋生各种微生物和霉菌，以免对船体造成物理和化学危害。

从挖掘清理到整体搬迁，两艘船用时长达一年之多。因此，在清理的同时，选择WP-1复合型防腐剂，配置成4%水溶液，对船体进行了防腐、防霉、杀菌、杀虫等处理。该药对害虫和腐菌有较好的防治效果。搬迁时使用一种高效、低毒杀虫剂——铜铬砷类防腐剂（简称CCA，其主要特点是抗流失），可防止白蚁、白腐菌、褐腐菌、软腐菌以及海生钻虫的侵害。CCA能渗透到木材中，其中的铜、铬、砷将与木材组分发生化学反应而"固定"在木材中。防霉处理则用3%的霉敌水溶液（调节溶液的 pH 值为4~6）。

施工方法：采用药物喷淋的方法，用传统的喷雾器对整个船体进行喷淋。

2. 填充加固

根据洛阳运河古沉船的保存现状和具体情况，选用喷淋 PEG4000 以填充加固木质船体。从 20 世纪 60 年代起，河南省博物馆（今河南博物院）、浙江省博物馆、南京博物院等已经研究采用 PEG 脱水加固定型饱水木质文物。此法目前已被国内外广泛使用，但仍存在以下亟待解决的问题：脱水工艺上有很大的局限性，需加温、冷冻干燥、真空冷冻干燥等；经脱水后的木质文物在空气中湿度较高时，易吸潮，其表面有黏稠感，木质感较差，色泽有浅黑色，呈蜡状。单一的 PEG4000 溶液，由于存在上述缺陷，洛阳运河古沉船采用 PEG4000 的复合溶液（即 7% 尿素 +21% 二甲基脲 +10%PEG4000）进行脱水加固定型，并将 PEG 溶液浓度逐步递增至 40%，直至木胎被 PEG 复合溶液饱和。此配方的优点在于无毒、无刺激性、难燃、具有良好的水溶性、保湿性、分散性、黏结性等。研究发现，在特定的条件和工艺下，被 PEG 复合溶液饱和的木器，具有极强的可塑性，可同步实现器物的整形修复和干燥，使木器干燥脱水的时间缩短 1/3 或 1/2，大大提高了木器的保护和修复功效。

洛阳运河古沉船的保护属于大型饱水木器的保护。在沉船刚发掘出土时，木质材料含水率在 200%~300% 之间，无法使用 PEG 浸泡法，为了争取时间，采用了 PEG 喷淋法对古沉船的木质材料进行一定程度的保湿和加固处理。

第一步：先清洗沉船表面所附带的泥土和杂物，降低水分子中盐离子的浓度，以提高渗透加固效果。用喷淋法对古沉船的木质材料进行脱水加固处理。

第二步：用 5%~10% 的 PEG4000 复合液喷淋。喷淋以古沉船的木质材料全部吸收不挂流为准。由于船体在室外环境中，每次喷淋后均用塑料布包裹起来，以降低水分挥发的速度，提高渗透深度。

第三步：用 20%~40% 的 PEG4000 复合液喷淋。喷淋过程中对古沉船木质材料的腐烂、疏松处多喷，木质细密坚实处可少喷。由于冬季温度较低，水分挥发相对较慢，一天喷淋两次；夏季气温较高，空气湿度相对较低，木质表面水分挥发较为迅速，为保证渗透效果，可提高喷淋次数，一天 3~4 次，并根据船体表面水分检测数据按需要适当增加喷淋次数。

沉船经过脱水加固后，基本能够保持发掘时的状态。但发掘出土后到科学保护前这一段时间内，船体发生的形变、开裂、脱落等损害几乎是无法挽回的。因此，饱水古代沉船的保护应以考古发掘现场的保护最为重要，只有这一阶段的成功才能为后一阶段的实验室科学保护提供更有价值的保护对象。

第六节　小结

对于经过各种填充剂，如 PEG 处理的饱水木质文物，在湿度和温度等气候条件受控的环境中，会在某种程度上延长文物的预期寿命，但这种填充介质中的水混溶性和化学变化又不可避免地导致文物内部的缓慢降解。本章中概述的各种处理方法适用于不同的情况，应根据实际情况进行分别处理。

脱水加固保存被水浸渍的木材还有其他可行的方法，例如在正己烷溶液中用石蜡填充，但由于各种原因，这些方法并没有被广泛使用。最重要的是要认识到，可以通过多种处理方法来解决饱水木质文物的保护问题。在有多种方法可以处理饱水木质文物时，选择哪种适当的脱水加固处理方法，可能取决于一个或多个因素，要综合考虑，为每种情况提供对应的最优解决方案，以达到期望的结果。

注释

① Ling, L., Unearthed archaeological wooden relics: generation, reply and permanent fixture, *Scientific research of China's cultural relics*, 2009 (2) : 53–55.

② M.P.Colombini, M.Orlandi, et al., Archaeological wood characterization by PY/GC /MS, GC/ MS, NMR and GPC techniques, *Microchemical Journal*, 2007 (85) : 164–173.

③ WIES AWO, JERZYM, AGNIESZKAS, et al., Hygroscopic properties of PEG treated archaeological wood from the rampart of the 10th century stronghold as exposed in the Archaeological Reserve Genius loci in Poznan (Poland), *Journal of Cultural Heritage*, 2015 (18): 299–305.

④ 张金萍、章瑞：《考古木材降解评价的物理指标》，《文物保护与考古科学》2007 年第 2 期，第 34~37 页。WANG Jingwu, CUI Guoshi.Microstructure characteristics and physical and chemical properties of waterlogged wooden cultural relics, *Southeast Culture*, 2008 (4): 89–92.

⑤ Gao Jingran, Li Jian, Degradation assessment of waterlogged wood at Haimenkou site, *Frattura ed Integrità Strucutrale*, 2014 (30): 495–501.

⑥ Pearson, C. The use of polyethylene glycol for the treatment of waterlogged wood: Its past, present and future. In L. H. de Vries–Zuiderbaan (Ed.), *Conservation of waterlogged wood* (Proceedings of the Inernational Syposium on the Conservation of Large Objects of Waterlogged Wood) ,1981,pp. 51–56. The Hague: Ministry of Education and Science.

⑦ 尹思慈：《聚乙二醇处理木材的研究》，《南京林学院学报》1985 年第 3 期，第 51~60 页。

⑧ MARTIN N M, HELGE E, S REN H, et al., Characterisation of the polyethylene glycol impregnation of the Swedish warship Vasa and one of the Danish Skuldelev Viking ships, *Journal of Archaeological Science*, 2007 (34) : 1211–1218.

⑨ 楼卫：《跨湖桥独木舟原址脱水保护研究与实践》，《杭州文博》2014 年第 1 期，第 152~163 页。

⑩ 袁晓春：《蓬莱三艘古船保护进程中的保护技术探究》，《中国文物保护技术协会第六次学术年会论文集》，2009 年，第 5 页。

⑪ CHRISTENSEN M, H KUTZKE, F K HANSEN, New materials used for the consolidation of archaeological wood-past attempts, present struggles, and future requirements, *Journal of Cultural Heritage*, 2012 (13)：183-190.

⑫ D. I. Donato, G. Lazzara、S. Milioto, Thermogravimetric analysis, *Journal of Thermal Analysis and Calorimetry*, 2010, 101 (3): 1085-1091.

⑬ Martin Nordvig Mortensen, Helge Egsgaard, Søren Hvilsted, Yvonne Shashoua, Jens Glastrup, Characterisation of the polyethylene glycol impregnation of the Swedish warship Vasa and one of the Danish Skuldelev Viking ships, *Journal of Archaeological Science*, 2006, 34 (8): 135-138.

⑭ 刘东坡、卢衡、郑幼明等：《动态粘度法测定饱水古木尺寸稳定剂 PEG 浓度》，《东方博物》2009 年第 4 期。

⑮ 王福添、郑幼明、蒋青等：《饱水古木材 PEG 浸渗量 DSC 检测方法探索》，《中国文物科学研究》2017 年第 2 期。

⑯ 张振军：《乳糖醇处理出土饱水古木的研究》，《南京林业大学校刊》2006 年，第 4~6 页。

⑰ Mc kerrell H, Roger E, Varsanyi A. The acetone/rosin method for conservation of waterlogged wood. *Studies in Conservation*, 1972, 17 (3)：111-125.

⑱ Mc kerrell H, Roger E, Varsanyi A. The acetone/rosin method for conservation of waterlogged wood. *Studies in Conservation*, 1972, 17 (3)：111-125.

⑲ 靳海斌、卢衡、刘莺等：《安吉出土饱水木俑的稳定》，《东方博物》2009 年第 2 期，第 118~122 页。

⑳ 韦荃：《高级醇加固饱水木器的可逆性实验》，《文物保护与考古科学》2007 年第 1 期，第 33~35、73 页。

㉑ 刘丽、李文英、杨竹英：《硅胶在出土浸饱水漆木器脱水定型中的应用与研究》，《文物保护与考古科学》2005 年第 2 期，第 39~41 页。

㉒ 张立明、黄文川、何爱平、金普军：《自然干燥法在保护西汉饱水漆耳杯中的应用》，《文物保护与考古科学》2005 年第 4 期，第 44~47 页。

㉓ 廖传华、黄振仁：《超临界流体干燥技术的研究进展》，《第十届全国干燥会议论文集》，2004 年，第 70~78 页。

㉔ 吴东波、张绍志、陈光明：《饱水木质文物的冷冻干燥保存研究进展》，《第九届全国冷冻干燥学术交流会论文集》，2008 年，第 5 页。

㉕ Rosenqvist, A., Experiments on the conservation of waterlogged wood and leather by freeze drying, in *Problems in the Conservation of Waterlogged Wood*, ed. W.A. Oddy, Maritime Monographs and Reports No. 16, National Maritime Museum, London (1975): 9–23.

㉖ Watson J., Suitability of waterlogged, wood from British excavations for conservation by freeze drying, in Black J. (ed.) *Recent advances in the conservation and analysis of artifacts jubilee conservation conference Papers*, Summer schools Press, 1987: 273–276.

㉗ SAMUEL P P J, NIGEL K H S, MARK J, et al., Investigating the processes necessary for satisfactory freeze–drying of waterlogged archaeological wood, *Journal of Archaeological Science*, 2009 (36): 2177–2183.

㉘ Setesuo ImaZu、Tadateru Nishiura 著，张金萍译：《用甘露醇和 PEG 保护饱水木质文物的冷冻干燥法》，《东南文化》1998 年第 4 期，第 127~130 页。

㉙ LESZEK B, Investigations on pre–treatment prior to freeze–drying of archaeological pine wood with abnormal shrinkage anisotropy, *Journal of Archaeological Science*, 2011 (38): 1709–1715. LESZEK B, Dimensional changes of waterlogged archaeological hardwoods pre–treated with aqueous mixtures of lactitol/trehalose and mannitol/trehalose before freeze–drying, *Journal of Cultural Heritage*, 2015 (16): 876–882.

㉚ 刘秀英、陈允适：《木质文物的保护和化学加固》，《文物春秋》2000 年第 1 期，第 50~59 页。

㉛ 赵桂芳：《出土饱水竹木器脱水保护研究》，《中国文物科学研究》2006 年第 4 期，第 72~76 页。

㉜ 梁永煌、满瑞林、王宜飞等：《饱水竹木漆器的超临界 CO_2 脱水干燥研究》，《应用化工》2011 年第 5 期，第 437~440 页。

㉝ 方北松、王宜飞、史少华等：《饱水竹木器超临界脱水示例》，《湖南省博物馆馆刊》2014 年，第 549~551 页。

㉞ P. Jensen, J. B. Jensen, Dynamic model for vacuum freeze–drying of waterlogged archaeological wooden artifacts, *Journal of Cultural Heritage*, 2006 (7): 156–165.

㉟ Schnell Ulrich, Anton Sand, Jensen Poul, Determination of maximum freeze drying temperature for PEG–impregnated archaeological wood, *Studies in Conservation*, 2007, 52 (l): 50–58.

㊱ 罗曦芸、陈大勇：《饱水文物的真空冷冻干燥研究》，《实验研究与探索》2002 年第 21 卷第 5 期，第 56~58 页。

㊲ 陈元生等：《严重朽蚀饱水竹简的真空冷冻干燥研究》，《文物保护与考古科学》1999 年第 11 卷第 1 期，第 7~17 页。

㊳ 华佳晨、王晓琪：《国外饱水木质文物保护研究进展述评》，《文物春秋》2018 年第 9 卷第 2 期，第 3~10 页。

㊴ Kim Y S, Singh A P, Imaging degraded wood by confocal microscopy, *Microscopy Today*, 1998, 98 (4): 14. Kim Y S. Singh A P, Micromorphological characteristics of wood biodegradation in wet environments: A review, *IAWA*, 2000, 21 (2): 135–155.

㊵ 汤显春、夏克祥、刘海舟等：《曾侯乙墓穴木椁微生物降解对木材危害及防治措施研究》，《微生物学杂志》2003 年第 6 期，第 20~22 页。

㊶ Wilcox W W, Some methods used in studying microbiological deterioration of wood, *Forest Service Research Note*, 1964, 17 (2): 631–632.

㊷ 王志杰、余姝霆、田兴玲：《出水沉船的保护概况》，《全面腐蚀控制》2016 年第 30 卷第 7 期，第 9~14 页。施振华：《大力发展木材防腐，节约木材》，《木材工业》2001 年第 15 卷第 4 期，第 8 页。李玉栋：《木材防腐——延长木材使用寿命的有效措施》，《人造板通讯》2001 年第 11 期，第 4 页。

㊸ 刘秀英、陈允适：《从兴国寺防腐防虫处理探讨古建筑木结构的保护问题》，《古建园林技术》2003 年第 4 期，第 44~47 页。

㊹ 候时拓、吴家琛、李华等：《故宫慈宁宫等古建筑木构件现场防腐处理技术》，《木材加工机械》2010 年第 4 期，第 15、43~45 页。

㊺ 赵振、肖磷、孙杰：《成都商业街船棺、独木棺遗址微生物研究》，《中国文物保护技术协会第四次学术年会论文集》，科学出版社，2005 年，第 13 页。

㊻ 李东风、卢衡、周旸：《抗菌剂壳寡糖、儿茶素和纳米氧化锌对冻干前处理古木微生物作用的研究》，《文物保护与考古科学》2010 年第 1 期，第 60~64 页。

㊼ 邢嘉琪：《木材生物防腐研究的现状与展望》，《世界林业研究》2004 年第 3 期，第 32~35 页。

㊽ 杨威婷、董文娟、闫文雯等：《几种主要的水载型防腐处理木材对环境安全的影响》，《中国木材保护工业协会第六届中国木材保护大会暨 2012 中国景观木竹结构与材料产业发展高峰论坛 2012 橡胶木高效利用专题论坛论文集》，2012 年，第 5 页。

㊾ 卢衡：《抗菌剂四硼酸钠对浸渍木质文物的副作用分析》，《中国文物保护技术协会第二届学术年会论文集》，中国文物保护技术协会，2002 年，第 6 页。

㊿ 王晶：《非水溶性无机盐碱式碳酸锌制剂木材防霉研究》，中南林业科技大学硕士学位论文，2011 年。

㉛ 刘添娥、王喜明、王雅梅：《木材防霉和防蓝变的研究现状及发展趋势》，《木材加工机械》2014 年第 6 期，第 65~68 页。

㉜ https://www.vasamuseet.se/ 瓦萨号沉船官网。

㉝ https://maryrose.org/ 玛丽罗斯号沉船官网。

㉞ ELEANOR J S, RITIMUKTA S, APURVA M, et al., Strontium carbonate nanoparticles for the surface treatment of problematic sulfur and iron in waterlogged archaeological wood, *Journal of Cultural Heritage*, 2016 (18): 306–312.

(55)https://baike.baidu.com/item/ 新安沉船 /6828258?fr=aladdin.

(56)崔光南著，李国清、张丽明翻译：《南朝鲜新安沉船的保护研究》，《海交史研究》1990 年第 1 期，第 83~87 页。

(57)费利华、李国清：《泉州湾宋代海船保护 40 年回顾、现状与分析》，《文物保护与考古科学》2015 年第 27 卷第 4 期，第 95~100 页。

(58)袁晓春：《蓬莱古船保护技术》，《武汉造船》1994 年第 3 期，第 21~25 页。袁晓春、张爱敏：《蓬莱四艘古船保护技术解析》，《中国文物科学研究》2013 年第 1 期，第 81~84 页。

(59)洛阳市文物考古研究院：《洛阳运河古沉船现场保护历程》，《洛阳考古》2015 年第 3 期，第 76~82 页。洛阳市文物考古研究院：《洛阳运河一号、二号古沉船发掘简报》，《洛阳考古》2015 年第 3 期，第 56~63 页。

下编

第四章 "华光礁I号"沉船保护（I期）

——硫铁化合物脱除

南海诸岛位于古代"海上丝绸之路"的要冲，包括东沙群岛、中沙群岛、西沙群岛、南沙群岛，它们自古以来就是我国神圣领土不可分割的一部分。"华光礁I号"沉船是一艘南宋古沉船[①]，是中国在远洋海域发现的第一艘古代船体，于1996年被中国渔民在潜水捕鱼时发现。"华光礁I号"沉船遗址位于华光礁环礁内侧，1997年以来，曾多次遭到非法盗掘，沉船遗址被破坏严重。1998年，中国国家博物馆和海南省文体厅组织相关专业人员对其进行了初步试掘。2007年3月至5月，中国国家博物馆和海南省文体厅组成联合水下考古队，开始正式对"华光礁I号"沉船遗址进行抢救性考古发掘，这是中国首次大规模远海水下考古发掘，是国家海疆考古"十一五"发展规划中重要项目之一，是近年来我国水下考古一次重要的抢救性发掘工作，为多层次、多手段开展水下文物保护进行了有益的尝试和探索。2008年11月至12月，西沙考古工作队将"华光礁I号"沉船船体拆解打捞出水，经初步处理后，将其运至海南省博物馆进行保护处理。华光礁环礁发现的沉船和相关遗物是我国南宋时期海外贸易的重要实证，对于研究造船技术、海外贸易等有着重要的意义和作用。

第一节 沉船的发掘及保护规划

华光礁位于西沙群岛永乐群岛之南，是永乐环礁中规模较大的一个环礁，东西长2500米，南北宽约7000米，正北有一狭窄水道，南部有两个相对宽阔的水道与外海相连，退潮时，整个礁盘都可以露出水面。由于受环状珊瑚礁保护，礁盘内可避六七级的海风。"华光礁I号"沉船沉没地位于礁盘内（图4-1），靠近礁盘西北部，距礁盘外缘最近处约50米，而距礁盘内可供停船的深水水域最近处也有200~300米。遗址所在

图 4-1　"华光礁Ⅰ号"古沉船船体

（图片由国家文物局考古研究中心李滨先生、海南省博物馆水下考古研究中心蒋斌提供）

位置水深仅 1~1.5 米，水质极佳。遗址表面为生长良好的珊瑚及大颗粒的钙质生物沙，下层由交织成片的柱状珊瑚骨骼构成（图 4-2）。

　　"华光礁Ⅰ号"沉船残存船体总长 17、宽 7.54 米，舷深 3~4 米，考古发现的隔舱有 11 个，初步估计船排水量大于 100 吨，覆盖面积约 118 平方米。龙骨残长 16.7 米，分成 3 段，最北段（艏龙骨）残长 2.86、宽 0.25、厚 0.075 米，主龙骨残长 10.53、宽 0.44、厚 0.24 米，最南段（艉龙骨）残长 2.65、宽 0.32、厚 0.21 米。龙骨两侧除南端西侧约 1 米长的部位外，均覆盖有一层宽约 0.13、厚约 0.02 米的薄板。为便于运输及后期工作，工作人员将"华光礁Ⅰ号"沉船拆解为 511 块船板，逐一托出水面，后分批运至海南省博物馆进行保护处理。这些船板大部分长 5~6 米，最长的船板为 378 号，长 14.4、宽 0.36、厚 0.045 米；平均宽度在 30 厘米以上，最宽的达 48 厘米（63 号板）；总体积约 21 立方米。

　　国家文物局对"华光礁Ⅰ号"沉船考古与文物保护工作非常重视，将其列为国家海疆考古"十一五"发展规划重要项目。海南省博物馆委托中国文化遗产研究院编制沉船船体及出水文物保护方案[②]。2011 年 4 月 15 日，国家文物局通过了《华光礁Ⅰ号出水木船保护方案（Ⅰ期）》《华光礁Ⅰ号出水陶瓷器脱盐及保护修复方案》和《华光礁Ⅰ号出水铁器保护方案》。

图4-2 "华光礁Ⅰ号"沉船文物

（图片由国家文物局考古研究中心李滨先生提供）

一、发掘历程③

1975 年，广东省考古队在西沙群岛北礁进行了首次浅海探摸，发现了唐代沉船及瓷器。

1996 年，琼海博鳌镇渔民出海路经北礁、华光礁一带时发现大量陶瓷器和钱币，并进行了打捞。打捞品带回港口后引起社会民众和收藏界极大兴趣。当时以每件瓷器 50~100 元、每斤钱币 30~40 元售卖，因价格低廉，打捞品很快售出，从而引发了渔民争先往返打捞的混乱局面，先后有数万件瓷器和上千千克钱币流向社会。海南省博物馆闻讯后立即采取抢救性征集行动，征集到 500 余件陶瓷器和 300 千克钱币。海南省边防总队在打击此类非法活动中截获陶瓷器数百件，其他都已流向了社会。渔民的多次打捞对海底文化堆积造成了极大的破坏，社会影响很大，引起海南省政府高度重视。时中国历史博物馆（今中国国家博物馆）水下考古队受命对西沙水下遗存进行全面调查摸排，行程 850 多海里，掌握了多处沉船遗存情况。

1997 年以来，"华光礁Ⅰ号"沉船遗址曾多次遭到非法盗掘，遗物被盗丢失，沉船遗址破坏严重。

1998 年，在开展西沙群岛水下文物普查工作期间，中国历史博物馆（今中国国家博物馆）和海南省文物部门做过初步的试掘工作，出水各类文物 2000 余件。

2007 年 3 月至 5 月，主要完成沉船遗址及船内承载物的发掘和船体全面测绘（图 4–3）。在探查了解遗存分布状况后，以中心凝结物为中心，布置了 50 个 4 平方米探方，总发掘面积约 370 平方米，发掘直至船体，水深达 3 米余。所有出水文物按照探方单位予以编号记录、绘图、摄影，扰乱层出水的器物则一律按照采集编

图 4–3　"华光礁Ⅰ号"沉船水下考古发掘测绘
（图片由国家文物局考古研究中心李滨先生提供）

号处理，出水文物均得到了必要的前期清洗处理。发掘工作中，主要依靠人力搬运作业，使用了空气负压设备等辅助进行淤沙清理。扰乱层揭露完成后，发现了船体和南宋瓷器、铁器、朱砂等遗物，船体上部目前仍有多处被大型的凝结物叠压。经过近 50 天的工作，绝大部分遗物提取完毕，凝结物保持原始状态，发掘现场回填保存。发现的部分船体已遭到破坏，残存船体覆盖面积约 180 平方米，船体残长 20米，宽约 6 米，舷深约 3~4 米，发现 11 个残留的隔舱，除船体上层建筑外，底层船体保存基本良好，初步估计该船排水量大于 100 吨。该船是目前我国在远海发现的第一艘古代船体，目前仍保存较好，结构基本清晰，但由于船体构件已经高度饱水，打捞现场加固条件有限，仅采集了部分标本。此次发掘出水文物近万件，陶瓷器占绝大部分，陶瓷产地主要为福建和江西景德镇，陶瓷产品按照釉色分类主要有青白釉、青釉、褐釉和黑釉几种，器类主要为碗、盘、碟、盒、壶、盏、瓶、罐、瓮、军持等。装饰手法和纹样丰富多样，器物种类较 1998~1999 年有新的发现，且不乏精品 [④]。

　　2008 年 11 月至 12 月，完成"华光礁 I 号"沉船船体发掘（图 4-4），对船体构件进行编号测绘，分解提取后运回海南省博物馆进行脱盐、脱水保护处理。在中国国家博物馆水下考古研究中心和海南省文体厅组织下，汇集北京、海南、上海、福建、浙江、安徽、江西、辽宁、湖北等省市的水下考古专业人员，共 36 人，组成联合水下考古队，其中包括广州市兴洋潜水技术咨询有限公司潜水作业组 6 人，以及福建电视台、海南日报社记者 2 人。联合水下考古队租用了琼海潭门 08011、08086、08098 三艘渔船，对西沙"华光礁 I 号"沉船遗址进行第二阶段的水下考古发掘，此乃继 2007 年西沙"华光礁 I号"沉船遗址第一阶段水下考古发掘之后又一次大规模的远离我国陆地的水下考古工作。主要任务是在第一阶段水下考古发掘基础上将船体拆解出水。发掘工作历时 43 天，考古队员克服远海作业风大浪高以及冷空气所带来的水温低等恶劣天气条件，在预定的时间内圆满完成发掘任务，将"华光礁 I 号"沉船拆解为 511 块船板，逐一托出水面。

　　"华光礁 I 号"沉船船体在水下沉睡了七八百年，船板处于高饱水状态，木质纤维发生变化，又受到各类海洋生物的侵蚀，都已十分脆弱，故拆取每块船板时都必须小心翼翼。每一块船板都编有一个号，在水下将其移放在用钢管特制的"目"字形担架上，并用两头带有铁钩、有弹性的绳索将其固定，以防船板水中脱离担架而受到二次损坏。船板抬出水面后放置在用钢管和泡沫制作的工作浮台上，然后由小艇拖运到工作大船，上船后进行登记编号、测量、绘图、照相等工作，再将船板放在调配好的硼酸水溶液中浸泡，取出后用塑料薄膜包裹好装箱。装箱时在箱内放置一些薄海绵减震，

图 4-4　"华光礁Ⅰ号"沉船的发掘和拆解
（图片由国家文物局考古研究中心李滨先生提供）

喷水保湿后打包封存。拆解后的船板按相应顺序分装了 177 箱。另外还提取了近 100
个样品，包括各部位的船板、舱料、珊瑚砂等，用于进一步分析，为沉船保护修复工
作做准备。

二、沉船文物出水状况

　　"华光礁Ⅰ号"沉船的 511 块船板，分批运至海南省博物馆后，连同薄膜包装袋浸泡在该馆景观水池中。历经七八百年的海水浸泡与海浪冲荡，"华光礁Ⅰ号"沉船船体大部分构件与船艏、船艉已不存在，仅存的船底部摊散在海底，可辨认的主要有龙骨、龙骨翼板、抱梁肋骨、舱壁板（痕迹）、船板等。龙骨东侧船体破坏较严重，残长 16.1、残宽 1.9 米，残存 4 层船板，除龙骨旁的侧板保存稍好外，余均腐蚀严重，最底层板基本已看不出完整形状。龙骨西侧船体保存相对较好，除西边发现两排有第六层板外，其他均为五层板，残长 16.62、残宽 5.24 米，第一至第四层板较厚，第五层板稍薄，厚 2~5 厘米，腐蚀严重，部分仅剩边缘部位；第六层板较上面五层板薄，厚仅 2~4 厘米，因腐蚀严重，大部分船板表面呈浅褐色，部分炭化较严重的则呈黑色，还可见许多裂纹和一些海底生物腐蚀的痕迹。凝结物底下的船板，由于遭受重压并被金属物质侵蚀，呈粉碎状态，无法成块提取。

　　2008 年 12 月 27 日，西沙"华光礁Ⅰ号"古沉船保护专家论证会在海南省博物馆召开，邀请了全国各地的知名漆木器保护专家和考古专家。根据与会专家意见，海南省博物馆工作人员将船体木板浸泡在景观池中进行脱盐处理（图 4-5）。在定期换水的同时，又因海南高温高湿的环境，水中易滋生霉菌和微生物，需加入硼酸—硼砂〔硼酸：硼砂 =7：3，水：（硼

图 4-5　运至海南省博物馆进行保护的
"华光礁Ⅰ号"沉船船板

酸＋硼砂）=98：2，质量比〕以进行防腐防霉处理。

三、保护规划

（一）保护依据及原则

"华光礁Ⅰ号"出水木船保护设计以国际、国内文物保护的相关法律法规、准则及"华光礁Ⅰ号"沉船现状研究为依据。

1. 设计依据文件

《中华人民共和国文物保护法》（2002）

《中华人民共和国文物保护法实施条例》（国务院，2003）

《中国文物古迹保护准则》（ICOMOS CHINA，2002）

《馆藏出土竹木漆器类文物保护修复方案编写规范》（中华人民共和国文物保护行业标准 WW/T/0008-2007）

《馆藏出土竹木漆器文物病害分类与图示》（中华人民共和国文物保护行业标准 WW/T/0003-2007）

2. 设计原则

（1）最小干预和不改变文物原状的原则。保存文物原貌，即保存或恢复文物的原状，整旧如旧，是文物保护修复的基本原则。

（2）可再处理原则。即处理措施应当不妨碍下一次处理，对文物不造成新的破坏和影响。

（3）清除病害保护文物安全的原则。要清除病害，防治病害对文物的进一步破坏，首先要调查文物的病害，分析引起文物病害的有害因素，从而采取措施，消除损害文物的病害。

（4）保护文物价值的原则。保护修复中应坚持保存文物原来制作材料、制作工艺、原有的结构和形貌的原则，以充分体现文物的真实面貌与价值。

（二）保护目标

华光礁Ⅰ号出水木船保护方案（Ⅰ期）的主要工作是对511块木船构件进行脱盐处理。脱盐完成后，基本脱除木材中的可溶盐以及大部分硫铁化合物，脱盐后的船体构件可以进行脱水、干燥、定型等后续处理。出水木船保护方案（Ⅱ期）的主要工作是对 511 块船体构件进行填充加固、脱水定型处理，并完成表面处理。全程定期开展防霉防腐处理和定期监测分析以评估保护效果。出水木船保护方案（III 期）的主要工作是对船体进行复原安装，最终对外陈展开放。

（三）保护规划

2011 年 4 月 15 日，国家文物局通过《华光礁 I 号出水木船保护方案（I 期）》，根据"华光礁 I 号"沉船当时的状况，将其保护过程分为三个阶段。

第一阶段（I 期）：开展船体构件脱盐脱硫工作。

（1）在海南省博物馆设立出水文物保护修复实验室，购置设备及相关常用分析测试仪器，培养项目相关单位专业人员，开展保护研究和技术实施。

（2）根据前期研究结果，制订脱盐保护方案，开展船体构件脱盐工作。

（3）对脱水定型工作开展进一步研究，选择材种、位置、保存现状等方面有代表性的构件，进行脱水定型工艺试验，并对不同脱水定型工艺方法的保护效果进行评估。

（4）对脱水后的文物样品进行表面处理方法研究和试验，对处理后文物的质感、色泽和吸水性等方面进行测试和观察。

第二阶段（II 期）：大约历时 8 年，对船体构件进行脱水、填充加固、干燥定型，同时开展船体复原研究。

（1）根据第一阶段的试验研究结果，完成船体构件的脱水工作。针对不同树种以及构件的腐蚀状况采用相应的脱水、填充加固方法。

（2）对脱水、填充加固后的船体构件进行干燥定型。针对不同构件采用相应的干燥方法，如自然干燥、真空冷冻干燥等。

（3）对干燥后的船体构件进行表面处理。

第三阶段（III 期）：大约历时 2 年，对船体进行复原安装。

（1）根据第二阶段制订的船体复原计划，对"华光礁 I 号"沉船进行复原。

（2）整理出版保护修复报告。

第二节　沉船病害类型

海洋出水的木质文物，由于长期受海水浸泡和洋流冲刷，原有木质成分大量降解流失，宏观表现为木材质地松软，部分呈海绵状，表面色泽加深，比重略大于水；微观结构表现为木质纤维细胞排列规则性减少，部分纤维分解断裂，纤维素组织间距增大且疏松，木质部的输导管、管胞纤维和薄壁细胞严重降解。木质细胞壁组织分解断裂，木质化程度较高。木质的纤维素、半纤维素的劣化，木质细胞间组织成分大量降解流失，导致文物强度大大降低。由于文物严重糟朽，木质纤维间的支撑力减少，干燥过程中的各种应力必然引起木质文物的严重变形、收缩和开裂，所以必须谨慎选择有效的填充加固、脱水定型方法和保护工艺⑤。

"华光礁Ⅰ号"沉船发掘出水后，根据现场勘查（图4-6），船体木材病害的表现形式主要有饱水、变形、残缺、断裂、微生物等：

（1）饱水：全部构件都处于饱水状态，含水率在156%~730%之间，平均447%。

（2）变形：整体构件无明显变形情况。

（3）残缺：全部船体构件都存在不同程度的残缺。

（4）断裂：部分船体构件有断裂现象。

（5）裂隙：部分船体构件有裂隙现象。

（6）海洋生物侵害：部分船体构件表面有海洋贝类黏附，部分内部有船蛆存在。

（7）微生物侵害：有嗜甲基、嗜氢细菌，噬纤维菌—黄杆菌—拟杆细菌群以及褐腐菌类真菌。

（8）糟朽：全部船体构件存在不同程度的糟朽现象。

（9）盐类侵害：全部船体构件都有无机盐沉积，难溶盐主要组分为黄铁矿（FeS_2）。

（10）变色：全部船体构件都有不同程度的变色现象，颜色由红褐色至黑色深浅不等，同一构件有不同颜色显现。

（11）脱落：部分船体构件表面有脱落现象。

图4-6　"华光礁Ⅰ号"沉船出水船板

一、船木饱水程度高

木材含水率是衡量木材腐朽程度的指标之一。对于饱水木材来说，含水率越高，木材降解程度越大，材质强度也就越低。经对"华光礁 I 号"沉船船体构件取样进行树种鉴定，船体木材种类主要为松木。正常松木的理论最大含水率为 160%，而"华光礁 I 号"沉船所取样品的含水率在 156%~730% 之间，平均 447%，远高于正常松木的最大含水率，说明船体构件处于高度饱水状态。

二、船木纤维素降解

木材的组成结构中，木质素的降解变化较小，而纤维素和半纤维素的降解现象比较明显，这是影响海洋出水的木质文物结构强度与保存状况的重要成分。海洋出水的木质文物，其性质受材种、埋藏时间、海洋环境、埋藏环境影响很大。木材纤维素是木材强度的主要来源，纤维素含量分析是评估木材降解和糟朽程度的重要指标。"华光礁 I 号"沉船经过长期的水下浸渍，木材有机质严重降解，其中木材 α- 纤维素含量仅为 10%~15% 左右，松属植物 α- 纤维素含量正常值约为 40%，"华光礁 I 号"船体样品纤维素含量仅为正常值的 25%，1%NaOH 浸提物含量为正常值的 2 倍，其他成分如木质素含量、热水浸提物含量有所提高。这些均说明"华光礁 I 号"船体构件木材已经发生了严重降解。

三、盐类侵害

海水中存在各类盐类。海水进入木质文物时，必然使文物内部充满各种海水中的盐类。在发掘出水后，由于水分的蒸发散失，高浓度的盐类使木质文物的纤维降解，在环境温湿度变化时，部分盐类可能反复结晶和溶解。由于盐类的晶体尺度常常比木质文物的纤维间距大，会使纤维断裂，因此必须对出水木质文物进行脱盐处理，使文物的含盐量降低，减少纤维酥解和断裂的发生。从"华光礁 I 号"所采集的样品中的灰分含量非常高，约占 50%，而正常松属植物灰分含量在 0.5% 以下，说明"华光礁 I 号"船体构件基体中含有大量的盐分。这些盐根据水溶性分为可溶性盐和难溶性盐（硫铁化合物）。

四、硫铁化合物

在海底缺氧环境中，硫铁化合物极易在铁质文物或其他与铁有密切接触的有机质文物中生成。海水中含有大量的 SO_4^{2-}，在厌氧细菌的作用下，会氧化形成硫酸，最后对木质文物造成腐蚀。铁离子在海洋出水木质文物内部以各种价态的铁化合物形式存在。铁元素主要集中分布在船板浅表处，而硫元素在浅表船板中的分布大致相当，而后随着深度的增加，分布逐渐缓慢减少。硫是木材酸化现象的根本，而铁在木质文物表面存在。用 X 射线荧光、X 射线衍射、元素分析等对"华光礁 I 号"船体构件样品进行含盐成分及元素分析，可知"华光礁 I 号"船体木材中含有较多的硫铁化合物，主要成分为黄铁矿（FeS_2）。硫铁化合物是由船上搭载的大量铁条或者船钉腐蚀后，与海底微生物代谢所产生的硫化氢反应生成的。FeS_2 是海洋出水木质文物中常见的非常具有危害性的盐类，氧化后生成硫酸，加速木材等有机质的降解，而 Fe^{2+}/Fe^{3+} 之间的氧化还原反应也会导致纤维素长链断链，铁离子也是导致木材变色的原因。"华光礁 I 号"船体构件颜色由红褐色、褐色至黑色深浅不等，部分构件表面附着了红色硫铁化合物，去离子水浸泡后溶液中阴离子主要是 SO_4^{2-}，说明盐类病害主要是硫铁化合物导致的相关病害，这些含硫、铁的化合物在有氧的环境中，可以氧化生成硫酸。

五、微生物劣化

在对船体进行防腐剂喷淋保护前，中国文化遗产研究院委托专业机构对"华光礁 I 号"船体木材进行微生物取样培养。分析结果显示，船体木材上细菌群落主要隶属于 β- 变形菌门（Betaproteobacteria）、α- 变形菌门（Alphaproteobacteria），以 β- 变形菌门为优势细菌类群，尤以其中的嗜甲基菌（Methylobacillus）与嗜氢菌（Hydrogenophilaceae）为主。腐蚀的木质样品中存在噬纤维菌—黄杆菌—拟杆菌群 CFB（Cytophaga-Flavobacterium-Bacteroides 群）菌群，它们的代谢产物可能包含多种有机酸，且它们可降解多种多糖，例如纤维素、羧甲基纤维素、几丁质等，从而对木质样品的腐蚀产生促进作用。此外，还发现了真菌类，隶属于褐腐菌的 Foxysporum 菌。一般而言，木质样品的腐蚀由细菌的侵入开始，细菌的侵入会提高木质样品的渗透性及湿度，从而加快接下来的真菌腐蚀。因此，在"华光礁 I 号"沉船船板的整个保护过程中，除采取添加硼酸 / 硼砂作为防腐剂外，还应采用与其他杀菌防腐剂配伍使用，以确保木船构件不受微生物的侵袭。

六、海洋生物附着

海洋生物损害主要是指钻孔类、蛀木类及污损性生物对船木的破坏。沉船遗物埋藏在海底，极易被各类海洋生物附着。这些附着物主要有藤壶、牡蛎、盘管虫等，它们的躯体成分为碳酸钙，质地坚硬，结合紧密，不易去除。而船蛆更易钻入船木的内部，损害船木本体。损坏部位集中在船体上部，这是因为船体沉没后，船体下部首先下沉到海床的淤泥层中，淤泥的低氧环境不利于海洋生物滋生繁殖，而船体上部完全被淤泥包埋的过程相对经历了较长时间。

通过对"华光礁 I 号"船体构件病害调查，显示船体木材保存状态较差，纤维降解严重、强度下降明显，船木内硫、铁、盐含量很高，并存在微生物大量滋生的风险。海水为含盐量高的水体，各种可溶性盐的离子都会渗透到各质地遗物的毛细孔中，遗物出海水后水分急剧蒸发，可溶性盐类在遗物内部或表面形成盐类结晶。环境潮湿时，析出的结晶物可再溶解，重新返回遗物的毛细孔中，如此反复作用从而使文物受损。"华光礁 I 号"船体病害严重，保存现状不容乐观，亟待开展有效的保护处理。

第三节　沉船的可溶盐脱除

饱水古船木富集海水盐分和有害成分。海水中平均盐分达 3.5%，以氯化钠、氯化镁等氯化物为主，还有硫酸盐和硫化物等，这些都会富集在木材细胞组织中。船木出水后接触空气，水分蒸发后，海洋盐分可以高达木材干重的 5% 以上。其后果，一方面造成木材在空气中极不稳定，因为随着外界环境温湿度的改变，会发生溶解结晶现象；另一方面酸性基团和有害离子对木材产生持续性腐蚀作用，会对木质文物细胞造成不可避免的伤害。在船木中还可检测到一定量的金属铁离子，它会使船体木材外观颜色变得深褐且加速木材的腐蚀速度。因此，出水船体木材的保存，必须先进行脱盐处理。

对"华光礁 I 号"船体构件样品进行仪器分析，样品灰分中无机组分中铁元素所占比例最高，其次为钙，硫元素所占比例也较高，但由于有机硫在制样过程中已损失，因此测得的硫元素含量低于元素分析方法所测得的总硫含量。X 射线衍射结果表明，"华光礁 I 号"船体木材中所含难溶盐分主要为铁的硫化物，其主要成分是黄铁矿和白铁矿（FeS_2）；构件表面红色附着物主要组分是三氧化二铁和二硫化亚铁。

采用去离子水定期对"华光礁 I 号"船板进行浸泡脱盐处理。为了防止藻类等微生物的生长，加入硼酸硼砂［硼酸：硼砂 =7：3，水：（硼酸 + 硼砂）=98：2，质量比］和异噻唑啉酮定期交替对船板全面杀菌除藻一次。2012 年 10 月 28 日，项目组对"华光礁 I 号"沉船木构件进行了取样，并对所取得的样品进行了分析检测和脱硫保护性实验，将分析检测结果与 2009 年方案制订时的检测结果进行了对比分析，以进一步评估前期船体脱盐处理阶段的效果。经过 3 年的可溶盐脱除处理后，"华光礁Ⅰ号"船体木材中各种可溶盐或微溶性离子都呈明显的下降趋势，SO_4^{2-} 从最初的 47.33μg/g 降到了 13.70μg/g，且检测到 K^+、Ca^{2+}、Na^+、Mg^{2+} 等无机盐离子含量很低，大量的可溶性球状颗粒消失。

对选取样品分析测试后可知：

（1）经过去离子水脱盐处理后，"华光礁Ⅰ号"船体木材中大量的可溶性球状颗粒消失，说明可溶性盐类已经脱除。

（2）"华光礁Ⅰ号"船体木材经过脱盐处理，硫和铁元素的含量虽有所降低，但还存在相当量的硫和铁，这主要来自难溶的硫铁化合物，其中以 FeS_2（黄铁矿）为主。因此还需要对难溶盐硫铁化合物进行脱硫处理。

第四节　沉船的硫铁化合物脱除

2013 年 4 月中旬，将木船构件从原景观池搬移到建造好的脱盐循环水池（南池和北池），进行脱盐工作。"华光礁Ⅰ号"沉船木构件中难溶盐硫铁化合物脱硫处理分为三个阶段：第一阶段为 2013 年 4 月中旬至 2014 年 1 月，脱盐材料为 10mmol/L EDTA 二钠溶液，NaOH 溶液调 pH 值至中性；第二阶段为 2014 年 1 月至 2015 年 4 月，脱盐材料为 10mmol/L EDTA 二钠 +10mmol/L H_2O_2，NaOH 溶液调 pH 值至中性；第三阶段为 2015 年 4 月 1 日至 2015 年 11 月 2 日，脱盐材料为 10mmol/L EDTA 二钠溶液，NaOH 溶液调 pH 值至中性。

自 2013 年 4 月至 2015 年 11 月，历经 23 个脱盐周期，完成了"华光礁Ⅰ号"沉船木构件的难溶盐脱除工作。在每个脱盐周期内，每周对南部和北部脱盐池内溶液进行取样，采用电感耦合等离子体质谱 ICP-MS（Inductively Coupled Plasma Mass Spectrometry）测试溶液中的铁离子含量，结合现场跟踪监测数据，来评价木船构件中难溶盐的脱除情况和脱盐材料的效果。

一、取样与测试

（1）木材取样：由于待脱盐的木材构件大小不一，含盐情况不同，保存状况各异，所以根据其含盐特点，选择出有代表性的红色、中间色、黑色三类木块，并各选 2~3 件作为代表。第一次取样并现场标识样品，1~2 个月现场测试一次，6 个月取样实验室测试一次（放置于脱硫池两侧漏筐中）。

（2）水样采集：每周采集一次脱盐池内的水样，持续3个月，后期可考虑1个月取样一次；根据脱盐池尺寸，选择两侧和中间各布4个取样点，共计12个点。

（3）测试点选取：选出典型木块样品（红色木块、中间色木块、黑色木块各2块），在脱盐过程中固定测试区域，进行三维视频显微镜观察和色差计测试。

（4）电导率测试：加入化学试剂之后每周测定一次电导率变化。

二、水溶液检测

在脱硫的6个月内，脱盐池内曾出现液体发臭的现象，南池较北池更为严重。从上往下看，脱盐池中的溶液颜色很深，难以看到其中放置的木板。基于这种情况，在采集了表面漂浮的藻类标本后，将脱盐池内的溶液放掉，并用水枪和抹布对木板和池壁、池底进行清理。

经检测，发现"华光礁Ⅰ号"沉船脱盐池内存在黄曲霉、白霉和藻类、钟虫等生物（图4-7）。为防止生物霉菌的大量滋生对船木产生不利影响，每次换水前，采用5%硼酸/硼砂（质量比7：3）混合溶液对木板和脱盐池进行杀藻处理约17小时，并密切关注池内变化。

2013年4月26日至7月2日，在两个月的浸泡期间，以10mmol/L

图4-7 脱盐池溶液表面漂浮的霉藻

EDTA二钠溶液作为主要的脱除材料。每一周左右采集一次南池和北池内水样，每池采集3个样品，8周共计采集48个样品。检测了水样的电导率，数据表明，在浸泡过程中，各区域的电导率会发生一定的变化，但变化不规律，没有呈现明显的单向升高或降低，可能是由于添加了大量的EDTA二钠作为脱盐溶液所致。因此，暂时未检测后续的电导率数据，而侧重于水样中Fe元素的溶出量测定。

对两个脱盐池水溶液内Fe元素的含量进行了ICP-MS测试。从检测结果可以看出，在每个脱盐周期内，随着时间的延长，在10mmol/L EDTA二钠溶液的络合作用下，木材中的铁元素源源不断地脱除到溶液中去。

三、硫铁化合物脱除评估

对脱硫北池、南池水样进行测试分析（图4-8、4-9）。

北池每个周期所用硫铁化合物脱出溶液体积约50.29立方米。对北池脱盐池脱除Fe元素的总质量计算，23个周期脱除的铁量至少达59.86千克。

南池每个周期所用硫铁化合物脱出溶液体积约50.29立方米。对北池脱盐池脱除Fe元素的总质量计算，23个周期脱除的铁量至少达66.06千克。

由北池、南池内脱盐溶液中Fe离子含量分析结果可以看出：

（1）第一阶段，以10mmol/L EDTA二钠盐溶液为脱盐材料的第1~6周期内，Fe的脱除效率先高后低。第二阶段，即第7~19周期，当将脱盐材料更换为10mmol/L EDTA二钠+10mmol/L H_2O_2 后，Fe的脱除效率又明显提高，在第11周期之后又逐渐降低，趋于稳定。第三阶段，即第20~23周期，继续采用10mmol/L EDTA二钠盐进行难溶盐脱除，Fe的脱除率保持在较低水平。

（2）在经过19个周期约2年时间的难溶盐脱除处理后，浸泡溶液中Fe离子含量较低，基本维持在30mg/L以下，说明木船构件中的大部分难溶盐已被脱除，难溶盐脱除工作已基本结束。但考虑到难溶盐硫铁化合物对木材的危害作用，在时间允许的情况下，可采用10mmol/L EDTA二钠盐溶液继续进行脱盐处理工作。

（3）在经过23个周期约32个月的难溶盐脱除处理后，浸泡溶液中Fe离子含量已经很低，小于15mg/L以下，说明难溶盐脱除工作已经结束。

四、硫铁化合物脱除过程对木材本体影响

中国文化遗产研究院沈大娲研究员对"华光礁Ⅰ号"船体构件硫铁化合物脱除过程对木材本体影响进行了详细的研究。她采用红外光谱、木材解剖学观察、基本密度等方法研究了硫铁化合物脱除过程中，络合试剂对于木材本体的影响[⑥]。

结果表明，即使浸泡脱除时间长达6年，木材中木质素与纤维素/半纤维素的相对含量基本无变化，说明在"华光礁Ⅰ号"沉船保护中所采用的硫铁化合物脱除试剂二乙三胺五乙酸和乙二胺四乙酸本身对木材本体降解程度的影响非常小，中性硫铁化合物脱除试剂对于木材本体来说是安全的，脱除试剂本身并不会引起木材的严重降解。在控制硫铁脱除溶液pH值和控制环境光照、微生物活动的情况下，采用络合试剂浸泡方法脱除木材中的硫铁化合物不会导致木材进一步降解。

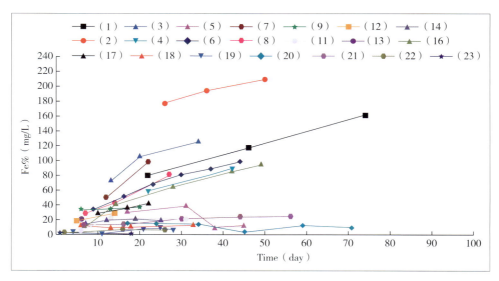

图 4-8　北池脱盐池水溶液内 Fe 浓度随时间变化图

（沈大娲：《海洋出水木质文物中的硫铁化合物》，科学出版社，2020 年。图 4-9 同）

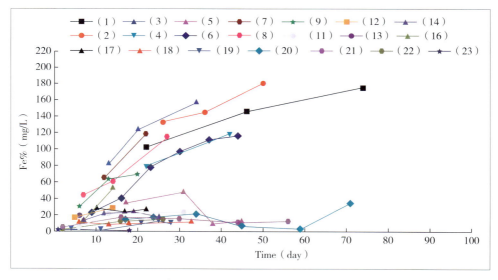

图 4-9　南池脱盐池水溶液内 Fe 浓度随时间变化图

　　根据对几个硫铁化合物脱除溶液浸泡后木材样品的解剖学分析，在采用硫铁化合物脱除试剂脱除硫铁化合物后，"华光礁Ⅰ号"船体木材细胞壁没有发生明显变化。木材中原来沉积的大量硫铁化合物明显减少，说明硫铁化合物脱除试剂有明显效果。但木材细胞中仍有部分无机盐存在，颜色由原来的黄色变为黑色。推测在使用 10mmol/L

EDTA 二钠 +10mmol/L H_2O_2 脱除硫铁化合物的过程中，原来还原性的二价铁可能已经被氧化，转变为三价铁。这一推测还需要更多的实验进行验证。

测试了"华光礁I号"船体木材样品硫铁化合物脱除前后的基本密度和残余基本密度，通过与健康松木基本密度的对比，残余基本密度约为 50%，说明"华光礁I号"船体样品的基本密度均大大降低，木材降解程度很高。硫铁化合物的脱除会导致木材基本密度测试值的降低，其主要原因为木材中大量的沉积盐分使得基本密度的测试值出现正偏差。而硫铁化合物脱除后，木材样品基本密度测试结果大大降低，说明对于沉积盐含量非常高的饱水木材样品，用传统的化学分析方法分析木材的各个化学组分的含量会带来较大误差，木材含水率测定及基本密度的测定都会受到沉积盐含量的影响。因此，在评估木材腐朽程度的时候，要考虑大量沉积盐带来的误差。同时也可以看到，硫铁化合物脱除试剂具有明显脱除效果，可以脱除木材中大部分无机沉积物，使得饱水木材的基本密度测试值更接近真实值。

第五节　小结

古代船只建造时，为固定船板不可避免地会使用铁质船钉，远洋海外贸易时，也会有铁质器具货品。船只不幸遭遇偶发事件后沉入海底，若干年后出水沉船的木材中普遍存在大量的以 FeS_2 和 FeS 为代表的硫铁化合物难溶盐，它们暴露在空气中，在一定温湿度条件下会氧化生成硫酸，使木材纤维素发生快速降解，从而对木船造成毁灭性的破坏。目前，硫铁化合物的脱除仍然是世界性难题，很多国家发现的木质沉船都面临这方面的困扰。以"华光礁I号"出水沉船的船体木材构件为研究对象，以金属络合剂与氧化剂复配材料开展了海洋出水木材中沉积的硫铁化合物的去除技术初步研究，取得了良好的保护效果，可为后续脱水定型和加固修复打下良好的基础，有利于海洋出水木质船体的长期保存[⑦]。

注释

① 赵嘉斌:《西沙华光礁I号南宋沉船遗址》,《大海的方向——华光礁I号沉船特展》,凤凰出版社, 2011年, 第24~25页。

② 中国文化遗产研究院:《华光礁I号出水木船保护方案（I期）》, 2011年。

③ 蒋斌:《花光之舸楫齐扬——华光礁 I 号船体出水始末》,《大海的方向——华光礁 I 号沉船特展》,
凤凰出版社, 2011 年, 第 26~28 页。

④ 山西博物院、海南省博物馆:《华光礁 I 号沉船遗珍》, 山西人民出版社, 2013 年, 第 25~31 页。

⑤ 任记国:《简析海洋出水木质文物的病害种类及产生原因》,《舟山文博》2012 年第 3 期, 第
45~48 页。

⑥ 沈大娲:《海洋出水木质文物中的硫铁化合物》, 科学出版社, 2020 年, 第 30~40、116~129 页。

⑦ 中国文化遗产研究院、海南省博物馆:《华光礁 I 号出水陶瓷、铁器保护修复及木船构件保护工程
（I 期）结项报告》(内部资料), 2016 年 5 月, 第 124~136 页。

第五章 "华光礁Ⅰ号"沉船现状评估

有机材质文物在海洋浸泡过程中会受到生物、化学等方面的降解和腐蚀。在海洋考古发掘出水的有机质器物中常常含有硫和铁的化合物，从缺氧的海洋环境中发掘后接触空气，这些化合物就会变得不稳定，这种不稳定性可能会引发化学劣化过程，甚至是降低了有机质文物如木材的机械稳定性，这使得保护过程更具挑战性。

第一节 海洋环境影响

海底沉船所处的海洋环境是个非常复杂的腐蚀环境[①]。海洋的大气中、海水中含有大量可使材料迅速腐败降解的因子，如海水中的盐度、微生物、温度、沉积物等等。中国的四大临海——渤海、黄海、东海和南海——互相连为一片，跨越了大约 40 个纬度，包括了热带、亚热带和温带气候带。在众多环境因素中，季风、盐度、气温和水温的变化、降水量、潮汐和潮流的运动等，都会对沉于海底的随船遗物如陶瓷器、金属器、丝织品等及沉船木质船板本身造成毁灭性的损害。海水中的盐度、温度、密度是研究海水物理、化学过程的基本参数，海洋中所发生的很多现象和过程都与它们密切相关。

一、海洋盐度

盐度是海水含盐量的参数。海水是复杂的溶液，其中含氯、钠、钾等几十种元素，它们形成的无机盐类的总和称为该海水的盐度[②]。海水的盐度受蒸发、降雨、海流、海水混合、结冰和融冰等因素影响。全球海水盐度的平均值为 3.5%。有资料显示，地球上海洋有两个盐度高值区，分别在南纬、北纬 20°~30° 处，这是因为南纬、北纬 20°~30° 处于信风带，天气干燥，蒸发量（E）大于降雨量（P），盐度在 3.55%~3.73% 之间。而赤道和两极为盐度低值区，赤道附近降雨量大于蒸发量，因而海水盐度较低。

海水盐度年变化与气温引起的蒸发量变化和季节降雨量变化有关。南纬度区与结冰和融冰有关，结冰时，海水盐度升高；融冰时，盐度降低；结冰速度快，海冰盐度反而更高，冰龄越长，盐度越低。我国近海表层盐度特征是近岸低，外海高，河口区低，黑潮区高；夏季大陆径流量大，使海区盐度普遍降低，渤海中，黄河形成黄色低盐舌，达渤海中央区，长江口低盐淡水向北达济州岛，向南可达北纬28°~29°，南海和东海盐度为 3.2%~3.4%，黑潮区达 3.45%；冬季中国海区盐度普遍升高，有一个高盐舌伸向渤海，长江口区盐度较低。

海洋中盐分的含量和内河是截然不同的。太平洋、大西洋等远海区的平均含盐量为 3.5% 左右，而通常的内河河水中含盐量为 0.01%~0.03%。在这些含盐量的成分中，NaCl 约占 78%，$MgCl_2$ 约占 11%，$MgSO_4$ 约占 5%，$CaSO_4$ 约占 4%，K_2SO_4 约占 2%。在阴离子中，Cl^- 占 55%，含量最高，其他离子为 SO_4^{2-} 占 8%，HCO_3^- 占 0.4%，Br^- 占 0.2% 等；在阳离子中，Na^+ 占 31%，Mg^{2+} 占 4%，Ca^{2+} 占 1%。由于大量的大陆河川淡水注入，渤海海水中的盐度仅为 3.0%，是中国近海中最低的；黄海海水盐度平均大约 3.2%，鸭绿江入海口更低，一般小于 2.8%；东海海水盐度较渤海、黄海海水的盐度均高，平均 3.3%；南海海水的盐度在渤海、黄海和东海中最高，为 3.4%。

海水中高浓度的 Cl^- 的存在是各种材料在海洋环境中遭受腐蚀侵害的主要原因，尤其对金属材料的腐蚀更甚[3]。含有 NaCl 等盐粒的腐蚀可以说是 Cl^- 离子环境中的腐蚀，受到 Cl^- 的影响，其特征是生成了含水 β-FeOOH 氧化物，这对金属文物是致命的。对于陶瓷器文物，盐类的最大危害在于它们的结晶盐，当温湿度发生变化时，盐类如 NaCl 等会发生溶解—结晶—溶解现象，它们在陶瓷器的微孔中，由于体积膨胀，会给周围孔壁产生巨大挤压力，随着时间、温度、湿度的不断变化，最终使孔壁塌陷破碎，久而久之，陶瓷器内部的空隙越来越大，越来越多，从而造成不可挽回的损失。因此，海洋出水文物都不可避免面临盐分损害的困扰，这是海洋出水文物必须要进行保护处理的关键。

二、海洋温度

三大洋表层海水温度平均为 17.4℃，比陆地年平均温度 14.4℃ 高 3℃，其中太平洋年平均温度为 19.1℃，印度洋为 17℃，大西洋为 16.9℃。太平洋水温高是因为太平洋的热带、亚热带区面积广，它的 3/5 区域位于南纬 30°~北纬 30° 之间，而大西洋热带区域面积较小，印度洋则介于两者之间[4]。海水表层温度主要取决于太阳辐射热，其次与洋流有关，因而低纬度区表层海水温度高，高纬度区水温低，温差可达30℃。全球等温线大致平行纬度线，在南半球尤为显著，但递减率是不规则的。在北半球，大洋西部等深线密集，东部等深线较稀；北纬35°处，西岸水温高于东岸，这与洋流体系有关，同时东岸多有上升流存在。

中国四大临海南北纬度跨越很大，包括了热带、亚热带、温带等气候带，水温差异悬殊，北方的渤海、黄海纬度较低，容易受到寒潮的影响而在冬季出现结冰现象，而夏天温度差异明显；东海、南海夏季容易受到季风影响，时有台风发生，水温变化幅度不太显著。中国近海表层水温年温差自北向南逐渐减小，渤海三面环陆，平均水深18米，冬、夏季水温相差较大；南海辽阔、深度大，且与太平洋水交换频繁，具热带边缘海水温特征，温度高，变化小；东海和黄海介于两者之间，呈过渡状态（表5-1）。

表5-1 中国近海平均水温（℃）

海区	冬季	春季	夏季	秋季
渤海	0.7	9.2	24.1	9.9
黄海	8.9	11.9	25.7	15.6
东海	16.5	21.4	28.9	22.3
南海	22.8	27.5	29.6	24.6

（摘自1992年《中国海洋环境年报》）

渤海是一个封闭的内海，地理位置偏向北方，受北方大陆性气候影响，冬季常有结冰现象，2月气温在0℃左右，夏季太阳辐射强，水温较高，可达21℃左右；黄海年均温度变化也比较大，1、2月份水温最低约1℃~5℃，夏季温度比较均衡；东海海水年平均温度为9.2℃，冬季南部水温在20℃以上；南海是中国最深、最大的海，接近赤道，接受太阳辐射的热量较多，所以气温较高，一年中气温变化不大，年平均气温在25℃~28℃，温差较小，最冷的月份平均温度也在20℃以上，极端最热时达33℃左右。南海诸岛在夏、秋两季还常受台风影响，这些台风七成来自菲律宾以东的西太平洋洋面和加罗林群岛附近洋面，三成源自南海的西沙群岛和中沙群岛附近海面，进入南海的台风对南海诸岛的影响非常巨大，台风风力狂虐，裹挟暴雨，掀起巨浪，往往对海上航运、海上生产和海岛建设造成一定的灾害。

一般来说，温度升高，材料物体发生氧化过程加快，这对出水文物中金属类的腐蚀作用非常明显，温度每增加 10℃，腐蚀速度便增加一倍[⑤]。南海西沙群岛的"华光礁 I 号"沉船遗址，距离地面 2 米左右，那里海水清澈见底，很容易受到阳光的照射，这些会促进金属文物表面的光敏腐蚀反应及真菌类的生物活性。在热带地区珊瑚和海盐混合在一起，同时又受到阳光的强烈照射，对文物的腐蚀性非常强。在海洋大气环境中，温度升高，腐蚀性加强，而在热带环境中最强。对于海洋出水陶瓷器文物，白天日光的照射以及较高的温度，夜晚温度相对降低，这种昼夜温差的变化，会使釉层、胎体因膨胀系数不同而发生变化，时间一长，会造成釉层碎裂，失去光泽。

三、潮汐、海流

中国早在汉代就已经认识到潮汐，东汉王充（公元 27 年～约公元 97 年）在《论衡·书虚》中指出，"涛之起也，随月盛衰，大小满损不齐同"，科学说明了潮汐与月球之间的关系。三国时吴国严畯曾写过《潮水论》，这是现今所知最早的一篇潮论，可惜早已散佚，仅在《三国志·严畯传》中保留有一个篇名。北齐颜之推《颜氏家训·归心》："潮汐去还，谁所节度？"宋苏辙《和子瞻雪浪斋》："门前石岸立精铁，潮汐洗尽莓苔昏。"明刘基《江行杂诗》之七："坤灵不放厚地裂，应有潮汐通扶桑。"[⑥]直到 17 世纪，西方的牛顿才用万有引力定律说明潮汐产生的原因。潮汐是指在月球和太阳引力作用下，海洋水面周期性的升降、涨落与进退现象。白天的称潮，夜间的称汐，总称"潮汐"。一般每日涨落两次，也有涨落一次的，外海潮波沿江河上溯，又使江河下游发生潮汐。

海流[⑦]是海水因风、天体作用，或受热辐射、蒸发、降水、冷缩等引起海水密度和盐度差异而形成的水团，再加上风应力、地转偏向力、引潮力等作用而产生大规模相对稳定的流动，它是海水的普遍运动形式之一。海流对海洋中多种物理过程、化学过程、生物过程和地质过程，以及海洋上空的气候和天气的形成及变化，都有影响和制约。

潮汐和海流都会对海洋造成流动，沉没海洋的各种文物，在海水卷裹和海沙的冲刷下，或多或少地使其表层磨损，失去原有的保护层而受到损害。海水的流速常常超过 10 米／秒，而流速越大，对海底文物的损害越严重。与海水海流接触多的出水陶瓷器大多数釉面黯淡无光，或多或少都有磨损的痕迹。

四、海洋生物

海洋生物是指海洋里的各种生物，包括海洋动物、海洋植物、微生物及病毒等[⑧]。这些海洋生物喜欢吸附在水底的各种材料上，对水下文物影响较大。许多生物会受到因海水流速而产生的巨大的拉力，为了能永久黏附在物体上，这些生物会分泌出物质进行黏结。贻贝、海葵、藤壶、海藻、珊瑚虫等都喜欢黏附，海洋出水文物表面经常可看到它们的身影。

沉船遗物沉没于海底，极易被海洋生物附着，这些附着物主要有牡蛎、盘管虫等。这些海洋生物死后，尸体钙化（成分为碳酸钙），质地坚硬，结合紧密，不仅包裹器物的全部或大部，而且不易清除。

五、海洋沉积物

海洋沉积物来源很多，大致分为：陆源碎屑，如来自大陆岩石风化剥蚀风尘、江河湖和海岸侵蚀带来的泥沙沉积；海洋生物，如钙质生物、硅质生物的遗体；海底磷酸盐、二氧化锰、海绿石等自生矿物；海底火山喷发物以及宇宙尘埃和陨石。最终形成了大洋黏土（含长石、石英、角闪石和辉石等矿物）、钙质软泥（$CaCO_3$ 含量大于65%）和硅质软泥（主要成分为硅藻土，含二氧化硅）三类[⑨]。

中国南海的浅海带，碎屑沉积物主要是沙质级的。由于波浪随海深的增加而减弱，所以碎屑沉积物的粒径一般是从浅水往深水变小；但是因潮流、洋流，以及海底的起伏和大陆的剥蚀强度等影响，现代浅海带的沉积物粒度，并非都是近岸粗，远岸细。生物沉积主要是生物遗体形成的沙和泥，它们的成分主要为碳酸钙质。在热带、亚热带的温暖海洋中，还有以珊瑚骨骼为主，其他生物的骨骼和壳体为辅所构成的生物礁堆积，称为珊瑚礁。化学沉积物主要是来自大陆的铁、锰、铝、硅的氧化物和氢氧化物的胶体，与海水电解质相遇时，絮凝成豆状的沉积物。在缺乏陆源硅质碎屑沉积物，或陆源碎屑沉积速率较低的浅海区，钙质生物大量繁殖，便会出现碳酸盐沉积。

珊瑚礁就是碳酸盐沉积中的一种特殊类型。珊瑚礁由原地生长的珊瑚骨骼堆聚而成，发育于波浪能量较大的浅水带，由于它具有较快的生长速度和坚硬的钙质，不易被风浪击碎和夷平，加上藻类的黏结作用，使它具有很好的抗浪性。许多学者把抗浪性作为成礁的必要条件。Heckel 1974 年对礁的定义规定：①礁能在动荡的海水中生长发育，即具有抗浪性；②能控制周围特有的沉积环境，形成特有的沉积相带。这一定义表明，珊瑚礁既具有生物的特征，受生物生长规律控制，又是一个地质体，坚固的骨骼具有抵御风浪侵袭的地质属性。在地质历史时期，有以藻类、海绵和苔藓虫等生物组成的藻礁、海绵礁和苔藓虫礁等，广义地称为生物礁。

制作陶器与瓷器用的天然矿物或岩石，主要有黏土、石英、长石三大类，其化学成分是二氧化硅（SiO_2）、氧化铝（Al_2O_3）和水，它包括高岭土、瓷石、膨润土、叶蜡石以及一些含杂质较多的黏土页岩、沉积黏土等。陶瓷器的原料和海洋沉积物的元素大致相同或相近，具有很好的物理亲和力，在海流、潮汐搬运过程中，这些海底沉积物逐渐沉积在陶瓷器的表面，形成了厚薄不一的沉积物。

六、海洋低氧环境

在海洋中，当水中氧对生物的需要处于供不应求的状态时，则处于缺氧环境[⑩]。在无氧情况下，死亡生物进一步分解，发生了细菌硫酸盐还原反应作用，最后形成黄铁矿保留在沉积物中，SO_4^{2-}中析出的氧供有机体进一步分解，硫酸盐耗尽，只剩下黄铁矿。

$$SO_4^{2-} \xrightarrow{\text{细菌作用}} H_2S \xrightarrow{Fe(OH)_2} FeS \cdot nH_2O \longrightarrow FeS_2 （黄铁矿）$$

第二节　海洋出水木质文物的腐蚀

海洋出水的木质文物若要在开放的博物馆中长期陈展和保存，就需要制定科学合理的保护程序和方法，而现代的分析技术必不可少。材料内部有害成分的积累和化学反应导致饱水木质文物腐蚀恶化，著名的例子就是瑞典斯德哥尔摩的"瓦萨"号（Vasa）沉船和英国朴次茅斯"玛丽·玫瑰"号（Mary Rose）沉船，船体木材由于积累了海洋中硫酸盐还原菌转化的还原硫化合物，以及来自船体腐蚀铁螺栓的铁离子（Fe^{2+}）而恶化。目前很多海洋出水木材用聚乙二醇（PEG）填充用以代替木腔中的水，从而在脱水干燥时稳定木材结构。瑞典"瓦萨"号（Vasa）是使用PEG处理的第一个沉船，然而，据报道，在"瓦萨"号潮湿的橡木船板中，由于铁（Fe^{2+}）离子的存在发生了PEG和半纤维素的降解。

"瓦萨"号战舰在斯德哥尔摩港的海床上浸泡了333年，打捞出水时船体几乎完好无损。2000年，保护技术人员首次发现了"瓦萨"号沉船船体木材中硫的氧化问题，这对木结构船只造成了隐患。研究发现，船体上的硫盐化合物在环境湿度增加的情况有可能产生硫酸，对古代木材的保存是致命的。来自海水中的硫元素在船体表面富集，而船体内腐蚀的铁加剧了这种情况，自此，海洋出水船体的硫污染及其氧化问题被重视起来。据研究，数吨的还原态硫化合物聚集在"瓦萨"号沉船船身的木材中，280吨的船体中大约有2吨的硫。

在海底低氧环境中，硫酸盐还原菌（SRB）使海水中的硫酸盐形成硫化氢，硫化氢在木材中与铁发生反应，在锈蚀铁的存在下形成有机硫化合物或铁（Fe^{2+}）硫化物，不稳定的铁（Fe^{2+}）硫化物开始以硫酸作为最终产物进行氧化，硫酸盐沉淀可能在木材表面上形成，在Vasa、Mary Rose和Batavia沉船中都已发现。木质船体内的硫缓慢氧化形成硫酸，如果不及时处理最终会导致纤维素纤维降解，降低船体木材的机械稳定性。进一步的分析表明，在海水中保存的木质沉船中，还原态硫化合物的积累是很常见的。

现代仪器分析表明，"瓦萨"号和"玛丽·玫瑰"号打捞出水时，木材中积累了大约2吨不同形式的硫[11]，有机硫化合物（硫醇和二硫化物）主要分布在木质细胞间富含木质素的中间层，此外，铁质（Fe^{2+}）硫化物和黄铁矿（FeS_2）粒子是由腐蚀的铁质（Fe^{2+}）离子与细菌产生的硫化氢在饱水的木材中反应而形成的。在1629年"Batavia"号失事沉船的部分矿化木材中，发现它们与单质硫一起大量存在。出水后，空气中的氧气进入潮湿的海洋考古木材里，使硫化物氧化从而造成严重的酸化，特别是在铁离子存在的情况下，Vasa号就是一个例子[12]。

"华光礁Ⅰ号"南宋沉船随船船货中有大量铁器，制造船只的过程中也嵌入了大量铁钉用于加固船体，这些铁器在海洋环境中受到腐蚀必然会污染船木。"华光礁Ⅰ号"沉船打捞出水后表面覆盖有铁质沉积物、钙质沉积物、海洋生物等，大部分木构件糟朽不堪，木纹裂痕丛生，木构件颜色呈暗黑色、红褐色，部分质地松软表面呈剥落状，已经失去木材原来面目，因此船体中的硫铁化合物脱除是一个亟待解决的难题。另外，浸泡七八百年的船体含水率普遍很高，饱水考古木质文物含水率反映了木材内部的空隙率或者降解程度，古木降解得越严重，其内部的空隙率就越大，含水率也就越大，木材降解的也越严重。经鉴定，"华光礁Ⅰ号"船体构件大部分为松木，为对沉船进行保护，根据实际情况选择一批样品对船体现状进行科学评估，可为制定下一步保护方案提供依据。

第三节　"华光礁Ⅰ号"沉船现状评估

"华光礁Ⅰ号"沉船发掘出水拆解后运至海南省博物馆，在建造的沉船保护室内进行相关保护工作。经过5年脱盐、2年脱除硫铁化合物处理，2019年4月，委托中国林业科学研究院木材工业研究所等单位对"华光礁 I 号"沉船现状进行科学评估[13]。

一、取样检测及方法

为评估船体现状，从"华光礁 I 号"沉船船体构件中选取编号 25、96、174、404、416、383、357、296、488、319、505、42、62、34、79、104 等 16 个松木样本进行木材含水率、化学组分、离子含量、物相构成、分子结构变化测试，上述样本均为表层脱落试样。测试木材阳离子含量（ICP）时特选取 505、42 和 62 号样本内部芯材来做分析。

木材含水率（M）计算方法：取含水考古木材样品，表面水分擦拭干净称重 M_0，充分烘干后绝干重量为 M_1。按下列公式计算：

$$M=\frac{M_0-M_1}{M_1}\times100\% \quad 即 \quad 含水率\%=\frac{饱水木材重量-绝干木材重量}{绝干木材重量}\times100\%$$

样品化学组成的分析方法依据以下国家相关标准：

GB/T 742–2008，造纸原料、纸浆、纸和纸板灰分的测定；

GB/T 2677.4–1993，造纸原料水抽出物含量的测定；

GB/T 2677.5–1993，造纸原料 1% 氢氧化钠抽出物含量的测定；

GB/T 2677.6–1994，造纸原料有机溶剂抽出物含量的测定；

GB/T 2677.8–1994，造纸原料酸不溶木素含量的测定；

GB/T 2677.10–1995，造纸原料综纤维素含量的测定。

离子含量分析（IC）：使用瑞士万通 Metrohm 882 型离子色谱仪，电导检测器 882 Compact IC plus1，淋洗液为 supp4 250–1.7mM $NaHCO_3$+1.8 mM Na_2CO_3，流速 0.7mL/min，压力 7.06MPa，0.45μm 针式滤头，自动积分，记录时间 22.0min。

元素分析：使用仪器为 CE–440 快速元素分析仪（CHN）（美国 EAI 公司）、PE–2400 II 元素分析仪（O）（美国 PE 公司）和 5E–8S 测硫仪（S）（长沙开元仪器有限公司）。

ICP 分析：使用美国 Thermo IRIS Intrepid II XSP 等离子发射光谱仪，将考古木在 575℃ 条件下充分灼烧灰化，准确称取灰分试样，取 0.25g 放入消解罐中，加入 9mL HNO_3 和 2mL HCl 消解，如消解不完全，则继续添加酸，直至样品呈灰白色为止，最终定容 50mL，使用等离子发射光谱仪测定。

XRD 物相分析：使用荷兰帕纳科 Empyrean 锐影 X 射线衍射（XRD）仪。参数：电流 40mA，电压 40kV，铜靶靶材。方法：将样品干燥粉碎，取适量平铺于铝模具中进行测试。扫描范围 5°~45°，扫描步长 0.02，扫描速率 2°/min。

FTIR 分析：使用德国布鲁克 TENSOR 27 傅里叶红外光谱仪。方法：将样品干燥粉碎，取适量与绝干的光谱纯级溴化钾（质量比 1∶100）混合均匀后用玛瑙研钵充分研磨，将混合粉末压成透光度量好的薄片，在透射模式下进行检测；检测波数范围为 400~4000cm^{-1}，扫描次数 16 次，分辨率为 2。

二、木材降解评价

1. 含水率测试

表 5-2 为"华光礁Ⅰ号"沉船船板部分样品的含水率。

表 5-2 "华光礁Ⅰ号"船体构件样品含水率

船板编号	25	96	174	404	416	383	357	296	488	319	平均值
含水率 M	225	347	179	682	582	567	156	618	730	393	447.9

最大含水率测定是研究饱水考古木材降解程度科学的、比较容易操作的指标。饱水考古木材通常根据其保存状态分为三类：第一类，最大含水率 ≥ 400%，严重降解；第二类，最大含水率在 185%~400%，中度降解；第三类，最大含水率 ≤ 185%，轻度降解。

表 5-2 所示考古木材最大含水率为 730%，为现代松木含水率（139.64%）的 5.2 倍；最小含水率为 179%，为现代木材的 1.3 倍；上述 10 个样品平均含水率为 447.9%，为现代木材的 3.2 倍。10 个样品中含水率超过 400% 的有 5 个，占总量的 50%，表明"华光礁Ⅰ号"沉船船木腐蚀降解严重；样品 25、96、319 的含水率在 185%~400% 之间，占总量的 30%；样品 174、357 的含水率不超过 185%，占总量的 20%；从上述数据可看出，"华光礁Ⅰ号"沉船构件保存状况不一，含水率普遍较高，属于第一类严重降解的样品占比 50%，与泉州湾宋代海船船体木材高达 300% 的含水率、宁波"小白礁Ⅰ号"沉船船体 [14] 210% 木材含水率相比，"华光礁Ⅰ号"船体构件降解比较严重，给填充加固保护和将来的复原工作带来了挑战。

2. 化学组分分析

组成木材细胞壁的 3 种主要成分为纤维素、木质素和半纤维素。对于考古木材来说，其萃取物的含量可在一定程度上反映古木所处环境和腐蚀降解程度。从表 5-3 中可以看出，考古木材 1%NaOH 的抽取物含量（最高 46.56%，平均 26.75%）远高于现代松木（14.06%），这是因为"华光礁Ⅰ号"沉船常年埋藏于水下 1~2 米深的海洋泥沙中，地处热带高温环境，古木的纤维素和半纤维素很容易被微生物通过各种各样的酶

分解，在光、热、氧化和微生物作用下半纤维素分解为己糖、戊聚糖等糖基单位，1%
氢氧化钠溶液可溶解提取糖基，因此其含量高于现代木材。

总纤维素的含量可以较准确地反映饱水考古木材的腐蚀降解程度。总纤维素一般
指纤维素和半纤维素，是构成木材细胞壁的主要化学成分，其含量直接影响木材的强
度和加工性能。古木材的降解主要包括纤维素和半纤维素的降解，如表 5-3 所示，古
木材的总纤维素平均含量为 20.74%，仅占现代木材（75.82%）的 27%，说明纤维素和
半纤维素已严重降解[15]。

表 5-3 中，木质素的平均含量为 50.31%，而现代木材木质素的含量为 28.39%。在
缺氧环境中木质素不易被降解，因为能降解木质素的白腐菌属好氧菌，从表中看到，
木质素含量有所增加，这是由于纤维素酶和半纤维素酶的大量减少而引起的相对增加。

灰分中一般含有能溶于水的 Na、K 等碳酸盐类和不溶于水的 Ca、Mg 等碳酸盐和
磷酸盐类，温带木材中灰分含量一般为 0.3%~1%，而热带木材中灰分超过 1%，甚至可
达到 5%。表 5-3 中灰分平均含量为 21.88%，为现代马尾松（0.32%）的 68 倍，说明
考古木材细胞中进入了大量的矿物质，不过各样品含量不一，从最低的 2.65% 到最高
的 56.33%，说明其保存状况不一。

3. FTIR 分析

木材是由纤维素、半纤维素、木质素等组成的一种复杂的高分子有机化合物，纤

表 5-3 "华光礁 I 号"船体构件样品化学组分测试分析结果

样品号	木质素（%）	总纤维素（%）	α 纤维素（%）	1%NaOH 抽出物（%）	灰分（%）
25	27.23	19.59	13.24	27.48	44.01
96	73.31	11.52	4.46	19.60	26.40
174	55.06	30.62	6.23	34.04	56.33
404	61.47	18.14	3.12	46.56	3.55
416	19.88	5.58	2.23	30.94	2.65
383	43.86	7.80	3.71	27.15	26.67
357	69.29	26.23	7.17	29.24	29.29
296	42.85	42.89	15.69	40.80	5.08
488	57.06	32.51	10.18	10.18	5.42
319	53.11	12.50	1.52	1.52	19.40
平均值	50.312	20.738	7.755	26.751	21.88
现代马尾松	28.39	75.82	45.41	14.06	0.32

维素的红外敏感基团是羟基（–OH），半纤维素含有乙酰基（CH₃C=O）、羟基等红外敏感基团，木质素分子含有甲氧基（CH₃O）、羟基、羰基（C=O）、双键（C=C）和苯环等多种红外敏感基团。通过 FTIR 分析这些基团的有无、位置和形状、强度的变化，就可分析对应的纤维素、半纤维素、木质素的官能团和结构的变化。

图 5-1 和图 5-2 是"华光礁 I 号"船板样品的 FTIR 图谱，从中可以看到考古木材与现代木材的红外谱图相比发生了较大的变化，说明"华光礁 I 号"船板在海洋

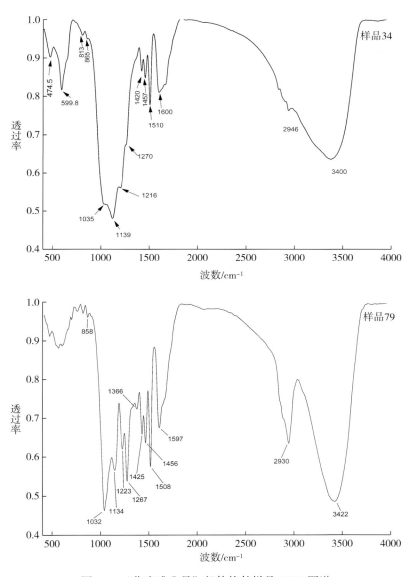

图 5-1 "华光礁 I 号"船体构件样品 FTIR 图谱

环境中受到微生物、海水侵蚀，木材的官能团、化学成分和化学结构发生了较大变化。主要表现在 1730cm⁻¹ 附近羰基吸收峰的消失，这是半纤维素的特征吸收带；另外，1360cm⁻¹ 附近 C–H 弯曲振动吸收峰强度很弱，说明半纤维素已经严重降解。1508cm⁻¹、1510cm⁻¹、1502cm⁻¹ 与 1591cm⁻¹、1593cm⁻¹、1597cm⁻¹、1600cm⁻¹ 处吸收峰增强，这是木质素苯环碳骨架的伸缩振动吸收峰，是由于木质素相对含量增加引起，这种状况

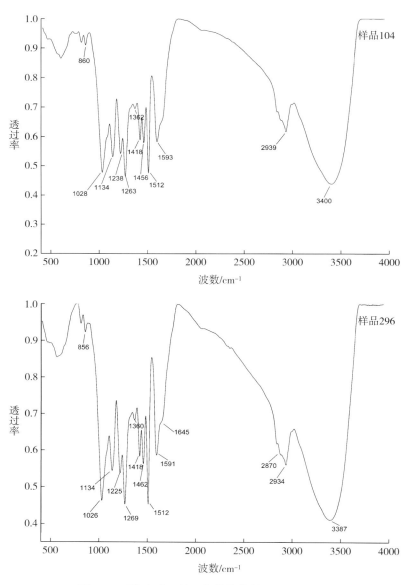

图 5-2 "华光礁 I 号"船体构件样品 FTIR 图谱

存在于其他古代木材中；另外，在 1457cm^{-1}~1462cm^{-1}、1418cm^{-1}~1425cm^{-1} 出现木质素的 C-H 键弯曲振动吸收峰和苯环骨架 C-H 键在平面变形伸缩振动吸收峰，说明木质素不易被降解；1263cm^{-1}~1270cm^{-1} 附近的吸收峰是愈创木基的 C=O、CH$_2$ 弯曲振动，考古木材和现代松木材中在该处附近都有较强的吸收峰，说明考古木材和现代松木木质素里含有比较多的愈创木酚，它主要来自松树的松油中。现代松木在 896cm^{-1}、897cm^{-1} 的吸收峰是纤维素的特征吸收峰，考古木材出现在 856cm^{-1}~865cm^{-1} 附近，但强度不高，说明纤维素有所降解；考古木材和现代松木在 2922cm^{-1}~2946cm^{-1} 附近均有吸收峰，这是纤维素上 CH$_2$ 基团和木质素苯环上的甲氧基 -CH$_3$O 吸收峰，3400cm^{-1}、1134cm^{-1} 附近为纤维素的 -OH 的伸缩振动谱带，2870cm^{-1} 为亚甲基的 C-H 伸缩振动；现代松木在 1158cm^{-1} 附近的 C-O-C 伸缩振动吸收峰为纤维素和半纤维素的呋喃糖环上的 C-O-C 伸缩振动吸收峰，考古松木则出现在 1216cm^{-1}~1238cm^{-1} 附近，可能是考古木分子链排列不是那么紧密，分子链结晶结构遭到破坏所致[16]。表 5-4 是根据前人的研究结果对现代木材（松木）和考古木材红外光谱中官能团吸收峰的归属总结。

表 5-4　现代松木和考古木材红外光谱官能团

波数 /cm^{-1}					官能团	归属说明
现代松木	34 号	79 号	104 号	296 号		
3397/3407	3400	3422	3400	3387	-OH	OH 伸缩振动
2937/2922	2946	2930	2939	2934	-CH	CH 伸缩振动
1737	无	无	无	无	C=O	C=O 伸缩振动（半纤维素乙酰基 CH$_3$C=O）
1602/1604	1600	1597	1593	1591	C=C	苯环碳骨架振动（木质素）
1511/1508	1510	1508	1512	1512	C=C	苯环碳骨架振动（木质素）
1460	1457	1456	1456	1462	C-H, C=C	C-H 弯曲振动（木质素、聚糖中的 CH2）；苯环的碳骨架振动（木质素）
1424	1420	1425	1418	1418	C-C	苯环骨架结合 C-H 在平面变形伸缩振动
1269/1266	1270	1267	1263	1269	C-O, C-O-C	木质素中 C-O-C 伸缩振动与愈创木基单元甲氧基 C-O 伸缩振动
1158	1216	1223	1238	1225	C-O-C	纤维素和半纤维素 C-O-C 伸缩振动
1113	1139	1134	1134	1134	-OH	OH 缔合吸收带
1029/1031	1035	1032	1028	1026	C-O-C	多糖中 C-O-C 变形振动
896/897	865	858	860	856	C-H	纤维素 C-H 弯曲振动

三、硫铁化合物分析

1. IC 分析

"华光礁 I 号"沉船船板在去离子水浸泡过程中,船板木材内可溶盐离子会因化学平衡而迁移出去,达到一定时间后木材内外离子浓度达到平衡。选取去离子水浸泡船板 3 个月的水溶液(编号 1~7)分析离子浓度,结果见表 5-5。纯净去离子水中离子含量大多为 0,海水为西沙群岛华光礁附近水样,离子含量均非常高,浸泡船板的水样(1~7 号)中各离子含量远远低于海水样品,说明对船板的脱盐处理达到一定的效果。但硫酸根离子含量还较高,极可能是船板木材中硫铁化合物经氧化生成的硫酸盐。

表 5-5 "华光礁 I 号"船体浸泡水样 IC 分析(mg/L)

编号	Ca^{2+}	Fe^{3+}	K^+	Mg^{2+}	Na^+	Cl^-	NO_3^-	SO_4^{2-}
1	60.11	0.2224	0.5721	5.88	32.68	4.8	7.3	250.7
2	59.79	0.2231	0.5842	5.876	34.62	5.9	8.5	265.2
3	59.8	0.2042	0.5868	5.878	28.34	1.7	6.8	230.5
4	57.83	0.167	0.6184	5.726	26.5	1.2	3.5	222.8
5	57.05	0.1647	0.8333	5.641	26.21	1.1	4.9	221.5
6	58.97	0.2143	0.7228	5.757	31.97	4.3	7.9	250.2
7	57.22	0.1879	1.012	5.663	26.68	1.8	8.1	223.6
海水	347.1	0.0052	403.5	1116	9300	19400	200	2765
去离子水	0	0	0	0	0	0	0	0

2. S 元素含量分析

木材是由有机化合物组成,主要含有 C、H、O、N 等元素,且各种木材元素含量相差不大,采用元素分析仪对"华光礁 I 号"船体构件考古木材样品进行元素分析,结果见表 5-6。每种样品均含 S 元素,但含量不一,最高可达 30.41%(样品 174),最低为 2.14%(样品 404),这些 S 元素可能来自木材中难溶盐硫铁化合物。

表 5-6 "华光礁 I 号"船体构件样品元素含量分析结果

样品号	氮 N（%）	碳 C（%）	氢 H（%）	硫 S（%）	氧 O（%）
25	0.13	14.91	2.52	19.11	34.28
96	0.23	29.56	3.64	16.88	25.04
174	0.08	10.16	1.69	30.41	23.41
404	0.32	55.07	5.69	2.14	35.07
416	0.33	56.33	5.87	2.72	33.75
383	0.28	39.32	4.56	8.40	33.65
357	0.25	34.82	4.19	10.01	37.32
296	0.28	55.55	5.90	2.53	33.99
488	0.29	54.46	5.50	2.67	33.56
319	0.28	42.11	4.62	7.29	35.33

3. ICP 测试分析

上述样品消解处理后进行 ICP 分析测试，测试结果见表 5-7。从表中可以看出，"华光礁 I 号"沉船船板样品中主要含有铁、钾、钙、镁、钠、铝、锰、钼、硫等阳离子。不同样品中离子含量差异较大，其中铁离子含量最高，说明化合物中主要含铁，但每个样品中铁离子含量不一，174 号样品中铁含量最高（65.56%），416 号样品中铁含量最低（5.1%），与表 5-6 中硫元素含量分布大致相当。特别对木材内部芯材进行取样测试，如 505、42、62 样品，其铁离子含量不均，说明船体内硫铁化合物没有清除干净。另外，样品 404、416 中钙离子含量很高，应是海洋矿物质或海洋生物黏附所致。

4. XRD 物相分析

将"华光礁 I 号"沉船船板样品 25、96、174、383、357、319、42 进行冷冻干燥后研磨，然后进行 X 射线衍射测试，结果如图 5-3 和图 5-4 所示。从结果可知，"华光礁 I 号"沉船船板样品中均检测到的矿物质为黄铁矿（FeS_2）、针铁矿［$FeO(OH)$］以及硫酸盐（Na_2SO_4，K_2SO_4，K_2S）等，说明"华光礁 I 号"船体构件中硫铁化合物和硫酸盐还是很多，硫铁化合物主要来源于"华光礁 I 号"的船货（如大量铁器）和造船所用的铁钉腐蚀氧化。海底低氧环境减缓船体木材的降解，但硫酸盐还原细菌的存在也导致了海水中的硫酸盐离子被还原为可溶解的硫化氢（H_2S），当硫化氢进入饱水的木材中，它可与铁

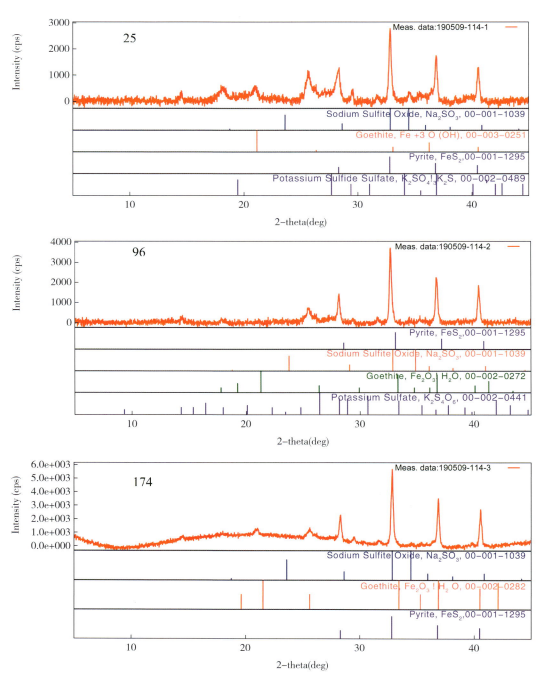

图5-3 "华光礁Ⅰ号"船体构件样品 XRD 图谱

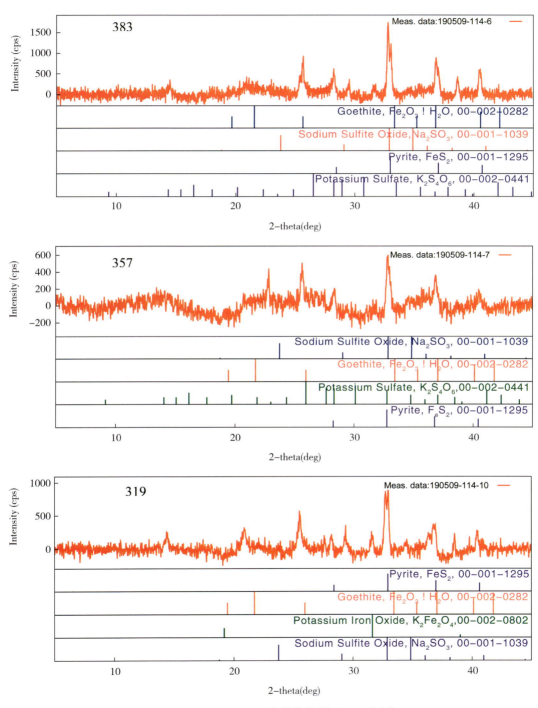

图 5-4 "华光礁Ⅰ号"船体构件样品 XRD 图谱

表 5-7　"华光礁 I 号"船体构件样品 ICP 分析结果

样品号	铁（%）	钾（%）	钙（%）	镁（%）	钠（%）	铝（%）	锰（%）	钼（%）	硫（%）
25	59.72	0.09	5.86	0.24	0.81	0.41	0.02	0.06	3.62
96	62.73	0.09	2.92	0.25	0.69	0.83	0.07	0.08	2.70
174	65.56	0.08	1.91	0.17	0.66	0.42	0.05	0.02	2.44
404	8.63	0.19	23.58	1.48	0.71	0.94	0.03	0.01	20.88
416	5.10	0.14	24.67	1.79	1.28	1.46	0.04	0.01	21.49
383	55.39	0.09	5.47	0.30	0.78	0.74	0.02	0.03	4.81
357	65.50	0.06	1.31	0.23	0.72	0.49	0.03	0.02	1.61
296	28.09	0.10	15.02	0.94	0.37	1.29	0.08	0.00	14.01
488	39.37	0.20	10.56	1.12	1.84	1.49	0.10	0.04	9.71
319	60.91	0.07	2.55	0.34	0.75	0.75	0.03	0.04	2.31
505	13.54	0.25	19.87	1.57	2.35	2.10	0.04	0.02	17.60
505 内部芯材	11.90	0.13	21.14	1.17	0.17	0.96	0.04	0.11	18.88
42 内部芯材	5.50	0.11	29.63	0.86	1.30	0.87	3.24	0.04	13.02
62 内部芯材	40.22	0.05	11.56	0.35	0.70	0.71	0.10	0.05	6.42

离子反应形成硫化合物，如黄铁矿，出水后，在空气氧作用下，生成硫酸（如式 1）。

$$FeS_2(s) + \frac{7}{2}O_2 + (n+1)H_2O \rightarrow FeSO_4 \cdot H_2O(s) + H_2SO_4(aq) \qquad （式 1）$$

第四节　小结

在"瓦萨"号沉船和"玛丽·玫瑰"号沉船的海洋考古木材中意外发现大量有害的硫铁化合物，至此人们认识到硫铁化合物对沉船木材的危害性。为研究"华光礁 I 号"南宋沉船保存现状，选取部分船板松木样品对其含水率、化学组分、离子含量、物相构成、分子结构进行分析，采用现代科学手段和仪器如离子色谱仪、元素分析仪等离子发射光谱仪（ICP）、X 射线衍射仪（XRD）、傅里叶红外光谱仪（FTIR）对样品进行分析评估。结果表明：

（1）与正常现代松木含水率相比，"华光礁Ⅰ号"船板构件样品含水率普遍较高，属于第一类严重降解（含水率≥400%）的样品占比50%，与泉州湾宋代海船船体木材高达300%的含水率、宁波"小白礁Ⅰ号"船体木材210%的含水率相比，"华光礁Ⅰ号"船体构件降解比较严重。

（2）饱水考古木材1%NaOH的抽取物含量远高于现代木材，总纤维素平均含量仅占现代木材的27%，说明纤维素和半纤维素已被严重降解；木质素含量有所增加，这是由于纤维素酶和半纤维素酶的大量减少而引起的相对增加；灰分平均含量为现代马尾松的68倍，考古木材细胞中可能进入了大量的矿物质，不过各样品含量不一，说明其保存状况不一。

（3）从红外光谱可看出，考古木材与现代松木谱图的基本形态发生了变化，说明木材化学成分和结构发生了变化，考古木材1730cm^{-1}附近羰基吸收峰消失，1360cm^{-1}附近C–H弯曲振动吸收峰强度减弱，表明半纤维素严重流失；木质素吸收峰增强，说明木质素不易被降解；纤维素分子链有部分降解，分子链结晶结构遭到破坏。

（4）木材浸泡液离子含量均远远低于海水，说明脱盐取得成效，但硫酸根离子浓度稍高，可能是来自木材内硫铁化合物的氧化产物；ICP测试结果中铁离子含量最高，说明木材内无机化合物中主要含铁，但每个样品铁离子含量不一，与元素分析结果中硫元素含量分布大致相当，结合浸泡液较高的硫酸根浓度，说明船体内硫铁化合物还没有清除干净，XRD结果证实了硫铁化合物黄铁矿（FeS_2）以及针铁矿、硫酸盐的存在，木材内部的硫铁化合物很难脱除干净。

"华光礁Ⅰ号"南宋沉船历经七八百年海浪冲刷和南海热带海洋气候的影响，木材糟朽程度和破坏程度均非常严重，这给文物保护工作带来了挑战，但也给文物保护工作者提供了一个新的课题，高温高盐的热带气候下海洋出水含硫铁化合物的木质文物的保护及保存是必须面对和解决的关键问题。

注释

① 侯宝荣：《海洋腐蚀环境理论及其应用》，科学出版社，1999年，第10页。

② 吕炳全、孙志国：《海洋环境与地质》，同济大学出版社，1997年，第6~7页。

③ 周本刚、井上腾也：《腐食七防食》，大日本图书，1997年，第105页。

④ 吕炳全、孙志国：《海洋环境与地质》，同济大学出版社，1997年，第8页。

⑤侯保荣:《海洋环境中的腐蚀问题》,《世界科技研究与发展》总 20 卷第 4 期,第 72~76 页。

⑥转引自宋正海:《辉煌的中国古代潮论》,《大众日报》2014 年 7 月 2 日。

⑦吕炳全、孙志国:《海洋环境与地质》,同济大学出版社,1997 年,第 9 页。

⑧吕炳全、孙志国:《海洋环境与地质》,同济大学出版社,1997 年,第 156~157 页。

⑨吕炳全、孙志国:《海洋环境与地质》,同济大学出版社,1997 年,第 127 页。

⑩吕炳全、孙志国:《海洋环境与地质》,同济大学出版社,1997 年,第 134 页。

⑪A. D. Smith, M. Jones, A. Berko, et al., An Investigation of the Sulfur–Iron Chemistry in Timbers of the Sixteenth Century Warship, the Mary Rose, by Synchrotron Micro–X–Ray Spectroscopy, *Proceedings of the 37th International Symposium on Archaeometry*, 2008: 389–394. Sandström, M., Jalilehvand, F., Damian, et al., Sulfur accumulation in the timbers of King Henry VIII's warship Mary Rose: A pathway in the sulfur cycle of conservation concern, *Proceedings of the National Academy of Sciences of the United States of America*, 2005: 65–70.

⑫Fors, Y., Jalilehvand F., Damian Risberg E., Björdal C., Philips E., Sandström M., Sulfur and iron analyses of marine archaeological wood in shipwrecks from the Baltic Sea and Scandinavian waters, *Journal of Archaeological Science*, 2012 (39): 2521–2532. Richard, D., Luther III G. W., Chemistry of Iron Sulfides, *Chemical Reviews*, 2007 (107): 514–562. Fors, Y., Nilsson, T., Risberg, E. D., Sandström, M., Torssander, P., Sulfur accumulation in pinewood (Pinus sylvestris) induced by bacteria in a simulated seabed environment: Implications for marine archaeological wood and fossil fuels, *International Biodeterioration and Biodegradation*, 2008 (62): 336–347. Yvonne Fors, Magnus Sandström, Sulfur and iron in shipwrecks cause conservation concerns, *Chemical Society Reviews*, 2006, 35 (5): 399.

⑬包春磊:《南海"华光礁 I 号"沉船水下考古试析》,《南海学刊》2015 年第 1 卷 3 期,第 55~59 页。

⑭金涛、李乃胜:《宁波"小白礁 I 号"船体病害调查和现状评估》,《文物保护与考古科学》2016 年第 28 卷第 2 期,第 92~100 页。

⑮张金萍、章瑞:《考古木材降解评价的物理指标》,《文物保护与考古科学》2007 年第 2 期,第 34~37 页。

⑯赵红英、王经武、崔国士:《饱水木质文物的理化性能和微观结构表征》,《东南文化》2008 年第 4 期,第 89~92 页。

第六章 "华光礁Ⅰ号"沉船船材的 树种鉴定

中国造船历史悠久，早在新石器时代（距今约 10000~4000 年），我们的祖先就广泛使用独木舟和筏并走向了海洋①。据考证，筏，舟船发明以前出现的第一种水上运载工具，就是新石器时代我国东南部的百越人发明的。2002 年，在浙江杭州萧山跨湖桥遗址发现了一艘由整段马尾松加工而成的独木舟，距今约 8000 年，是我国目前发现最早的独木舟，也是世界上发现最早的舟船之一。古代造船用到的木材种类很多，一般都是就地取材，通常根据木材不同的特点和性能用在船舶不同的部位②。中国古船建造涉及杉、松、楠、樟、榆、槐、柏、杨、楸、稠木、铁力木、乌桥木、檀木等多种木材③。古代造船工匠们早在秦汉时期就发明了中线舵和橹，并已熟悉运用格木、杉木等造船材料。到明代，中国古代造船技术达到巅峰，当时宋应星编著的《天工开物·舟车》"漕舫"篇中对舟船有详细的记载："凡木色桅用端直杉木，长不足则接，其表铁箍逐寸包围。船窗前道皆当中空阙，以便树桅。凡树中桅，合并数巨舟承载，其末长缆系表而起。梁与枋樯用楠木、槠木、樟木、榆木、槐木（樟木春夏伐者，久则粉蛀）。栈板不拘何木。舵杆用榆木、榔木、槠木。关门棒用稠木、榔木。橹用杉木、桧木、楸木。此其大端云。""海舟"篇说："凡遮洋运船制，视漕船长一丈六尺，阔二尺五寸，器具皆同，唯舵杆必用铁力木……"

第一节 沉船船材鉴定

"华光礁Ⅰ号"出水沉船根据制造与启航地点，以及打捞出的船体残件分析，应为"福船"④。福船是福建沿海远洋木帆船的统称，是中国古代著名的"四大古船"之一，其船上平如衡，下侧如刃，善走深海远洋，破浪而行。有文献记载："南方木性，与水相宜,故海舟以福建为上,广东、西船次之,温、明船又次之。""(福建海船)舟之身长十八丈,次面宽四丈二尺许,高四丈五尺余……可储货品三至四万担之多。"

对"华光礁Ⅰ号"出水沉船船板的不同位置选取了31个样本进行木材构件树种的鉴定。具体的检测方法、依据及结果根据中国林业科学院木材工业研究所(25个样本)和海南省林业科学研究所(6个样本)提供的检测报告内容提供。检测方式:实验室切片;检测依据:国家标准GB/T 16734–1997《中国主要木材名称》,国家标准GB/T 18513–2001《中国主要进口木材名称》。

表6–1为相关检测机构检测结果。经观察及检测鉴定,发现"华光礁Ⅰ号"出水沉船船板木材种属多样,有香樟、润楠、杉木、松木、柏木、核果木等(树种分别属于樟属、润楠属、杉木属、松属、柏木属及核果木属),其中松木居多。

表6–1 "华光礁Ⅰ号"出水木船构件树种鉴定情况

科	属	构件编号	考古位置*	构件类型
松科 Pinaceae	松属 *Pinus Linn.*	XHI:96	船壳板。位于船体中部,其右侧邻船板97**,北与54相连,下压船板63,上为船板98所压	第一层板
		XHI:134	位于船体中部,为第一层压缝板,其南邻隔舱板159,南接138,上为169所压,下压141和43	
		XHI:154	舱板。位于船体东部,西邻303,南邻151,下压303和143	
		XHI:269	船壳板。船板位于A区(遗址的西半部分)的北段。东接271,南接263,下压(北至南)264、280、76	
柏科 Cupres-saceae	柏木属 *Cupressus Linn.*	XHI:159	舱壁板。位于从南数第三道隔舱板中的一条,为第一层板,其北侧为方木195,右侧为158,左侧为160,南侧为162,其下压43、138、173	
樟科 Laura-ceae	樟属 *Cinnamo-mum Trew.*	XHI:162	位于船体南部,从南数第三道隔舱板位置,北邻隔舱板161,下压203、63	
松科 Pinaceae	松属 *Pinus Linn.*	XHI:55	位于船体遗址的东北,东邻51、52、53,西邻43、47,南接313、141,其上被35所压,下压314	第二层板
		XHI:102	龙骨东侧竖船板。位于船体遗址的东部,西邻29,北靠近27	
		XHI:272	位于船体遗址的西南,东邻301,西邻305,北接63。其上被193、192、174所压,其下西侧压185,东侧压186	
		XHI:25	龙骨东侧板。位于船体的东北部,右邻17,左邻29,上为21所压,下压29	

续表

科	属	构件编号	考古位置*	构件类型
杉科 Taxod-iaceae	杉木属 Cunning-hamia R.Br.	XHI：63	大宽板。位于船体遗迹的中部，东邻59，西邻68，南接272，北接62。其上被54、96所压，其下压327	第二层板
松科 Pinaceae	松属 Pinus Linn.	XHI：319	位于船体遗址的中部偏东，其上被55、43所压，其下西侧压309，东侧压325、314	第三层板
		XHI：341	位于船体遗址中部偏北，南接333，北接340，其上被68、71所压，其下压371、372	
		XHI：347	位于船体遗址中部，东邻331，西邻349，南接348，其上被71、239所压，其下压372、420	
		XHI：378	位于船体遗址东南，东邻457，西邻377、182，南接403，北接379，其上被314所压，其下压443	第四层板
		XHI：383	船板。位于A区（遗址的西半部分）的南段。东接沙沟，南接凝结块，西接384，北接386、387，上面被压（北至南）296，下压（北至南）430	
		XHI：388	船板。位于A区（遗址的西半部分）的南段。东接沙沟，南接沙沟，西接387，上面被压（北至南）298，下压（北至南）385	
		XHI：391	船板。位于A区（遗址的西半部分）的中段。东接437、380，南接392，西接392，北接边界，上面被压（北至南）223，下面为珊瑚沙底	第五层板
		XHI：488	龙骨东侧船板。位于船体遗址的东部，东邻489，西邻486，其上被494所压	
		XHI：466	船板。位于A区（遗址的西半部分）的中段。西接467，上面被压（北至南）435、430，下面为珊瑚沙底	第六层板
		XHI：467	船板。位于A区（遗址的西半部分）的中段。东接466，上面被压（北至南）436、429，下面为珊瑚沙底	
松科 Pinaceae	松属 Pinus Linn.	XHI：106	龙骨。位于船体遗址的东部偏北，东邻506，西邻503，南接511，北接502，其上被101所压	龙骨
		XHI：499	龙骨。位于船体遗址的东北，属于龙骨最北端部分，东端靠近478，南接502	
		XHI：511	主龙骨。位于船体遗址的东北，属于龙骨中段部分，北接106，南接326，其上被111、112所压	
		XHI：326	龙骨。位于船体遗址的东部，东邻508，西邻504，南接374，北接511，其上被122、133、153等所压	

续表

科	属	构件编号	考古位置*	构件类型
樟科 Lauraceae	润楠属 *Machilus Nees.*	XHⅠ：374	艉龙骨。龙骨正面。位于船体遗址东南，东邻507、508，西邻505，北接326，其上被145、146所压，下压375	龙骨
	樟属 *Cinnamomum Trew.*	XHⅠ：502	艏龙骨。位于船体遗址的东北，属于龙骨北端部分，北接499，南接106，其上被456所压	
大戟科 Euphorbiaceae	核果木属 *Drypetes Vahl*	XHⅠ：采41	试采，位置不详	不详
松科 Pinaceae	松属 *Pinus Linn.*	XHⅠ：422	木锚钉、立柱。第二行二列，位于A区中部，423之西。穿透一至五层船板	立柱
		XHⅠ：423	立柱。第二行一列，位于A区中部，422之东。穿透一至五层船板	
		XHⅠ：425	木锚钉、立柱。第一行三列，位于A区北部，424之东。穿透一至三层船板	

＊摘自西沙水下考古资料（内部资料）。
＊＊表内数字均为"华光礁Ⅰ号"沉船木质构件编号。

古人非常重视木船建造的选材，尤其是远洋航行船只的建造，因为关系到船员的安全和贸易成本。研究古代船只的木材种类及选材，对于了解古代船只造船技术及建造理念的演变有重要意义。文中为确定造船木材的科目属地、地理分布以及木材利用的情况，参照了《中国植物志》。

第二节 结果分析

一、樟科香樟

经检测，船板编号XHⅠ：162、XHⅠ：502样本与香樟木材构造吻合，从样本的横切面、径切面和弦切面的显微照片来看（图6-1）：半环孔材；单管孔及径列复管孔，单穿孔，管间纹孔式互列，导管内具侵填体，导管—射线间纹孔式刻痕状及大圆形；轴向薄壁组织环管束状及轮界状，具油细胞；具分隔木纤维；射线组织非叠生，异形Ⅱ型及Ⅲ型，具油细胞。

《中国植物志》⑤记载：香樟是樟目、樟科、樟属，又名香樟、芳樟、油樟、樟木（南方各省区），常绿大乔木，高可达 30 米，直径可达 3 米；枝、叶及木材均有樟脑气味；树皮黄褐色，有不规则的纵裂；产中国南方及西南各省区，常生于山坡或沟谷中，越南、朝鲜、日本也有分布，其他各国常有引种栽培；木材为造船、橱箱和建筑等用材。

香樟作为造船用材在我国古代有着悠久的历史。1999 年淮北市隋唐运河遗址出土的唐代沉船大量使用了香樟木材；1974 年福建泉州出土的宋代海船的舱壁肋骨、艉柱和绞关部位的用材是香樟木材；1975 年江苏武进万绥公社出土一艘 2000 多年前的木船，经鉴定，该船底板为樟木⑥；1984 年山东蓬莱出土的元代战船的首柱、艉龙骨的用料是香樟；徐永吉等⑦利用扫描电镜对山东平度出土的千年隋船进行了树种鉴定，发现船材有樟木的使用。"华光礁Ⅰ号"古船龙骨和隔仓板用材采用香樟木材，应是考虑到香樟树气味浓厚，经久不衰，木材具有耐腐、抗虫蛀的特点⑧。

二、樟科润楠

经检测，船板编号 XHI：374 样本与润楠木材构造吻合，属于樟科。从样本的横切面、径切面和弦切面的显微照片来看（图 6-2）：散孔材；单管孔及径列复管孔，单穿孔，管间纹孔式互列，导管内具侵填体，导管—射线间纹孔式刻痕状及大圆形；轴向薄壁组织环管束状，具油细胞；具分隔木纤维；射线组织非叠生，异形Ⅱ型及Ⅲ型。

《中国植物志》记载：润楠，乔木，高 40 米或更高，胸径 40 厘米；树干挺直，具广阔的伞状树冠，木材细致，芳香，用于作梁、柱、制家具。明代文献里常常提到，楠木为做家具的良材。楠木常被用来制作柜子和书架，也可用来装饰柜门或制作文房用具⑨。楠木生长缓慢，树干直，长江以南发现 30 多种楠木树种，尤其集中在西南，最好的楠木则出自海南。楠木极为耐腐，常被用来作建材或造船。楠木易干，且木性稳定，不易开裂；楠木纹理细腻，打磨后表面会产生一种迷人的光泽，常被称作"金丝楠木"。楠木清代时称为"大木"，明、清两代大规模用于宫殿、陵墓、王府等建筑。

1975 年福建连江县出土了一艘独木舟，舟身残长 7.1、宽 1.6 米，首宽 1.2 米，舟深 1.2 米，艏艉略呈方形，系用直径近 2 米的整棵楠木刳成，经测定约为西汉初期遗物。1960 年在扬州施桥镇出土宋代独木舟，独木舟长 13.65、宽 0.75、深 0.56 米，为目前国内发现的最长的一艘独木舟，木料为楠木。深圳独木舟博物馆收藏一艘战国时期独木舟，舟长 11.6、宽 1.10、高（深）0.78 米，质地为阴沉木金丝楠。在我国古代船体中，楠木主要用于龙骨、肋骨、桅座、船身等用材。

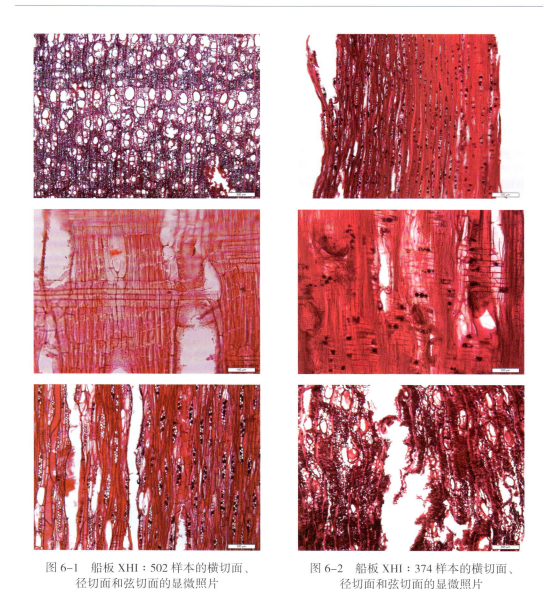

图 6-1 船板 XHI：502 样本的横切面、
径切面和弦切面的显微照片

图 6-2 船板 XHI：374 样本的横切面、
径切面和弦切面的显微照片

三、杉科杉木

经检测，船板编号 XHI：63 样本与杉木木材构造吻合。杉木树干通直，木材耐腐，结构中等，质地轻软，加工性能好，品质系数高，为常用造船用材，被广泛应用于制造甲板、桅杆、船身、桨等[⑩]。

《中国植物志》记载：杉木，杉科，乔木，高达 30 米，胸径可达 2.5~3 米；木材黄白色，有时芯材带淡红褐色，质较软，细致，有香气，纹理直，易加工，比重 0.38，耐腐力强，不受白蚁蛀食。供建筑、桥梁、造船、矿柱、木桩、电杆、家具及木纤维工业原料等用，树皮含单宁。

徐永吉等[11]对一艘元代沉船进行了木材鉴定，发现船体的甲板、船舷板和隔仓板均具相同的木材构造，经鉴定，该组木材轴向薄壁组织较丰富，呈星散或短弦列，交叉场纹孔杉型，射线薄壁细胞具凹痕，不具正常和受伤树脂道等构造特征，鉴定为杉木。船材还发现了杨柳科的柳树和榆科的榉树等木材。该沉船是一种元代沙船，船长 12.6、宽 3.0、深 1.6 米，内有水密舱 9 个，是一艘双桅小海船。2015 年 7 月，在南京市渡江胜利纪念碑西北角发掘了一处明代早期的造船遗址，位于史书记载的龙江船厂区域范围内，应为龙江船厂遗址。廖倩等[12]对船厂遗址出土的 51 个木材样本进行了树种鉴定，发现 14 个样本为杉木。中国古船，外板绝大部分用杉木，广东与福建交接地域的海船，桅杆一般也用杉木。这是因为杉木是较易加工装配的木材，再者杉木自重轻，可多装客、货，船速较快。

四、松科松木

按照结构特征和材性，一般将松树分为软木松和硬木松。软木松比较轻软，密度低，重量轻，纹理均匀，强度小，加工容易，早材至晚材渐变，少翘裂，可做家具。硬木松比较重、硬，纹理不均匀，强度较大，加工较难，早材至晚材急变。船板编号 XHI：55、134、269、272、347、378、391、499、96、106、422、423、425、511、25、102、154、319、326、341、383、388、488、466、467 共 25 个样本都与松科木材构造吻合。其中 6 个样本 XHI：96、106、422、423、425、511 属于硬木松，用于龙骨、立柱等承重构件，其余软木松用于船壳外板处。

从 XHI：511 样本的横切面、径切面和弦切面的显微照片来看（图 6-3）：早晚材渐变；轴向管胞径壁具缘纹孔 1 列及 2 列；单列及纺锤形射线，具射线管胞，射线管胞内壁齿状加厚；交叉场纹孔窗格状；具轴向及径向树脂道。而 XHI：391 样本的横切面、径切面和弦切面的显微照片则为（图 6-4）：早晚材渐变；轴向管胞径壁具缘纹孔 1 列；单列及纺锤形射线，具射线管胞，射线管胞内壁平滑；交叉场纹孔窗格状；具轴向及径向树脂道。从中也可以看出硬、软木松的区别，硬木松"轴向管胞径壁具缘纹孔 1 列及 2 列……射线管胞内壁齿状加厚"，而软木松"轴向管胞径壁具缘纹孔 1 列……射线管胞内壁平滑"。

图 6-3 船板 XHI：511 样本的横切面、
径切面和弦切面的显微照片

图 6-4 船板 XHI：391 样本的横切面、
径切面和弦切面的显微照片

《中国植物志》记载：松科，本科约 230 余种，分属于 3 亚科 10 属，多产于北半球，我国有 10 属 113 种 29 变种（其中引种栽培 24 种 2 变种），分布遍于全国，几乎均系高大乔木，绝大多数都是森林树种及用材树种，在东北、华北、西北、西南及华南地区高山地带组成广大森林，亦为森林更新、造林的重要树种。江浙沿海一带有俗语："千年针松一根柱，十年檫树好打船"，意为树木成材期不一，各有所用；针松，针松树，干挺拔耸直，但长得慢；柱，屋柱，房屋的柱子；檫树，树干粗大可剖板造船，生长快。又有"千年海底松，万年燥搁枫"，意为松木不怕潮湿，枫木不嫌干燥。海底，指水分很多，潮湿，松木含松脂故不怕水；燥搁，干置着，搁，用支架支起来，使之干燥。松木因为其不怕潮湿且耐水（含松脂）而常用于造船之用。

1974年泉州湾后渚港挖出一艘三桅海船，船体残长24.2、宽9.15米，载重量200吨以上。据研究，此船是南宋末年航行于东南亚及波斯湾一带的远洋货船，龙骨经鉴定为松木[13]。廖倩等对明代龙江船厂遗址出土的木材样本树种鉴定中也发现了松木样本。在南宋古沉船"南海Ⅰ号"的考古发掘中，在船身上发现了一些碎木块，经鉴定发现其为马尾松木[14]。硬木松遍布华中华南各地，木材干缩中等，强度低至中，冲击韧性中，在我国传统造船中，主要用于船梁、肋骨、甲板、船身、桅杆、船壳、桨等用材。

五、柏科柏木

经检测，船板编号XHⅠ：159样本与柏木构造吻合，从样本的横切面、径切面和弦切面的显微照片（图6-5）来看：生长轮明显，早晚材略急变；轴向管胞径壁具缘纹孔1列；轴向薄壁组织星散；单列射线；交叉场纹孔柏木型。

《中国植物志》记载：柏木，乔木，高达35米，胸径2米；树皮淡褐灰色，裂成窄长条片；为我国特有树种，分布很广，产于浙江、福建、江西、湖南、湖北西部、四川北部及西部大相岭以东、贵州东部及中部、广东北部、广西北部、云南东南部及中部等省区；芯材黄褐色，边材淡褐黄色或淡黄色，纹理直，结构细，质稍脆，耐水湿，抗腐性强，有香气，比重0.44~0.59。可供建筑、车船、桥梁、器具、家具等用材。

廖倩等在对明代龙江船厂遗址出土的木材样本树种鉴定中也发现了柏木。柏木产于我国秦岭以南及长江流域以南，木料干缩小，强度适中，耐腐性较强。在我国传统造船中，主要用于船梁、桅杆、船身等用材[15]。

六、大戟科核果木

经检测，船板编号XHⅠ：采41样本与核果木构造吻合，从样本的横切面、径切面和弦切面的显微照片（图6-6）来看：散孔材；单管孔及径列复管孔，单穿孔，管间纹孔式互列，导管—射线间纹孔式类似管间纹孔式；轴向薄壁组织环管束状、星散—聚合状及带状；射线组织非叠生，异形Ⅱ型及Ⅲ型，射线内具晶体。编号XHⅠ：采41（图6-7）形状很像雷公柱、桅杆头之类，但根据其尺寸，有关专家认为类似插销横挡之类。

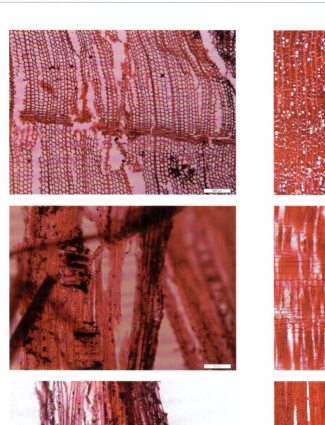

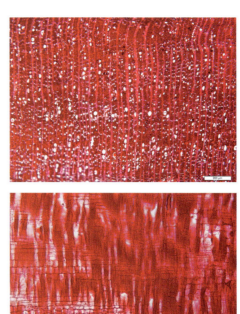

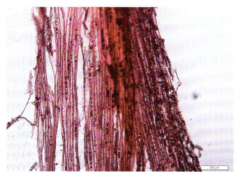

图6-5　船板 XHI：159 样本的横切面、　　　图6-6　船板 XHI：采 41 样本的横切面、
　　　径切面和弦切面的显微照片　　　　　　　　　径切面和弦切面的显微照片

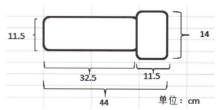

图6-7　船板 XHI：采 41 样本

《中国植物志》记载：核果木，大戟科，乔木，高达 15 米；产于中国台湾、广东、海南、广西、贵州、云南，生于海拔 400~1600 米山地林中，分布于印度、锡金、缅甸、泰国等；海南核果木散孔材，木材纹理通直，结构密，材质硬而重，干燥后少开裂，不变形，适于机械器具、运动器械、建筑、家具、农具等用料。

核果木在古代造船用材中并不多见，文献中少有相关记载。在"华光礁Ⅰ号"船板发掘试采过程中发现的该构件，其使用及产地还有待进一步的研究。

现代高等植物的自然分类系统是按照植物的花、果和种子等生殖器官特征建立的，因此，木材结构特征在植物分类学上的意义较为有限，在针对仅有木质部保存的材料如木材化石、沉船木材、古建木材等种类鉴定上，科、属级的鉴定相对准确，鉴定到种就存在一定困难。

第三节　小结

"华光礁Ⅰ号"沉船船体构件的树种以及船型的确定，对研究古代造船技术以及宋代海外贸易具有重要意义。宋时海外贸易繁荣，宋代在中国历代封建王朝中是海外贸易最开放的朝代，其制造海船的技术日臻精湛，"华光礁Ⅰ号"沉船为研究南宋时期造船航海技术提供了实物[⑯]。另外，宋朝造船修船已经开始使用船坞，这比欧洲早了 500 年。宋代工匠还能根据船的性能和用途的不同要求，先制造出船的模型，进而依据船模画出来的船图再进行施工建造，而欧洲在 16 世纪时才出现简单的船图，要落后于中国三四百年[⑰]。

由于"华光礁Ⅰ号"沉船年代久远，腐蚀严重，大多数船体构件遗失或识别度不高，只有关键的部位如龙骨、立柱、隔舱板等相对可辨，这给将来船体的复原工作带来了一定的难度。经过对"华光礁Ⅰ号"沉船船板不同部位的 31 个样本进行的树种鉴定，发现该南宋沉船船材种属多样，有樟属、润楠属、杉木属、松属、柏木属及核果木属等，而其中 81% 为松木，船板的外层板如第一层板至第五层板大多为软松木类，龙骨、立柱则以硬松木居多；木材主要来源于华中华南地区，当时的匠人应是充分考虑到就地取材的便利，而且能根据木材不同的特点和性能用在船舶不同的部位。"华光礁Ⅰ号"沉船木构件树种的确定，将为下一步的保护、复原工作提供参考资料，具有重要意义。

注释

① 张静芬：《中国古代的造船与航海》，商务印书馆，1997 年，第 3 页。

② 顿贺：《中国古船木构技术的演进》，《人海相依：中国人的海洋世界》，上海古籍出版社，2014 年，第 8~10 页。

③ 李硕：《设计学视阈下的中国古代船舶形式研究》，武汉理工大学博士学位论文，2015 年，第 58~69 页。

④ 包春磊：《南海"华光礁Ⅰ号"沉船水下考古试析》，《南海学刊》2015 年第 1 卷第 3 期，第 55~59 页。孙键：《揭秘华光礁一号沉船》，《华夏地理》2007 年第 10 期，第 158~169 页。施剑：《明代浙江海防建置研究——以沿海卫所为中心》，浙江大学硕士学位论文，2011 年，第 18~19 页。刘文波：《宋代福建海商崛起之地理因素》，《中国历史地理论丛》2006 年第 21 卷第 1 期，第 28~33 页。

⑤ 中国科学院中国植物志编辑委员会：《中国植物志》，科学出版社，2004 年，第 168~179 页。

⑥ 吴达期、徐永吉：《江苏武进县出土汉代木船的木材鉴定》，《考古》1982 年第 4 期，第 421~423 页。

⑦ 徐永吉、吴达期、李永敬：《平度隋船的木材鉴定》，《电子显微学报》1983 年第 2 期，第 40~43 页。

⑧ 许晓燕：《造物"选"材·"适"之为良——中国传统器物"木"之工艺相适性探究》，武汉理工大学硕士学位论文，2007 年，第 38~39 页。

⑨ 成俊卿、杨家驹、刘鹏：《中国木材志》，中国林业出版社，1992 年，第 56 页。

⑩ 罗小瑜：《桂中地区不同坡位杉木人工林多样性调查》，《绿色科技》2016 年第 11 期，第 27~28 页。

⑪ 徐永吉、吴达期、李大纲：《南通元代古船的木材鉴定》，《福建林学院学报》1995 年第 15 卷第 1 期，第 87~90 页。

⑫ 廖倩、潘彪、王丰：《明代南京船厂造船用材的鉴定与比较分析》，《林产工业》2016 年第 43 卷第 8 期，第 23~27 页。

⑬ 李国清、曾丽民、陈承德：《泉州湾宋代海船三种船体木材和泉州地区十四种现代木材的平衡含水量的研究》，《福建林学院学报》1984 年第 1 期，第 49~59 页。

⑭ 周海鹰：《"南海Ⅰ号"待解的 11 大谜团》，《今日科技》2008 年第 1 期，第 47~50 页。

⑮ 文白：《柏树种类》，《林业与生态》2014 年第 9 期，第 32~33 页。

⑯ 王冠倬、王嘉：《中国古船扬帆四海》，人民教育出版社，1996 年，第 20~26 页。

⑰ 孙键：《"南海Ⅰ号"完整展示宋代社会》，《工会博览》2018 年第 8 期，第 57~59 页。刘炜、赵春青、秦文生：《中华文明传真》（第七卷），上海辞书出版社、商务印书馆，2001 年，第 68~69 页。

第七章　"华光礁Ⅰ号"沉船出水铜钱研究

　　海水富含复杂的电解质溶液，有多种盐类，其所处的环境是一种复杂的腐蚀环境，因此，海洋中的金属很容易受到海水的腐蚀。海洋出水文物种类很多，有关出水铜质文物的研究也受到人们的关注。长时间浸泡在含盐量高的海水中，金属铜会产生腐蚀产物，如氯化亚铜（CuCl）、氯化铜（CuCl$_2$）、氧化亚铜（Cu$_2$O）等以及绿色和蓝色的碳酸铜如孔雀石［Cu$_2$(OH)$_2$CO$_3$］、蓝铜矿［Cu$_3$(OH)$_2$(CO$_3$)$_2$］。在海洋环境中，最常见的两种铜腐蚀产物是氯化亚铜和硫化亚铜。海洋环境中铜及铜合金电化学腐蚀的第一步是产生 Cu$^+$，然后与海水中的氯化物结合，形成氯化亚铜，成为腐蚀层的主要成分；氯化亚铜是非常不稳定的化合物，当含氯化亚铜的铜质文物发掘出水暴露于空气中时，化学腐蚀会继续进行，这是因为氯化亚铜在有水和氧气存在的情况下，可被水解生成盐酸和碱性氯化亚铜［CuCl$_2$·3Cu(OH)$_2$］，这种化学腐蚀过程通常被称为"青铜病"。受氯离子侵入腐蚀的铜质文物如果没有采取相应措施，最终将会消失殆尽。另外，海洋中存在的硫酸盐还原菌（Sulfate-Reducing Bacteria，SRB）也会使铜质文物转化为硫化亚铜和硫化铜（Cu$_2$S 和 CuS），在厌氧环境中，铜的硫化物通常处于最低氧化态（Cu$_2$S），在被发掘出水暴露于氧气中之后，Cu$_2$S 会被氧化成更高的氧化态硫化铜（CuS）。

　　由于腐蚀，海洋发掘出水的铜质文物表面不可避免地覆盖着不同厚度的黑色粉状硫化物层，有时腐蚀过程会使铜质物体表面产生坑点，但这种情况在铜合金上更为常见，因为在铜锡合金或铜锌合金中会优先腐蚀锡或锌。当然，铜的硫化物会比氯化物更稳定，硫化物只会使铜质物体颜色改变，且很容易用商业清洁溶剂、甲酸或柠檬酸去除。而铜的氯化物中含有氯铜矿和副氯铜矿，其成分则是有害锈，也就是"粉状锈"，它是一种呈亮绿色、粉状的恶性膨胀锈，为青铜器的主要病害，氯铜矿腐蚀产物的出现、生长会使器物内部产生物理应力，导致器物出现裂隙或破裂，加速腐蚀。因此，文物检测到这种有害锈时，在保护修复过程中一定要根除，防止其对文物造成不可逆的破坏。

第一节　出水铜钱的保存状况

近年来，众多海洋水下沉船打捞出水，随船货物或船上大都发现了铜钱，如韩国"新安"沉船出水铜钱达 28 吨之多[①]，"南海 I 号"出水铜钱近 23000 枚，"南澳 I 号"也出水大量铜钱。铜钱，古代铜质货币，从秦汉开始直至清末民初一直流通；大多是以铜合金形式铸造，因合金成分不同，铜钱也呈现不同的颜色，如铜锌合金铜钱颜色呈黄色，铜锡合金铜钱则发青（黄中发青）；不同朝代其材料成分不同。

"华光礁 I 号"沉船出水后一直未曾发现铜钱。2019 年，在对沉船保护实验室进行改造过程中，偶然发现龙骨末端榫卯结合处裸露出模糊的圆形痕迹，对表面经过仔细清理后，赫然发现了堆积在一起的几枚铜钱，其中 1 枚已经严重腐蚀，只剩下锈蚀物痕迹，其余 6 枚铜钱表面富集凝结物或锈蚀物，清理后表面铭文"开元通宝"字样清晰可见。6 枚铜钱保存各异（表 7-1）：有两枚（1# 和 2#）被白色物质黏合在一起，上面一枚直径 28 毫米，厚度 4.86 毫米，下面一枚直径 26.25 毫米，厚度 5.4 毫米，总重量 20.81 克（含黏合剂），表面被黑色和黄色锈蚀层覆盖，字迹无法辨认，把两枚铜钱黏合在一起的白色物质，应该是桐油、石灰、纤维之类的"舱料"，用以将铜钱固定于"保寿孔"中；第三枚（3#）直径 25.25 毫米，厚度 1.69 毫米，重 2.28 克，字迹可辨；第四枚（4#）直径 24.75 毫米，厚度 1.72 毫米，重 2.02 克，"开元通宝"字样清晰可见；第五枚（5#）直径 23.30 毫米，厚度 1.21 毫米，重 1.58 克，字迹清晰；第六枚（6#）直径 24.80 毫米，厚度 1.43 毫米，重 3.05 克，字迹可辨。经过 X 射线探伤仪分析，第六枚铜钱内部有裂隙。这 6 枚铜钱的发现为研究"华光礁 I 号"沉船的造船工艺、古代风俗习惯提供了研究资料。

第二节　出水铜钱的腐蚀分析

"华光礁 I 号"沉船船货中发现 6 枚完整的铜钱。以此为研究对象，利用 X 射线衍射（XRD）、X 射线荧光（XRF）、X 射线探伤仪、扫描电镜与能谱仪（SEM-EDS）等对其表面腐蚀产物进行分析，分析结果如下[②]。

表 7–1　出水铜钱现状

编号	照片		直径 /mm	厚度 /mm	重量 /g
	正面	背面			
1#（上面）			28	4.86	20.81
2#（下面）			26.25	5.4	
3#			25.25	1.69	2.28
4#			24.75	1.72	2.02
5#			23.30	1.21	1.58
6#			24.80	1.43	3.05

表 7–2　铜钱表面锈蚀物的物相组成及含量

编号	颜色	铜蓝	久辉铜矿	文石	方解石	黄铁矿	方铅矿	白铅矿	铅矾	锡石	辉铜矿	羟锡铜石	石英
1#	黑色	25%	26%	24%	25%	—	—	—	—	—	—	—	—
1#~2#	白色	—	—	76%	19%	5%	—	—	—	—	—	—	—
3#	黑色	42%	38%	—	—	—	5%	10%	5%	—	—	—	—
4#	白色	—	—	—	—	—	—	—	—	100%			
5#	灰色	—	39%	—	—	—	—	6%	—	—	36%	6%	13%
6#	灰色	—	40%	—	—	—	—	8%	—	—	37%	5%	10%

注："—"表示未检测出该元素。

一、XRD 分析

"华光礁Ⅰ号"出水铜钱表面锈蚀物分布不均,颜色各异,有黑色、白色、灰色等。表 7-2 为铜钱表面不同颜色锈蚀物的 XRD 图谱(图 7-1、7-2)分析结果。从 XRD 的物相分析可知,1# 铜钱表面黑色锈蚀物主要由铜蓝(Covellite,CuS)、久辉铜矿(Djurleite,$Cu_{1.93}S$)、文石(Aragonite,$CaCO_3$)、方解石[Calcite,magnesian,(Ca,Mg)CO_3]组成;1#~2# 铜钱背面表面的白色物质,主要含文石、方解石,还有部分黄铁矿(Pyrite,FeS_2);3# 铜钱表面黑色锈蚀物除含铜蓝和久辉铜矿外,还有方铅矿(Galena,PbS)、白铅矿(Cerussite,$PbCO_3$)和铅矾(Anglesite,$PbSO_4$);4# 铜钱表面白色锈蚀物为锡石(Cassiterite,SnO_2);5# 和 6# 铜钱表面灰色锈蚀物则为久辉铜矿(Djurleite,$Cu_{1.93}S$)、白铅矿(Cerussite,$PbCO_3$)、辉铜矿(Chalcocite,Cu_2S)、羟锡铜石{Mushistonite,(Cu,Zn,Fe^{2+})[$Sn(OH)_6$]}和石英(Quartz,SiO_2)。以上产物中,并未发现诱发"青铜病"的有害锈如碱式氯化铜[$Cu_2(OH)_3Cl$],这可能是因为"华光礁Ⅰ号"船板自打捞出水后一直进行脱盐保护,在此过程中铜钱中的氯离子(Cl^-)基本已经脱除干净了[③]。

二、XRF 分析

表 7-3 为 3# 和 6# 铜钱表面锈蚀物的 XRF 分析结果。定性分析结果显示,铜钱表面锈蚀物含有元素为 Cu、Pb、Fe、Sn、S、Zn、Si 等,这几种元素含量差别比较大,反映了铜钱基体成分含量的大小。Cu 元素含量最高,达到 38.01% 和 53.67%,说明基体成分主要是以铜为主要铸钱原料;其次是 Pb 元素,含量为 23.7% 和 16.33%;另外还有 Sn 元素,含量为 7.08% 和 11.92%。

古代铜钱的原料一般含有铜、锌、锡、铅等原料,大多以合金的形式存在。古代劳动人民在冶炼过程中发现铜锌、铜锡、铜铅等不同配比,会使铜钱的色泽、硬度等有不同的变化。有时候加入铅可促进铜锡的合金化,但加入的铅并不能均匀地分散在铜合金中,而是以铅颗粒的形式存在。不同朝代的铜钱原料配比不同。

表 7-3 XRF 元素分析结果(Wt%)

样品代码	Cu	Pb	Fe	Sn	S	Zn	Si
3#	38.01	23.70	10.27	7.08	5.48	1.15	0.193
6#	53.67	16.33	3.04	11.92	4.45	2.90	0.605

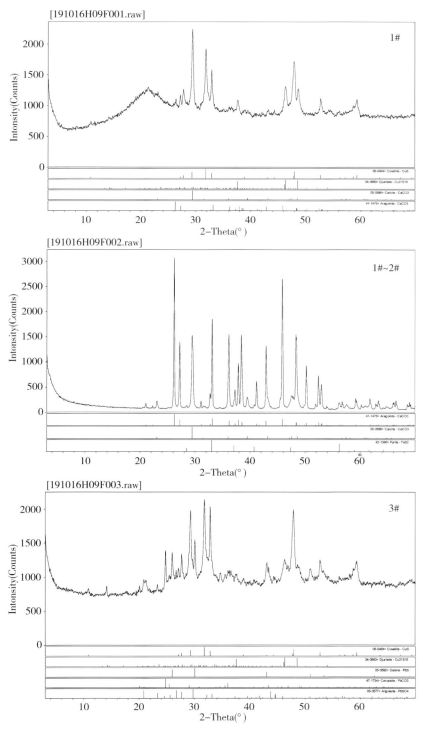

图 7-1　铜钱表面锈蚀物的 XRD 图谱

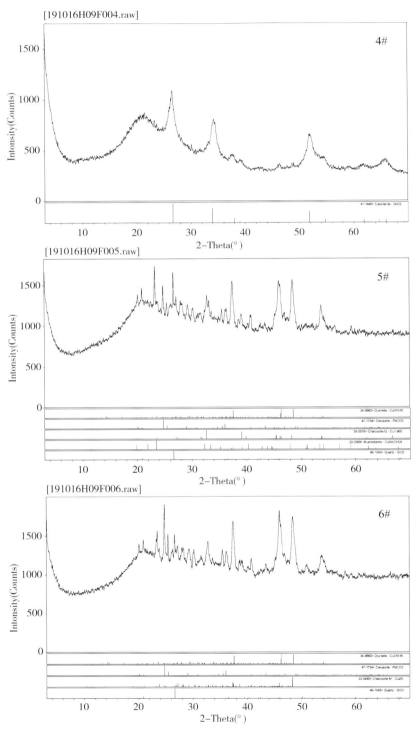

图 7-2 铜钱表面锈蚀物的 XRD 图谱

三、X 射线探伤分析

当强度均匀的 X 射线束透照射物体时，如果物体内部区域存在缺陷或者结构差异，X 射线束强度就会发生变化，物体不同部位其射线强度也就会不同，这样，通过最后胶片上的明暗强度，就可以判断物体内部的缺陷和物质分布。文物保护过程中经常会对陶瓷器、青铜器、铁器等进行 X 射线探伤分析，用以检测文物内部是否有肉眼不易察觉的缺陷，用来鉴别文物真伪以及金属文物内部腐蚀状况。1#、2# 铜钱因腐蚀粘连在一起无法进行 X 射线探伤检测，其余 4 枚铜钱经检测发现其表面文字"开元通宝"字样清晰可见；有 3 枚保存基本完整，但局部因腐蚀疏松变薄，厚度不一；6# 铜钱内部发现有一条裂隙（图 7-3）。

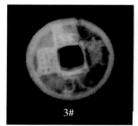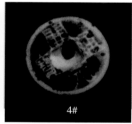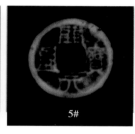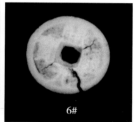

图 7-3 铜钱 X 射线探伤照片

四、SEM-EDS 分析

通过扫描电镜可以对铜钱锈蚀物作形貌观察，并对微区进行成分分析、元素面扫描分析，从而了解腐蚀过程中元素的迁移情况。表 7-4 为铜钱锈蚀层 SEM 和 EDS 照片。

SEM-EDS 能对样品微观形貌和晶体结构进行观察并能定性定量分析元素及其分布情况。以 3# 铜钱样品为例，其腐蚀产物有白色、黑色、灰色、黄色，颜色不同，其化学成分也不同。以白色腐蚀产物为例，500 倍放大后显微照片（图 7-4）可见，白色物表面光滑，呈连续相，对其进行能谱面扫描，发现白色相为 Pb 元素，含量较高（30.06%），灰色相以 Cu 为主（26.47%），还含有部分 Fe 元素（9.69%）、S 元素（3.27%）。

将 3# 样品表面部分腐蚀产物清除干净，露出铜钱基体，对其进行 SEM-EDS 分析，放大 500 倍后的 SEM 图（图 7-5）可见，基体表面较为平整，能谱面扫描结果发现 Cu

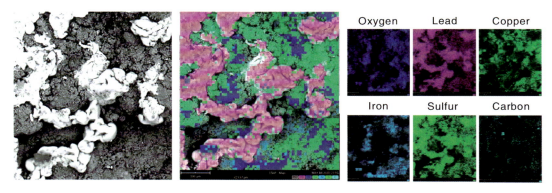

图 7-4 3# 铜钱表面白色腐蚀产物的扫描电镜像（Bar=100μm）

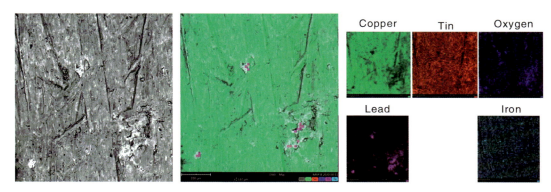

图 7-5 3# 铜钱基体扫描电镜像（Bar=100μm）

含量最高（65.57%），其次为 Sn（14.76%）、Pb（7.39%），还有少量的 Fe（0.89%），说明铜钱样品主要是铜锡铅合金。

铜钱表面腐蚀产物的种类、颜色、形貌与埋藏环境及铜钱基体成分和结构有着一定的关系[④]。铜器中的铜很容易被氧化为 Cu_2O，在空气中二氧化碳和水存在下，继续转变为孔雀石，再进一步转变为蓝铜矿，Cu 离子不断向表面迁移；腐蚀继续发生，铜钱中的 Pb 易转变成 $PbCO_3$，Sn 原地生成 SnO_2，使其在表面富集。据研究发现，Cu、Sn、Pb 三元素的腐蚀顺序为 Pb > Cu > Sn，腐蚀过程中 Cu 比 Pb 和 Sn 的化学性质更活泼，更容易被氧化，结果是基体中的 Cu 不断流失，Pb 和 Sn 的腐蚀产物相对含量不断上升。从铜钱腐蚀锈及基体成分分析（表 7-4、7-5）可知：

（1）从 1#、2#、3#、4#、5#、6# 样品的 EDS 结果可以看出，黑色锈层成分中 Cu 元素含量最高，分别为 31.16%、45.50%、55.59%、44.91%、22.03%、37.68%，其次都含有 S 元素，说明这些黑色粉状锈层主要为铜的硫化物。结合 XRD 物相分析，应含有

表 7-4　铜钱锈蚀层 SEM-EDS 照片

编号	锈蚀特征	SEM	EDS	锈蚀特征	SEM	EDS
1#	黑色：相结构比较致密，呈颗粒状分布，局部有空隙；Cu、S 元素为主			黄褐色：黏附于表面，相结构比较致密，分布不均匀，局部有空隙；Fe 元素为主		
2#	黑色：黏附于表面，相结构均匀，比较致密；Cu 元素为主					
3#	白色：表面部分黏附，结构较致密，局部有空洞分布；Sn 元素为主			黄褐色：结构疏松，空洞均匀分布；Fe 元素为主		

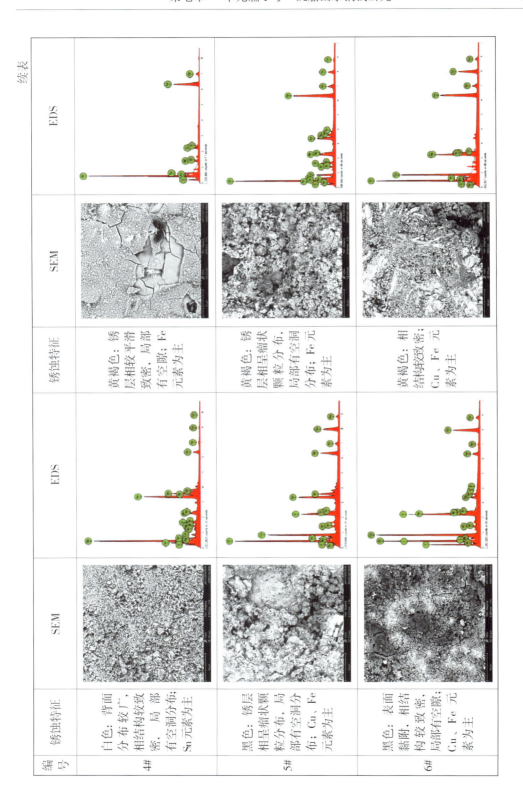

续表

表 7-5　铜钱锈层扫描电镜能谱分析结果（%）

编号	扫描部位	Cu	Pb	Sn	Si	Fe	Al	S
1#	黑色锈层	31.16	—	—	—			34.27
	黄褐色锈层	—			—	30.28	2.48	
2#	黑色锈层	45.50						30.49
3#	黑色锈层	55.59				2.13		19.95
	黄褐色锈层	5.92			—	50.33		2.07
	白色锈层	12.89	15.77	31.87	0.60	3.25	0.60	—
4#	黑色锈层	44.91	—	10.19	—	3.86	—	8.46
	白色锈层	1.18	4.55	31.83	0.99	4.76	0.69	
	黄褐色锈层	—				47.23	2.46	1.72
5#	黑色锈层	22.03		19.44	—	11.43	1.02	4.55
	黄褐色锈层	9.79	11.38	9.58	1.60	30.32	1.06	
6#	黑色锈层	37.68	13.37	3.10	—	3.89	1.12	6.51
	黄褐色锈层	30.34	11.83	—		26.53	—	4.04
3#	基体成分	65.57	7.39	14.76	—	0.89	—	—
4#	基体成分	69.02	7.50	20.61		2.52	—	—
5#	基体成分	72.89	9.99	13.84		2.93		
6#	基体成分	64.63	18.99	15.19		1.19		
平均		68.03	10.97	16.1		1.88		

铜蓝、久辉铜矿。

（2）1#、3#、4#、5# 样品黄褐色锈层的成分中 Fe 元素含量最高，分别达到 30.28%、50.33%、47.23%、30.32%，说明黄褐色锈层主要为 Fe 的腐蚀产物，6# 样品中除了含 Fe（26.53%）的化合物，还有 Cu（30.34%）的化合物。根据以前对出水铁器的研究成果，黄褐色锈蚀物应含有针铁矿（α-FeOOH）、磁铁矿（Fe_3O_4）、赤铁矿（Fe_2O_3）、菱铁矿（$FeCO_3$）等。

（3）3#、4# 样品中白色锈蚀物明显，主要成分为 Sn，含量为 31.87%、31.83%，XRD 物相分析为锡石，可能为铜钱基体中 Sn 的析出产物。

（4）从样品 EDS 分析测试可知，几枚铜钱基体成分主要含有 Cu、Sn、Pb，Cu 平均含量为 68.03%，Sn 平均含量为 16.1%，Pb 平均含量为 10.97%，还有少量铁（1.88%）。赵匡华等[⑤]对"开元通宝"铜钱中铜锡铅元素含量进行了研究，发现含铜 63.6%~78.4%，含铅量 8.6%~24.15%，含锡量 6.59%~16.03%。"华光礁 I 号"沉船出水的几枚铜钱成分与之大致相同。

五、讨论

综合上述测试结果讨论如下：

（一）铜钱表面腐蚀层的产生[⑥]

和所有金属一样，金属铜钱也会被腐蚀，以达到其最稳定的电化学形式。通常情况下，铜腐蚀的方式与铁类似，即获得一个正电荷成为具有电势的阳极。

阳极（+）：

$$Cu^0 \rightarrow Cu^{2+}+2e^-$$

$$4Cu^0+2H_2O+O_2+4e^- \rightarrow 4CuO+4H^+$$

上述公式意味着金属铜会释放电子，电子放电使铜离子从金属表面迁移出来，并与水和氧结合形成铜的氧化物（如赤铜矿和黑铜矿）和酸。在有氯离子存在的情况下，反应形成氯化亚铜（$CuCl$）、氯化铜（$CuCl_2$）或羟基氯化铜［副氯铜矿，$Cu_2(OH)_3Cl$］。该反应持续循环发生，直到铜器完全转变为碱性氯化铜，被完全腐蚀掉为止，这种反应被称为"青铜病"[⑦]。

在阴极，铜离子还原水和氧放出的电子形成碱性羟基离子。

阴极（−）：

$$O_2+2H_2O+4e^- \rightarrow 4OH^-$$

含有其他合金的铜钱比纯铜有更大的腐蚀风险。合金金属完全熔融在物理上是不可能的，其他杂质更会因熔点不同而富集一处，这将使器物表面具有更高腐蚀电位的区域；该区域的金属离子在与氯离子或氧等阴离子结合形成腐蚀产物之前，会开始释放电子，并以自由电荷离子的形式迁移。腐蚀的阳极区域释放的电荷被邻近的金属吸收成为反应的阴极，将表面的水和氧还原为羟基离子，其结果是产生点蚀或金属在物体表面某一特定位置发生腐蚀。陆地出土的铜器表面很少有凝结物，只有一层腐蚀产物；有氧环境和厌氧环境下腐蚀产物也是不同的，腐蚀产物呈深褐色或黑色的说明为厌氧腐蚀，主要为硫化物（铜蓝、久辉铜矿等），蓝色和绿色的为氧化物（蓝铜矿、孔雀石）⑧。出土或出水铜器的腐蚀产物组成和形态可以反映埋藏环境的化学和物理条件，"华光礁Ⅰ号"沉船出水铜钱腐蚀产物没有发现陆地出土铜器常见的孔雀石，这和相关研究报道说孔雀石很难在海洋环境中形成是一致的。另外，也没有发现含氯的有害锈碱性氯化铜存在，这可能是因为"华光礁Ⅰ号"船板自打捞出水后一直用去离子水进行脱盐，前后经过将近10年的浸泡，铜钱中的氯离子（Cl⁻）基本已经脱除干净了。

（二）铜钱腐蚀程度

海洋埋藏环境一般比陆地埋藏环境更复杂。海水是含盐量相当大的具有腐蚀性的强电解质溶液，"华光礁Ⅰ号"沉船出水铜钱历经七八百年浸泡，出水后状况可想而知。从表7-4中SEM照片可看出铜钱表层的腐蚀程度不一，大部分锈蚀层布满裂隙、空洞，结构疏松，已经矿化；而2#样品相结构致密均匀，可能为接近基体的部位，说明铜钱没有被完全腐蚀矿化；1#和2#铜钱因黏合物而粘连在一起，导致其质量较重，从表7-1照片和表7-4 SEM照片可知，铜钱整体厚实完整，相结构相对致密，可能因有黏合物包裹而受腐蚀程度较轻。其余铜钱质量非常轻且很薄，尤其是5#铜钱，厚度1.21毫米，质量仅为1.58克，说明受腐蚀严重。

（三）铜钱基体腐蚀流失

受腐蚀的铜钱，腐蚀产物里面元素 Cu、Sn、Pb、Fe 等应为铜钱基体流失的结果，尤其 Sn 因冶炼过程中熔点不同而大多富集于铜钱表面，更易受到外界环境的影响。由于埋藏环境影响和变化，在水分和氧气存在下，铜钱合金失去电子，与氯离子或氧等阴离子结合形成腐蚀产物，周而循环，基体金属源源不断因腐蚀而迁移到表面。X射线探伤分析显示铜钱表面文字"开元通宝"字样清晰可见，但局部因腐蚀疏松变薄，厚度不一。

（四）XRF与EDS测试元素含量结果不同

XRF测试样品为铜钱表面黑色和灰色腐蚀产物，其 Sn（7.08%，11.92%）含量比EDS测试结果低，这是因为 Sn 因铸钱过程中熔点不同或者因其氧化物不溶于水而富集铜钱表层，其含量更接近铜钱基体，XRF测试的样品为铜钱表面的腐蚀产物，EDS测试的部位为铜钱基体部位，因此XRF测试的腐蚀产物中Sn含量较低，EDS测试的基体部位Sn含量较高。金属铜与锡、铅熔点相差很大（Cu为1083℃，Pb为327℃，Sn为231℃），锡熔点最低，因此合金熔融会造成相不均匀，铜钱材料中加入Sn，一方面降低Cu熔点便于铸造，另一方面可以增加硬度；同样，加入Pb既可降低熔点使合金熔体更易流动，又可使铜钱韧性增加，不易折断。铜钱合金中铜因被氧化导致铜离子不断向表面迁移，而少量铅也会同铜离子一起迁移到表面，故腐蚀产物铜、铅含量在XRF测试结果中都较高；Fe、Si在埋藏环境中往往是以具有表面活性的氧化物凝胶的形式存在，与水合的SnO_2胶体之间有极强的亲合力，从而导致Fe、Si在铜钱表层富集，因而在EDS测试结果中其含量较高。

第三节 "开元通宝"铜钱的流传

《旧唐书·食货志》记载："（唐）高祖即位，仍用隋之五铢钱。武德四年七月，废五铢钱，行开元通宝钱，径八分，重二铢四絫，积十文重一两，一千文重六斤四两。""武德"是唐高祖李渊的年号。李渊建唐之初，天下未定，币种沿用隋朝"五铢"钱作为流通货币。五铢是计重货币，始于西汉武帝元狩五年（公元前118年）。至李渊建立唐朝，历经七百余年，期间货币重量早已不同，流通混乱且通胀贬值，不利于社会稳定。武德四年（公元前621年），李渊废除五铢，开铸"开元通宝"，结束了我国历史上计重钱币的历史，是历史上通宝钱币的首创者。

"开元通宝"不是年号钱，钱上文字由唐书法四大家之一的欧阳询所写，意为流通的宝物，"元"字的第一笔横短小，第二笔横长，"通"字左偏旁三撇隔断不连接，背面无字；当时规定"径八分……积十文重一两"，折合现在尺寸大约为直径24~25毫米，重约4.3克。此外，《新唐书·食货志》卷五十四载：盛唐玄宗时每炉每年铸钱三千三百，用铜二万一千二百斤，镴三千七百斤，锡三百斤。按现在的比例大约是铜83.32%，白镴14.56%，黑锡2.12%。不过从出土资料看，发掘出土的"开元通宝"有金、银、铜、铁、铅等多种质地品类，金、银质标本目前主要来自西安何家村唐代窖藏中，数量不多且不是流通货币，而是为皇家礼仪庆典中赏赐群臣而特铸，至于一些以铁、铅为主要成分的"开元通宝"，则与民间私铸、盗铸有关。

唐高宗和武后时期经济繁荣，官造铸币不能满足交易需求，私铸开始盛行。《旧唐书·食货志》和《古泉汇》卷九记："武德四年铸开元通宝，其后盗铸渐起，显庆五年，以恶钱多……明年复行开元钱，天下皆铸之，有以舟筏铸江中者，仪凤中濒江民多私铸钱为业。武后时……盗铸蜂起，两京钱益滥。""按此则唐行开元钱，亦多私铸，故开元钱有较小者。""（如皋唐朝木船出土的）此三枚铜钱大小不一，直径各为2.2、2.15、2.1厘米，字体亦异。"又据《新唐书·食货志》："（武宗）许诸道观察使皆得置钱坊。淮南节度使李绅请天下以州名铸钱，京师为京钱……此三钱背面虽有锈蚀痕，仍可看出无州名之铸迹，因此颇有可能是江民所铸之私钱。"唐朝历经三百年，"开元通宝"作为主要货币一直流通，但由于私铸，因而大小不一。后来的"乾封泉宝""乾元重宝""大历元宝""建中通宝"等几种货币的作用与影响根本无法与之相比。唐之后，"开元通宝"一直在民间流通，并被大量仿铸，五代十国时期南方的闽、南唐、吴越、南汉等割据政权都铸行使用过铜、铁、铅等材质"开元通宝"钱，北宋初年也曾仿铸和使用过，太平天国及洪门天地会等民间秘密组织也铸行过"开元通宝"钱，足以说明"开元通宝"的影响力[9]。

　　宋时海外贸易异常繁荣，出口茶叶、瓷器、漆器的同时，铜钱和铜器也受到海外青睐。《宋会要》提及："得中国钱，分库藏贮，以为镇国之宝。故入蕃者非铜钱不往，而蕃货亦非铜钱不售。"宋三百年间若每年出口10万贯，则为3000万贯，约折合9万吨铜。从日本到非洲等国冶铜铸钱技术落后，来自中国的铜钱倒成了"镇国之宝"，这也导致宋时铜的需求急剧增加，铜矿采量满足不了这么大市场，出现了钱荒，宋朝又严禁铜出口："钱出中国界及一贯文，罪处死"，海船"往来兴贩，夹带铜钱五百文随行，离岸五里，便依出界条法"。到南宋时，铜钱生产量锐减，一般只产十几万到几十万贯，钱荒问题更加严重，因此，铸钱用铜原料也会偷工减料，私铸更加盛行[10]。

　　"华光礁Ⅰ号"沉船出水的6枚"开元通宝"铜钱，其直径在23~26毫米之间，但重量仅在1.58~3.05克之间，与文献记载相差甚远。此外，船货大都为普通外贸货物，宋时海外贸易繁荣，类似"华光礁Ⅰ号"的民间海船应不计其数，福建当地出土很多"开元通宝"铜钱，因此当时减少铜含量或者添加其他金属铸钱都有可能。根据仪器检测，这几枚"开元通宝"的腐蚀产物中含有铜、铅、锡等金属，有些铅、锡含量还比较高，为私铸的可能性极大，也从侧面证实当时情形。"开元通宝"流传历史久，民间也有"避灾消灾"之说，铜钱中铜含量多少也没人追究。韩国"新安"元代海船放置北宋"太平通宝"铜钱用于祈福，也是求"太平"之意，唐代"开元通宝"铜钱放置于宋船，应也有此意[11]。

第四节　古代造船风俗

中国古代航海，往往风险极大，遭遇台风、触礁则是家常便饭，航海人往往九死一生，因此，造船时往往会放置一些吉祥之物用于避祸求福，也会在船体上有意标示一些特殊符号，或者埋藏一些物品。在船体如龙骨上挖孔放置铜钱、铜镜等祈福物品，是我国古代闽南一带造船文化的风俗，即"保寿孔"，此风俗一直流传至今。

最具有代表性的是 1974 年在福建泉州湾后渚港出土的南宋沉船[12]，"龙骨两端接合处均挖有'保寿孔'（即压胜孔），横剖面各分为上下两部分，上部共挖有 7 个小圆孔……前'保寿孔'的每个小圆孔各放置铁钱 1 枚，表面残存有叶纹，后'保寿孔'则放置 13 枚铜钱，有'祥符元宝'、'天圣元宝'、'明道元宝'、'皇宋通宝'、'元丰通宝'、'元祐通宝'、'政和通宝'、'宣和通宝'等北宋钱；中间均挖一长方形孔，内似放置实物，但已朽碎难辨；下部各挖有一个大圆孔，孔内均放置铜镜 1 面……'保寿孔'的排列形式，上部如北斗星，下部如满月形"，据造船厂老工人说，这是象征"七星伴月"寓意。泉州湾后渚港海船上的保寿孔体现了我国古代航海渔民的风俗习惯，但这种风俗很可能经过演变，因为在早期的唐代古船遗迹中，尚残存有铜钱置于桅杆下的情形[13]。上海浦东川扬河古船简报[14]中提出："桅下板——板呈凹字形，凹口可能起榫眼作用。板横长 1 米，纵宽 50、厚约 5 厘米。凹口向后，宽 2、进深 30 厘米。用左右各两排平行铁钉固定在船底上。在凹口上方开四个不规则的长方形小孔，孔内涩面粗糙，其中一孔内发现'开元通宝'一枚，另一孔出半枚。未见用油灰、木榫或其他物质加以封闭。……古代造船，往往在舱中置'压胜钱'，1973 年江苏如皋发现的唐船[15]和 1978 年上海南汇发现的宋船[16]，都在船首第一舱内的板缝里发现古钱，1974 年福建泉州宋代海船在龙骨横剖面的'保寿孔'内清理出钱币和铜镜。这几例从古钱的位置和封闭方式来看，都是在船舶下水之前已经放定好了，而川扬河古船的这枚钱却完全暴露于桅下板平面的长方孔内，孔表面既无木榫又无油灰等封闭……"查询资料可知，如皋唐代木船"船舱中木板缝内出土'开元通宝'铜钱三枚，显然是当时使用者遗留下来的"，该船只提及铜钱在木板缝中被发现，并未有专门挖孔固定之说，因而铜钱是否有祈福意义尚未可知。1978 年上海南汇大治河宋船发现"在距第一道隔舱板 1.86 米处的船底板上有一圆透孔，直径 0.2、厚 0.20 米，孔壁光滑。圆透孔的右下方又有一小孔，孔内发现有'太平通宝'铜钱 24 枚，银发簪一支，上用油灰封口"。这里明确说明放置铜钱是主动所为，有祈福之意，但位置不在龙骨，而在船底板位置[17]。韩国"新安"元代沉船在"船尾部分的龙骨接合处凿有九个孔眼，其中的七个孔内各塞入一枚'太平通宝'（北宋太平年间铸造的年号钱，作者注），并覆上木盖"，这是又一确凿无误的表明"新安"沉船为中国所造的实证。同样将铜钱放置在龙骨位置的还有宁波东门口码头宋船，"在解剖主龙骨和艏舱榫位时，发现主龙骨有两个长方形的小孔，俗称'保寿孔'，孔径长 3、宽 2.5、深 4 厘米，两孔间距 3 厘米。孔内各埋藏钱币六枚，共 12 枚，为'景德元宝'、'天圣元宝'、'皇宋通宝'等北宋早期的铜钱"[18]。

从上可知，铜钱放置位置有所不同，浦东川扬河古船和南汇大治河古船，一个在桅下板开孔，一个在船底板开孔，这与宁波东门口码头北宋船、泉州后渚港南宋海船和韩国"新安"沉船在龙骨开孔有很大区别。到了近代，放置物品也不一样了。宁波"小白礁"清代海船："艉龙骨，残长 585.5、宽 43.4、厚 25.5 厘米。前半段为与主龙骨尾端搭接的部位，长 250.0、宽 43.4、厚 8.9~16.3 厘米；搭接处尾端有一凸榫，长 16.5、宽 14、高 9 厘米；凸榫前方有一方形槽，内置两片圆形铅片……可能与造船习俗有关。"[19] 铜钱已经换为铅片，说明每个地方的风俗习惯也不尽相同。

"华光礁 I 号"沉船出水的 6 枚"开元通宝"铜钱发现时被埋藏在龙骨榫卯结合处，堆放在一起并没有规律，可能是沉没海底后被海浪浸泡冲刷导致原来位置改变，其放置位置应与宁波东门口码头宋船相似，即在龙骨结合处。

第五节　小结

经过 X 射线衍射（XRD）、X 射线荧光（XRF）、扫描电镜能谱仪（SEM-EDS）、X 射线探伤仪等仪器对"华光礁 I 号"沉船出水 6 枚铜钱表面腐蚀产物进行分析，发现腐蚀产物的主要组成元素是 Cu、Sn、Pb、Fe。X 射线探伤分析显示铜钱表面文字"开元通宝"字样清晰可见，但局部因腐蚀疏松变薄，厚度不一，应为铜钱基体流失的结果。铜钱表面不同颜色锈蚀产物含有多种成分，黑色锈蚀物主要由铜蓝、久辉铜矿组成，部分含方铅矿、白铅矿和铅矾；1# 和 2# 背面白色物质主要含文石、方解石，有少量黄铁矿；白色锈层为锡石；黄褐色锈层应含针铁矿、磁铁矿、赤铁矿、菱铁矿；灰色锈蚀物则为久辉铜矿、白铅矿、辉铜矿、羟锡铜石和石英。除 1# 和 2# 铜钱外，其余铜钱腐蚀比较严重，部分已经矿化。同一器物不同部位的锈蚀产物的颜色、厚度、致密程度都不一样，以上腐蚀产物中，并未发现诱发"青铜病"的有害锈氯铜矿。

XRF与EDS测试元素含量结果因观察部位不同而各异。下一步将对"华光礁Ⅰ号"沉船出水6枚铜钱进行保护修复以妥善保存。

"华光礁Ⅰ号"沉船龙骨"保寿孔"发现的6枚"开元通宝"铜钱，因放置位置位于木板孔内被海泥和凝结物覆盖，虽表面有腐蚀但庆幸并未出现"青铜病"，历经七八百年海浪冲刷与侵蚀，还是得以保存。根据分析，这6枚铜钱为私铸的可能性极大。古代航海为祈求平安，在造船过程中会特意安放某些有特殊含义的物品如铜钱用于祈福，但时代、地域不同，用于祈福的物品也会不同；"开元通宝"铜钱历经几百年仍旧被人们推崇流通，被视为平安避祸的吉祥之物而放置于船上，用于保佑海船平安归来，铜钱本身的材质反倒不是重点，该风俗虽经历代传承，放置位置和物品也悄然改变，但人们祈求平安的意愿亘古未变。

注释

① 崔光南、郑仁甲、金宪镛：《东方最大的古代贸易船舶的发掘——新安海底沉船》，《海交史研究》1989年第1期，第83~88页。

② MacLeod I D, Formation of marine concretion on copper and its alloys, *The International Journal of Nautical Archaeology and Underwater Exploration*, 1982, 11 (4): 267–275.

③ Gettens, R. J., *The Corrosion Products of Metal Antiquities*, Washington DC. Smithsonian Institution, 1964: 555–556.

④ Oddy, W. A., and M. J. Hughes, The Stabilization of Active Bronze and Iron Antiquities by the Use of Sodium Sesquicarbonate, *Studies in Conservation*, 1970: 188. Gettens, R. J., *The Corrosion Products of Metal Antiquities*, Washington DC. Smithsonian Institution, 1964: 555–556. North, N. A., and I. D. MacLeod, Corrosion of Metals. *Conservation of Marine Archaeological Objects*, Butterworths, 1987: 68–98. Donny L Hamilton, *Methods of Conserving Archaeological Material from Underwater Sites*, Texas A&M University Press, 1999: 74.

⑤ 赵匡华、华觉明、张宏礼：《北宋铜钱化学成分剖析及夹锡钱初探》，《自然科学史研究》1986年第3期。

⑥ 杨恒、田兴玲、李乃胜等：《广东"南澳Ⅰ号"明代沉船出水铜器腐蚀产物分析》，《中国文物科学研究》2012年3期，第87~91页。

⑦ Bradleya, Rodgers, *The Archaeologists Manual for Conservation*, Newyork: kluwer academic/plenum publishers,

2004: 67–104.

⑧ 高英：《古代青铜器的腐蚀性破坏》，《中国历史博物馆馆刊》1979 年第 1 期，第 121~134 页。张晓梅、原思训、刘煜等：《周原遗址及强国墓地出土青铜器锈蚀研究》，《文物保护与考古科学》1999 年第 2 期，第 7~18 页。

⑨ 刘园园：《唐代墓葬出土钱币研究》，安徽大学硕士学位论文，2019 年，第 48~56 页。罗丰：《宁夏固原唐墓出土的唐初开元通宝钱》，《中国钱币论文集》（第三辑），中国金额出版社，1998 年，第 9 页。徐殿魁：《试论唐开元通宝的分期》，《考古》1991 年第 6 期，第 555~561 页。陕西省博物馆、陕西省文管会：《西安南郊何家村发现唐代窖藏文物》，《文物》1972 年第 1 期，第 30~42 页。钟兴龙：《唐宋铸币问题研究》，东北师范大学博士学位论文，2010 年，第 43~52 页。杨晓丹、耿铭泽：《中国古代钱币之大唐开元通宝》，《长春金融高等专科学校学报》2017 年第 4 期，第 16~21 页。

⑩ 张健：《北宋货币对社会经济的影响》，兰州大学硕士学位论文，2011 年，第 102~124 页。杨富学、李志鹏：《北宋钱荒之西夏因素考析》，《古代钱币与丝绸高峰论坛暨第四届吐鲁番学国际学术研讨会论文集》，上海古籍出版社，2012 年，第 87~96 页。

⑪《沉船考古定格在汪洋中的历史》，《文汇报》2013 年 5 月 3 日。

⑫《泉州湾宋代海船发掘报告》编写组：《泉州湾宋代海船发掘简报》，《文物》1975 年第 10 期，第 1~18、99~101 页。

⑬ 陈晓珊：《从保寿孔与桅下硬币看古代欧亚间造船文化的传播》，《海交史研究》2018 年第 2 期，第 70~85 页。

⑭ 王正书：《川扬河古船发掘简报》，《文物》1983 年第 7 期，第 50~53、95 页。

⑮ 南京博物院：《如皋发现的唐代木船》，《文物》1974 年第 5 期，第 84~90 页。

⑯ 季曙行：《上海南汇县大治河古船发掘简报》，《上海博物馆集刊》总第四期，上海古籍出版社，1987 年，第 175~178 页。

⑰ 林士民：《宁波造船史》，浙江大学出版社，2012 年，第 98、110 页。

⑱ 宁波市文物管理委员会：《宁波东门口码头遗址发掘报告》，文物出版社，1981 年。

⑲ 林国聪、金涛、王光远：《浙江象山县"小白礁Ⅰ号"清代沉船 2014 年发掘简报》，《考古》2018 年第 11 期，第 2、50~53、70~71 页。

第八章 "华光礁I号"沉船文化的保护与开发

2013年9月和10月，习近平主席在出访中亚和东南亚国家期间，先后提出共建"丝绸之路经济带"和"21世纪海上丝绸之路"的重大倡议，即"一带一路"的伟大构想。旨在借用古代丝绸之路的历史符号，高举和平发展的旗帜，积极发展与沿线国家的经济合作伙伴关系，共同打造政治互信、经济融合、文化包容的利益共同体、命运共同体和责任共同体，为沿线各国的经济发展指明了互惠互利的道路。南海是古代"海上丝绸之路"贸易往来的必经之地，古代中国与海外沿线国家进行经济交易往来时，有不计其数的船舶路经此地遭遇海难而沉没于此，成就了南海数不胜数的水下文化遗产。这些淹没于水下的船只残骸以及船货等都是我国宝贵的历史文化遗产，为我国古代海外贸易史提供了实证。"华光礁I号"沉船遗址的水下考古发掘，是我国首次大规模、有组织的远海水下考古，出水船货文物种类繁多，数目庞大，引起了国内外的极大关注。

"文物承载灿烂文明，传承历史文化，维系民族精神，是老祖宗留给我们的宝贵遗产。"历史文化遗产不仅生动地述说着过去，也深刻地影响着当下和未来。党的十八大以来，以习近平同志为核心的党中央高度重视历史文化遗产的保护和传承工作。习总书记强调："我们要加强考古工作和历史研究，让收藏在博物馆里的文物、陈列在广阔大地上的遗产、书写在古籍里的文字都活起来，丰富全社会历史文化滋养。""丰富全社会历史文化滋养，要利用好博物馆这个宝库，加强文物价值的挖掘阐释和传播利用，让文物活起来。"

"华光礁I号"古沉船遗址①位于西沙群岛华光礁礁盘内。2008年底，在中国国家博物馆水下考古研究中心和海南省文化广电出版体育厅的组织下，来自全国9个省市的水下考古专业人员合力将"华光礁I号"沉船残体拆解为511块构件，并逐一发掘出水。这些船板构件大部分长 5~6 米，最长的超过 14 米，平均宽度在 30 厘米以上，最宽的超过 40 厘米，总体积约 21 立方米。经简单包覆处理后，分批运至海南省博物馆，然后进行科学保护。

"华光礁Ⅰ号"船体经数百年海浪冲刷，上层结构已所剩无几，可辨认的构件主要为底层的龙骨、龙骨翼板、舱壁板（痕迹）和船板等。船体破坏严重，受腐蚀严重，大部分船板表面因有硫铁化合物存在而呈黄褐色，部分较严重的船板已呈黑褐色，还可见许多裂纹和一些海底生物附着的痕迹。结垢物底下的船板，由于遭受重压并被金属物质侵蚀，呈粉碎状态无法提取。

"华光礁Ⅰ号"沉船出水陶瓷器文物[②]逾万件，相当部分被海洋贝类、藻泥、硫铁化合物等混合组成的海相结垢物附着，甚至包裹。据统计，7000 余件基本完整的陶瓷器亟须去除表面结垢物和脱盐处理，2000 余件残破的陶瓷器需要进行去除表面结垢物、脱盐、粘接补全等保护修复工作。在确保文物保存状态稳定的前提下，清理这些出水陶瓷器，还原其本来面貌，这是文物保护修复工作中的难题，全无经验可借鉴。海洋出水文物中含有大量海洋可溶性盐类，在环境因素（如温湿度）改变时，盐类会反复发生溶解—重结晶—溶解的现象，伴随着盐粒体积的膨胀变化，势必会造成陶瓷器的釉面剥落、表面析出返盐、胎釉疏松等病害，因此海洋出水文物的脱盐至关重要。有效地脱除海洋出水文物本体的有害盐是文物保护工作的第一步。"华光礁Ⅰ号"沉船打捞出水铁器主要是铁器单体和小块结垢物，经统计，铁器文物共 100 余件，且锈蚀严重，多数器物残断腐蚀，表面覆盖白色钙质层或红褐色铁锈层，且大片剥落。有部分铁条凝结在一起无法分开，有些状似"U"形的铁条被捆扎成直径 0.12~0.15 米、呈炮弹头状黏结在一起。通过调查，需要进行的保护修复工作包括粘连铁器的分离和铁器的清洗、脱盐、除锈、加固等。

第一节　宋代海外贸易与"海上丝绸之路"

建造于南宋时期的"华光礁Ⅰ号"沉船为一艘海外贸易商船，它为研究中国古代南宋时期的造船航海技术和瓷器、铁器等手工业制造提供了重要的实物，进一步填补了"海上丝绸之路"中国段空白，是展示古代中国对外贸易繁荣景象的实证，有重要的历史研究价值[③]。

宋代，全国的经济重心已大体上从北方黄河流域地区转移到长江以南的广大地区，生产瓷器、丝绸等对外贸易商品的传统基地也开始从西北转移到东南沿海地区。由于东南地区毗邻南海海域，众多港口明显具有出海航运的区域地理优势，这对通过海路输出数量巨大、沉重易碎的陶瓷器更为便利，也使宋代陶瓷器外销的势头得到了进一步发展。宋朝中央封建政权为了进一步发展社会经济，开拓财源和扩大税收，便沿用东南和岭南沿海地带所具有的地理区位优势，承袭以往的海上交通运输的传统，加大了对外贸易往来，以征收船舶税利，扩大国家的财政收入。此时，"海上丝绸之路"已发展到相当繁荣的历史阶段，进入中国古代历史上手工业生产迅速发展的一个新时期。陶瓷器的大量出口推动了当时经济的发展，也促使宋代官、哥、汝、钧、定五大名窑崛起，极大地促进了全国瓷业生产的兴隆繁盛。随着宋朝财政收入的不断增加，政府更是大力鼓励海上出口贸易，再加上此时指南针和罗盘等航海工具的广泛使用，有力地推动了宋代造船业和航海业的发展。正是为了适应陶瓷器对外输出贸易的需要，少受战乱波及的东南沿海地区各地瓷业生产得到了空前的发展，涌现出数以百计的民间窑场。分布在福建的有泉州、南安、同安、安溪、德化等民窑，分布在广东的有广州、潮州、南海、惠州等窑址，分布在广西的有藤县、北流、桂林柳城等窑场。此外，还有浙江龙泉窑和江西景德镇窑等较著名的民窑。其中，福建闽南地区的民窑产业异军突起，更是宋代陶瓷贸易兴旺发达的一个突出表现。随着瓷器贸易规模日趋扩大和繁荣，普通日用陶瓷就成为当时贸易输出的主要商品，使得民间窑场的产品在陶瓷贸易中占据了很重要的地位。因为销售海外的对象一般是以日常生活用品为主的普通民用市场，所需要的产量规模十分庞大，只有众多民窑可以提供足够数量的瓷器产品，以此适应和满足海上"陶瓷之路"上不断增加的陶瓷商品需求，来保证海上丝绸之路贸易往来的正常进行和发展。

"华光礁Ⅰ号"沉船及出水文物经学者推断为南宋中期，从中国沿海港口出发，途经南海，目的地应为东南亚地区④。普通百姓在汉唐时期是被严禁出境出海的，明清时期对海外华人视同叛国弃子。然而宋时海外贸易的空前繁荣给官民带来巨大利益，促使国人的海洋观念发生了巨大变化，宋代官方对出海经商者的观念也大为不同，不仅允许而且官方出面鼓励，宋代在中国历代封建王朝中是海外贸易最开放的朝代。"华光礁Ⅰ号"沉船共打捞出水陶瓷器1万多件，它们是作为贸易瓷进行销售的，这些来自福建的瓷器制作工艺较高，为研究宋时中国陶瓷史、海外贸易史以及海上丝绸之路与东西方经济、文化交流提供了重要的考古实物依据和参考资料；和陶瓷器一起打捞出水的百余件铁器也是研究南宋时期铁器制作工艺的珍贵实物；这批出水文物见证了南宋时期我国同周边国家的文化交流和经济往来，促进世界文明发展的历史，是十分珍贵的历史信息和难得的实物资料。

　　无独有偶，20世纪80年代，在距泉州港南约900千米的一个地方，即广东省阳江市海陵岛附近南海海域发现了一艘木质沉船，打捞出200多件瓷器文物。经国内考古专家初步鉴定，瓷器是中国南方江西、浙江、福建等地宋代民窑生产的，认为这应是一艘经营海外商贸的宋代船舶，当与海上丝绸之路海外贸易有关。因此，这艘古代沉船就被正式命名为"南海Ⅰ号"。打捞出水的陶瓷器大部分是中国宋代南方民窑的产品，器类主要有罐、壶、碗、瓶、盘、军持、杯、盒、碟等，其中也有一些具有异域风格的瓷器如执壶，或许说明当时的民窑可以根据外国商人的需求，进行"来样加工"烧制所需要的外销产品，专门生产适合西亚地区阿拉伯人日常生活所用的瓷器产品。据有关文物考古专家认为，"南海Ⅰ号"沉船的出发地也当是福建泉州港，这艘满载着中国南方地区民窑陶瓷器的南宋商船，其目的地当是西亚地区，可能在离开泉州始发港后不久，航行在南海航线上途经阳江海域时，不幸沉没在约20米深的海底。"南海Ⅰ号"由于在近海沉没，所以船体保存得很好，到目前为止考古发掘出水大约20万件船货。"华光礁Ⅰ号"沉船和"南海Ⅰ号"沉船都是南宋时期的沉船遗址，它们可能都从同一个始发地——泉州港出发，沿海上丝绸之路南海航道往西行，去海外进行商品贸易，后不幸沉没在西沙群岛华光礁礁盘上和广东阳江附近海域。沉船位置正好处在南海航道南北一线的地理位置上，这不应只是一个偶然的自然原因，而应有一定的历史原因。"华光礁Ⅰ号"沉船装载的主要是泉州地区南宋时期民窑生产的粗瓷货品，仅有少量江西景德镇窑的精瓷制品，它西行的目的地应当是适应普通百姓市场需要的东南亚、南亚地区。而"南海Ⅰ号"沉船装载运输的几十万件陶瓷器商品中，大多数为南宋时期江西景德镇窑和浙江龙泉窑生产的精瓷，仅少量是福建德化窑的粗瓷产品。"南海Ⅰ号"商船往西驶向的地方当是西亚阿拉伯地区，因这批瓷器精制品正是该地区宫廷王公贵族和伊斯兰教上层人士十分喜好的珍品。两艘商船西行的目的地可能有所不同，但它们装载的都是中国南方众多民窑所生产的外销瓷，穿越在海上丝绸之路南海航道上，去海外进行陶瓷贸易，这从一个历史侧面充分地反映了南宋时期海上陶瓷贸易的兴旺景象⑤。

第二节　"华光礁Ⅰ号"沉船文物的保护

　　"华光礁Ⅰ号"南宋沉船及出水文物的保护按照文物保护三原则进行。在充分做好前期研究和试验的基础上，针对海洋出水文物不同的损坏原因采取不同的保护处理方法，达到保护的目的。海洋出水的瓷器、铁器等文物，在经海水、硅质化合物、海洋生物等的长期作用，表面包裹了一层致密的结垢物，这些结垢物在外界温湿度改变的情况下，必然会对其中包裹的陶瓷、金属等文物本体产生物理性挤压破坏；同时，出水瓷器由于长时间浸泡在高盐环境中，釉面间隙存在较高的有害盐分，在外界环境改变时，发生溶解结晶现象，必然会造成釉面剥落及文物疏解等病害。如何在确保文物安全的前提下，将这些文物从结垢物中完整提取出来，同时开展有效的脱盐及保护修复工作，已成为保护修复工程中的重要课题。

针对出水瓷器，主要任务为清除表面的结垢物和可溶性盐，完成 2000 多件残破陶瓷器的修复工作。针对 511 块出水木船构件，完成木材基体可溶盐脱除工作，有效降低硫铁化合物的含量，以利于开展下一步脱水、干燥、定型保护修复工作。针对百余件铁器，则根据具体情况对其进行分离、清洗除锈、脱盐干燥、加固、缓蚀封护等修复工作。在完成上述出水文物保护修复工作的同时，科学登录相关信息，同时实现文物保存环境温湿度安全可控，以利于长期保存。

一、出水瓷器的保护

海洋是由各种化合物、生物、温度等元素组成的复杂结合体，故而出水陶瓷器所处的环境要比出土陶瓷器更加复杂。了解海洋是了解出水文物特征的根本，海水中含有大量可使材料物体迅速腐败降解的因子，如盐度、生物、温度、沉积物等，它们或多或少的影响着出水文物的保存状况。

为科学有效地评估经处理后的"华光礁 I 号"出水瓷器的保护修复效果，从中选取一定数量、不同窑口的瓷器，采用离子色谱、电导率仪、色差计、三维视频显微镜等设备进行分批次检测。结果发现，第一批瓷器在经去离子水浸泡脱盐后，浸泡液离子浓度总和平稳接近，且与现代瓷器浸泡液离子浓度一致。此外，瓷器海相沉积的 K^+、Mg^{2+}、Ca^{2+}、Cl^-、SO_4^{2-} 五种离子的单位基体日脱除总量均低于 $60\mu g/g$，月溶出量基本稳定在 $100\mu g/g$，这与现代瓷器的日、月溶出率接近，表明经过脱盐后的瓷器，浸泡液的离子浓度已极低且浓度稳定，接近于现代瓷器的空白溶解浓度，已达脱盐终点。第二批瓷器脱盐溶液电导率的月监测结果基本稳定在 $5\mu s/cm$，基本已达终点。第三批脱盐处理瓷器样本通过与现代瓷器的比较评估发现，现代瓷器 1 天浸泡液与 30 天浸泡液的各离子浓度都不高于 7ppm，离子浓度总和均值分别为 2.69ppm 和 2.59ppm。表明经过脱盐后的瓷器，浸泡液的离子浓度已极低且浓度稳定，接近于现代瓷器的空白溶解浓度，脱盐处理已基本完成。另外，脱盐前后瓷器在色差及形貌上并无较大差异，表明脱盐对瓷釉并无较大的损害。修复效果评估前后对比表明修复部位无明显裂缝，修补部位在色差及形貌上并无明显差异。此外，所有瓷器均已置于理想的温湿度环境中保存，达到了方案设计的预期目标。

二、沉船构件的保护

对"华光礁Ⅰ号"沉船木构件进行了取样，并进行了分析检测和脱硫保护性实验。检测结果发现，经过3年的可溶盐脱除处理后，"华光礁Ⅰ号"船板木材中大量的可溶性球状颗粒消失，但还有大量的难溶硫铁化合物存在。对船体脱硫处理阶段，采用10mmol/L EDTA 二钠盐溶液对难溶性硫铁化合物进行脱除，并开始每周对脱盐溶液进行取样分析检测，结合现场跟踪监测数据，对难溶性硫铁化合物脱除效果进行定期评估。跟踪评估结果表明，在近半年的3个周期浸泡过程中，脱盐池内脱除的硫和铁总量合计分别约为25.86千克和25.98千克，硫的脱除率约为26.7%，铁的脱除率约为25.2%，但木材中仍有大量铁和硫成分存在。与此同时，实验室内开展了 DETPA 络合剂配方，以及 EDTA 二钠盐和过氧化氢复配的配方研究，以期探索最快捷有效的手段脱除木材中的难溶盐。鉴于 EDTA 二钠盐可能对木材有一定降解作用，以及海口高湿热环境下霉菌等微生物易滋生的问题，考虑通过改进脱除材料等方式提高难溶盐的脱除效率。从脱盐池水溶液内 Fe 含量变化可以看出，在每个脱盐周期内，随着时间的延长，木材中的铁元素源源不断地脱除到溶液中去，木船构件中的大部分难溶盐已被脱除，难溶盐脱除工作已基本结束。三维显微形貌观察和色差分析表明，木材表面颜色变化显著，基本显露出木材本体颜色。通过木材基体内铁和硫含量的分析检测发现，典型木材样块经脱硫24个月后铁含量显著降低，脱除率达98.9%，说明木材中的 Fe 基本脱除；硫含量显著降低，脱除率达55.55%，残余的应为有机物中的硫，说明木材中的硫铁化合物基本脱除。另外，在难溶盐脱除过程中，木船构件中的可溶盐也基本脱除。

三、出水铁器的保护

利用 X 射线衍射仪、X 射线荧光光谱、扫描电镜及能谱仪对铁器表面锈蚀物及结垢物进行分析检测，结果表明，"华光礁Ⅰ号"沉船出水铁器锈蚀物成分包括钙、铁、硅、铝、硫、钾、氯等元素，其中氯的相对含量较高，出水铁器表面钙质硬结物主要为文石和方解石，部分样品中含锰白云石，铁的锈蚀物主要为磁铁矿、针铁矿、四方纤铁矿、纤铁矿和赤铁矿，铁器表面和器物之间锈蚀中包含的元素及矿物类型基本相同。

从海底打捞出的铁质文物以及出土的馆藏铁质文物，不仅外表面残留大量的氯化物，而且其内部也渗入大量的氯离子。氯离子穿透能力和电负性都很强，能破坏或取代金属的氧化物而形成可溶盐，使文物表面无法形成致密的保护膜从而被腐蚀，并且腐蚀产物在一定湿度的酸性或碱性环境中，腐蚀反应会周而复始地进行下去，所以出土或从海底打捞出的铁器必须及时脱氯。人们常以清洗出来氯离子的含量衡量清洗效果，以清洗液中氯离子的量恒定在50ppm以下为标准，认为氯离子已经基本去除。脱盐清洗方法有溶液浸泡法、Soxhelt清洗法、煮沸法、蒸气浴法、NaOH清洗法、倍半碳酸钠法和苯甲酸钠法等[⑥]。考虑到实际使用的可操作性，对这批铁器选用溶液浸泡法，采用NaOH水溶液脱盐，最初换药换水频率较高，后期频率逐渐降低。每次换药前采集水样，用氯离子测定仪对水样中的氯离子含量进行分析检测。从氯离子含量测试结果可以看出，经过浸泡脱盐后，脱盐溶液中的氯离子浓度稳定在50ppm以下，基本比较稳定。脱盐之后，对108件铁器还进行了加固和缓蚀封护，保护工作完成后将铁器置于密封袋内，隔绝空气，在适宜的环境中保存[⑦]。

第三节 "华光礁Ⅰ号"沉船的考古分析

一、沉船年代推断

"华光礁Ⅰ号"沉船出水文物多达万余件，主要以瓷器为主，还有少量铁器、铜镜残片、铜钱以及511件古船本体构件。仔细研究"华光礁Ⅰ号"沉船遗址出水的陶瓷器，发现大部分产品较粗糙，种类繁多而器形粗犷，釉色混杂；有少部分青白瓷为宋代江西景德镇湖田窑的精品，其胎质细腻圆润，胎体较薄，釉色光洁明亮。大部分应是出自宋代福建沿海各地民窑的产品。在水下考古发掘时，发现这些瓷器都是成批的堆积在船舱内，大都是包装成摞，有的还保存原来的堆放状态。据此推测，它们应是当时进行海外贸易的外销商品，为商船沉没后遗留在船上的船货。从出水瓷器的釉色、器形、花纹图案和制作工艺特点等方面来综合考察分析，并与南宋时期福建和江西等地民窑出土的同类瓷器相比较，可以初步推断"华光礁Ⅰ号"沉船遗址出水瓷器的年代应在南宋时期。

二、多层板结构

经考古人员现场勘测，"华光礁Ⅰ号"沉船主船体多达5层船板，舷侧外板在舷侧纵桁的部位竟达到6层板，这是我国第一次发现的有6层船板的古船，在国内外木板船中属首次发现[8]。多重壳板是中国古代海船建造中经常采用的建造技术，已出土的泉州宋船和"南海Ⅰ号"宋船都采用了这一技术。究其原因，一是便于取材，采用窄薄的板材拼构成船板，对原材料的要求大大降低，减少了材料成本，提高了经济性。尤其对于批量造船，经济效益更突出。二是成型工艺性有所提高，尤其是船舶的舭部，便于弯折。如果采用单层板，不仅难于成型，而且因木材弯曲时残余应力的存留，将直接影响船体的强度。而薄板便于弯曲成型，且残余应力小，对于曲面变化相对复杂的船型，工艺效果更加明显。同时，提高了船体的水密程度，有利于抗沉性。当然，对板材的拼接、每层船板的贴合以及施工的时间上，会带来一些不利影响。另一方面，多重板之间不能留有缝隙，否则将加快板材的腐蚀，这就要求施工工艺精细、合理。

三、水密隔舱

中国古代人民发明的水密隔舱技术是世界航海历史上最重要的技术之一，至今还对借鉴其技术的现代船舶发挥着至关重要的作用。水密隔舱技术对现代大型船舶的建造者并不陌生，其结构的主体部分采用水密隔舱是保障航行安全的重要措施。水密隔舱技术的起源目前尚未有定论，考古发现表明，在中国江河木帆船出现时就出现了水密隔舱结构的船体。中国古代文献记载，早在东晋时期水密隔舱已经应用于海船。水密隔舱技术原理是用隔舱板将船舱分成若干独立的舱室，航行时一两个舱若发生意外破损进水时，并不会波及其他舱室，使船体仍旧能保持浮力而不会沉没，因而极大地提高了船舶航海的安全性。隔舱板与船壳板紧密榫接，不但使船体结构更加坚固，而且分隔开的隔舱更便于货物存放管理，从而增加了运输量。"华光礁Ⅰ号"沉船就是水密隔舱技术应用的典型代表。

四、"福船"船型

研究表明，"华光礁Ⅰ号"沉船为福船的可能性很大[9]。福船主要建造和航行于浙江、福建沿海并向远洋航行。文献记载该船型"上平如衡，下侧如刀，善走深海远洋，破浪而行"，即船身高大、船底尖瘦、尖艏方艉、艏艉起翘；尖艏尖底利于破浪前行；底尖吃水深，稳定性较好，适航性强，便于在狭窄的航道和多礁石的航道中航行，尤其适应于广阔海域的远洋航行。《忠穆集》记载："南方木性，与水相宜，故海舟以福建为上，广东、西船次之，温、明船又次之。"在"华光礁 I 号"沉船的主龙骨与尾龙骨、主龙骨与艏柱的榫合处发现挖有"保寿孔"，"保寿孔"打有 7 个小圆孔，其中放置了 7 枚铜钱，下部还挖有一个大圆孔用来放置铜镜，这种装饰是福建泉州地区制造远洋帆船的独有传统，有个吉利的名字叫"七星伴月"，这种装饰至今还被保留着并在民间流传，为的是祈求船只平安渡过被泉州人称作"七星洋"的西沙群岛海域。此可作为判定该船为福船的依据之一。"华光礁 I 号"沉船发掘时，考古人员发现船板之间有白色黏合物，经检测证实含有麻丝、桐油灰，这是福建制造福船独有的材料，因此可进一步论证该沉船是福船。

五、航行路线

经分析考证，"华光礁 I 号"沉船出水的陶瓷器大部分是南宋时期福建和江西的民间窑场所产。南宋时期海外贸易空前繁荣，沿海港口中泉州港最大，与宋有贸易往来的国家超过七十余个，东到日本，南至东南亚诸国，西达阿拉伯乃至东非等地，泉州港被誉称为"世界最大贸易港"之一而驰名中外。南宋时期从泉州港出洋的"海商之舰，大小不等，大者五千料，可载五六百人，中等二千料至一千料，亦可载二三百人"。"华光礁 I 号"沉船所载船货瓷器大部分极其普通、粗糙，只有少部分为精品，该船的目的地极有可能是经济落后的东南亚地区。中世纪时期东南亚诸国开化时间较晚，不仅缺乏纺织品，手工业产品更为稀缺，他们以"葵叶"作为盛饭器皿，勺子也没有，就下手吃饭，用完之后树叶也就丢弃了，下次再用新的；而中国当时质美价廉的陶瓷器、铁器等日常生活用品使他们的生活条件有所改变。有些器形如军持、执壶等为典型的外国风格瓷器，在东南亚等国的考古中也大量发现，因此可以确定该船是在前往东南亚等地途中沉没的。

第四节　国内外沉船的保护开发现状

半个世纪以来，世界各地发掘出水了很多古船，其中瑞典 17 世纪的"瓦萨"号战舰最为著名。瓦萨博物馆是瑞典特意为展示"瓦萨"号沉船所建造的，经过几十年的宣传，它已经成为瑞典的名片，也是世界上最著名的旅游景点之一。每年有来自世界各地 80 万左右人次的游客慕名而来，几十年来其 2000 多万的门票以及各种文创产品的销售收入为"瓦萨"号的维护和保养提供了强有力的支撑，大大减轻了瑞典政府的财政负担。充足的经费保证了"瓦萨"号可以高质量地进行维护，而保存完整的"瓦萨"号又吸引了更多的游客，由此形成了一个良性循环，使"瓦萨"号成为瑞典的文化标志，带来了不可估量的文化影响力。另外一艘著名沉船，1545 年英国朴次茅斯的"玛丽·玫瑰"号沉船，在打捞之初就成立"玛丽·玫瑰"号基金会，打捞出水后采取一边保护一边对外展示的模式，依靠社会捐赠、门票出售、文创产品来维护船体的保护修复资金，每年来自世界各地的游客络绎不绝，也使船体保护基金长久不衰。这些都是沉船文化开发与保护相结合成功的典型例子。

近年来，随着我国水下考古事业的发展，出水文物和沉船层出不穷。至今，先后进行过考古发掘的重要水下考古项目有：辽宁绥中三道岗元代沉船、福建平潭"碗礁一号"清代沉船和广东汕头"南澳Ⅰ号"明代沉船、阳江"南海Ⅰ号"南宋沉船等，均在学术界和社会上产生很大的反响。在沉船文化的保护开发上，由于国内出水文物保护历史短，经验不足，成功的案例不是很多。"南海Ⅰ号"沉船在发掘过程采用世界首创的整体打捞方式，将这艘 800 多年前的沉船打捞出水后放置在"水晶宫"中。2013 年开始，在"水晶宫"中对船体进行了开放式的考古发掘，观众可以参观实时的现场发掘过程，这也是一个保护开发的创新方式，但因船货数量巨大（截至 2019 年共发掘出文物超过 17 万件），船体复杂，整个发掘过程尚未完全完成。"南澳Ⅰ号"在沉没的过程中发生过船体断裂、倾斜，船体打捞有难度还未进行，目前展出的只是船货等文物。福建平潭"碗礁一号"沉船遗址出水的 17000 余件瓷器，大多出于清代康熙年间景德镇民窑，大部分为青花瓷器，陈列在展厅向观众开放；沉船本体因各种原因也未进行打捞。1973 年 7 月，在福建泉州湾后渚港发现的宋代沉船，因在港口埋藏，保存状态尚好，未进行脱盐脱硫填充等保护过程，在室内阴干后展出，没有进行相关文化产品的开发。

总体来说，国外相关沉船文物文创产品的开发比较成熟，往往依靠门票和文创产品所得费用来维护文物的日常保护和维修，而国内沉船文物等文化创意产品还有很多空间可以施展和开发。

第五节　"华光礁Ⅰ号"沉船文化的保护开发探究

我国海洋水下考古正处于发展阶段，出水文物保护的相关研究工作相当缺乏，将来会有越来越多的海洋出水文物需要保护处理。文物只有被利用起来，才能真正发挥它的重要作用。加速开展"华光礁Ⅰ号"沉船的复原、造船和航海科学技术、陈列展览、保护技术等研究，将会大力提升海南文博界在国内外的影响力和科研水平，为建设新南海"海上丝绸之路"发挥借鉴作用。该研究成果可迅速推广转化成创新生产力，在海南国际旅游岛建设中推广应用。以"华光礁Ⅰ号"南宋沉船及出水文物保护作为基础，旅游开发相辅，达到相辅相成的局面。合理开发利用文物资源，不仅可以加强文物保护，同时又可以推动海南旅游产业的发展，深入挖掘、研究和弘扬"华光礁Ⅰ号"南宋沉船的历史文化内涵，对于实施"一带一路"倡议，保护水下文化遗产，弘扬民族历史文化，推动国际旅游岛建设，具有优先性、特殊性的重要意义。

一、博物馆现状

在各级党委和政府的关怀下，随着经济社会的发展，依靠全体博物馆人的不懈奋斗，我国的博物馆事业正处在快速发展的时期。2019年底，全国备案的博物馆达到5535家，比前一年度增长181家。"十三五"以来，我国平均每2天新增一家博物馆，达到25万人拥有一座博物馆。非国有博物馆达到1710家，增长趋势不断加快。2008年起，我国公共博物馆、纪念馆和全国爱国主义教育示范基地全部免费开放。2019年全国博物馆共举办展览2.86万个，接待观众12.27亿人次，其中非国有博物馆接待1.19亿人次。免费开放博物馆达到4929家，全年接待观众10.22亿人次，各类弱势群体和低收入者都能平等的享受到博物馆丰富多样的文化产品，每个社会个体都能走入博物馆的文化殿堂，汲取知识与养分。

免费开放博物馆虽然占了全国博物馆的绝大多数，其文创收益却仅占全国博物馆文创收益的极小部分，其文创发展严重滞后。究其原因，一是从事文物保护、文化创意产品开发的技术专业人员相对少，专业技术人才、复合型人才匮乏，出现断层现象；二是用于文创产品开发经费不足，难以开展文物开发、保护和利用的各项工作；三是不重视文物保护与开发，文物的保护与开发是一个长期过程，短期内少有成果，因此，有些领导认为文物保护不会出政绩，将关注点放在其他容易出彩的地方，捧着"金饭碗"却没有饭吃，没有形成对文物的开发利用意识，没有将文物开发利用与保护作为一种文物产业来发展。

二、沉船文化的开发及对策建议

博物馆以陈列展览和社会教育为核心的公共文化服务功能正发挥着日益重要的作

用，博物馆展览展示和教育活动更加丰富多彩，区域、国际交流更加广泛深入，越来越多的人走进博物馆，感受文化与艺术的气息，获取科学与自然的知识，领受社会与人文的教益。

目前，海南省正在进行全域旅游和国际自贸港的建设。海南省最著名的水下文化遗产当属"华光礁 I 号"，我们当以此为契机，借鉴"瓦萨"号成功的经验，对"华光礁 I 号"沉船文物保护与文化旅游共赢进行开发规划。目前，"华光礁 I 号"南宋沉船及出水文物的保护仅靠国家的财力支持，仅"华光礁 I 号"出水文物保护（I 期）国家及海南省就投入了 1000 余万元资金，而"华光礁 I 号"南宋沉船本体的保护（Ⅱ、Ⅲ 期）资金预计还需要更大批资金，时间估计也还需 10 年之久。博物馆在文创产品开发中，可将"华光礁 I 号"文物保护修复过程开放呈现给观众，让观众和文物近距离接触，并研发一些和"华光礁 I 号"南宋沉船有关的文创产品，如出水瓷器的复制品、"华光礁 I 号"南宋沉船复原模型船、纪念币等旅游纪念品，规划保护与旅游开发利用策略，以支持"华光礁 I 号"南宋沉船的保护维修，同时真正发挥出文物的历史文化价值。

（一）文物虚拟复原

现代科技水平迅速发展，高新技术含量的各类自媒体、传播技术已经快速影响渗透到人们生活中。以前，观众在博物馆想要了解文物的历史文物背景就要借助于专业的讲解员或者文字说明，时间久了也了无新意，而且这些还不能完整诠释文物背后的故事和文化内涵。就中国博物馆的藏品来说，从石器时代、商、周乃至汉、三国、两晋、南北朝，直至唐宋元明清各朝代的精美艺术品，其种类、形制可谓千差万别，这也恰好为现代多媒体数字技术提供了广阔的舞台。科学技术的发展，使博物馆在陈列展览中可以选择更多种方式去展示、体现文物的历史价值，更好地拉近文物和观众之间的距离。现代社会，以数字技术为核心的信息技术、互联网已经成为人们日常生活中不可或缺的组成部分，数字技术为博物馆的藏品管理、展陈设计、互动传播等多个方面带来了无限的拓展空间。数字博物馆将实体的文物以数字化的形式展示给观众，借助多媒体、虚拟现实等方式来实现传统展览所不具备的展示功能。当前国内许多博物馆正开始尝试数字化技术带来的魅力。

习近平总书记强调："让收藏在禁宫里的文物、陈列在广阔大地上的遗产、书写在古籍里的文字都活起来。"数字化博物馆的迅速发展，对宣传和发挥文物的历史文物价值起到推动作用。如何"让文物活起来"是每个有责任感的文博人要考虑的问题，在科学保护的基础上，利用文物价值发挥其传播历史文化的作用，而数字化博物馆的建设为此提供了新的良机。

三维激光扫描技术是近几十年才开始出现的一项新技术，它利用激光测距的原理，通过记录被测物体表面大量密集点的三维坐标信息和反射率信息，将各种大实体或实景的三维数据完整地采集到电脑中，进而快速复建出被测目标的三维模型及点、线、面、体等各种图件数据。扫描文物的几何和纹理信息，以数字的形式存储或构件三维模型。该项技术具有采集数据速度快、非实体接触、精度高等特点而被广泛应用于文物的保护、修复以及各项专题研究。三维激光扫描技术可以真实的留取文物现状信息，重建高保真、可量测的三维模型，数字化永久存档，为将来实施具体的保护工作提供必要的基础数据以及进行相应的数据加工，还可以进行计算机虚拟修复，并记录重要文物不同修复阶段的修复信息数据，评价修复效果，并进行文物的虚拟展示等[10]。

利用先进的数字化采集设备，精选"华光礁Ⅰ号"珍贵出水文物及沉船木板为对象，全面、准确、完整地采集文物的三维空间数据信息，通过近景摄影测量及3D数字建模技术，制作文物三维交互和船体虚拟复原动画等数字成果。多种数字化成果以高还原度、高精度、可视化操作等特点，通过互联网络可应用于博物馆、桌面电脑、移动设备等多种场合、终端上进行文物的展示、研究、教育，同时运用计算机网路技术、数据库技术定制化开发"华光礁Ⅰ号"沉船出水文物数字化管理系统，实现船体构件、船板和其他出水文物的文字、照片、线图、三维等数据的录入、管理、查询、分析、研究及展示功能[11]。在不对文物本体造成任何损害的基础上，不仅实现了"华光礁Ⅰ号"文物信息的永久性保存和科学化管理，同时人们可以面对面、接触式、无限制地浏览欣赏文物，了解"华光礁Ⅰ号"沉船背后的历史故事，学习文物埋藏的文化底蕴，真正做到"让文物活起来"。

根据扫描获取的船板三维模型，结合沉船考古资料、古船史专家指导意见，分析每块船板功能特点，对船体进行虚拟组装，完成"华光礁Ⅰ号"虚拟组装及复原动画制作（图8-1、8-2；表8-1）。

"华光礁Ⅰ号"沉船虽在特殊环境中得以保存，但本体早已脆弱不堪，容易受到来自外界多种因素的损害，其文物保护工作一直考验着博物馆内的管理人员和科技人员。利用数字化设备，采集船板的三维数据，制作船板三维数据成果，只要数据存储安全，即可实现文物信息丝毫不差的永久记录和保存[12]。同时，船板三维数据成果，可以为船体的实体修复和构造还原提供重要参考，为文物保护修复工作开辟新的途径。

纵向构件舷板

图 8-1　"华光礁Ⅰ号"沉船虚拟组装图

图 8-2　"华光礁Ⅰ号"沉船虚拟复原图

表 8–1 “华光礁Ⅰ号”沉船组装虚拟复原制作

镜头	镜头描述	解说词
第一部分:(开篇)		
Cut01	动画开篇片头	无
Cut02	沉船发掘位置地点展示及说明	“华光礁Ⅰ号”沉船遗址位于华光礁环礁内侧。1996 年当地渔民偶然发现,后经考古发掘。通过对其中一件刻有“壬午载潘三郎造”楷书字样的青白釉碗以及其他一些器物的研究,推断该船应是南宋中期,从福建泉州港启航,途经海南,驶向东南亚地区的贸易商船。
第二部分:(分部分展示)		
Cut04	展示沉船样貌,根据考古资料标注相关结构名称	结构名称:龙骨、肋骨、补强材、铺仓板、隔舱板、船壳板、桅座。
Cut05	采取虚拟复原的方式,展示龙骨的营造方式	主龙骨与艏龙骨,为直角启口搭接和凹凸榫槽搭接,楔入连接部位有铁钉。
Cut06	采取虚拟复原的方式,展示肋骨的营造方式	“华光礁Ⅰ号”沉船共发现船底肋骨若干根,船侧肋骨若干根。“华光礁Ⅰ号”船底肋骨上设有流水孔,船底肋骨与船侧肋骨连接方式有多种,普遍的方式为平面齐头对接。在平面齐头对接基础上,有部分以补强板进行加强,用于加强对接部位强度,剩余对接方式为搭接对接。
Cut07	采取虚拟复原的方式,展示船壳板的营造方式	“华光礁Ⅰ号”沉船的船壳板分为底部船壳板和侧面船壳板,主要有直角同口、滑肩同口、平面同口、平面对接四种方式进行衔接。
Cut08	采取虚拟复原的方式,展示龙骨与肋骨的营造方式	在主龙骨两侧均铺有龙骨翼板,龙骨翼板搭接于龙骨两侧的凹槽上。龙骨与肋骨用船钉钉固方式进行搭接,每根肋骨由两根大船钉钉于龙骨之上。
Cut09	采取虚拟复原的方式,展示肋骨与船壳板的营造方式	“华光礁Ⅰ号”沉船的船壳板分船壳内层板和船壳外层板。船壳内层板由船钉穿过肋骨与之钉固,而船壳外层板则由船钉固定在船壳内层板上。
Cut010	采取虚拟组装的方式,展示隔舱板及铺舱板	“华光礁Ⅰ号”沉船前部残存 3 道隔舱板。隔舱板放置在船壳板上,由船钉从外层进行钉固。铺舱板侧面辅以加强板进行稳固,增强结构上的强度。
第三部分:(虚拟复原展示)		
Cut11	虚拟复原展示“华光礁Ⅰ号”沉船完整、崭新的结构	“华光礁Ⅰ号”完整船体特点:一是艏部尖,艉部宽,两头上翘,艏艉高昂;二是船体高大,上有宽平的甲板、连续的舱口,船艏两侧有一对船眼;三是操纵性好,福船特有的双舵设计,在浅海和深海都能进退自如。
Cut12	动画片尾,相关发掘考古科研单位署名	无

随着人们生活水平的提高，丰富多彩的精神文化生活也成为人们追求的目标，文物保护工作不但能研究古代人类的历史文化生活，也为丰富现代人们的文化生活提供了契机，作为公共文化服务机构，博物馆担负着人们对文化教育学习需求的责任。目前，海南省博物馆馆藏文物大多以实物静态化的展示方式、官方网站则以文物二维静态图片搭配文字为主，无法提供深层次、多样化的文物展示方式，难以满足公众对于文化的"消费"需求。文物的合理利用，发挥文物的价值，迫切需要进一步拓展文物的数字化展示方式，且改变以往单调的"物—人"形式的信息传递方式，让观众可以与文物进行亲密互动。利用三维数字技术制作沉船及出水文物精细的三维成果，不仅向观众展示文物高清、细致的三维立体信息，还可实现文物的任意旋转、放大、缩小等交互操作，巨细无遗地向游客诉说着文物的历史，深入满足社会大众的参观需求。建成后的船板及文物三维数据成果符合国家有关的文物信息、计算机信息、数据信息、系统信息等各方面、各种类安全要求，总体数据成果要求达到国内先进水平，各数据、系统具有完善的安全机制。

（二）沉船复原研究

"华光礁Ⅰ号"古船破损十分严重，基本上无法从现有的残体中发现与船型相关的要素与特点。有鉴于此，只能通过船舶的功能、航区、船上文物和年代等外围条件来确定船型。型线复原的主要方法是以船体结构实测图为基础，再结合古船结构工艺特点，经过推断、初定和校核，最后绘制出型线图。研究表明，"华光礁Ⅰ号"沉船为福船船型的可能性很大。福船主要建造和航行于浙江、福建、福建沿海并向远洋航行[13]。文献对福船有明确的记载。明代郑若曾《筹海图编》载："福船高大如楼，可容百人。其底尖，其上阔，其首昂而口张，其尾楼高耸。"《明史·兵志四》："福船耐风涛，且御火。""底尖上阔，首昂尾高。"明代何汝宾《兵录》："福船高大如楼，底平身大，旷海深洋，回翔稳便。""顺风大洋长驱"。该船型"上平如衡，下侧如刃"，即船身高大、船底尖瘦、尖艏方艉、艏艉起翘。福船有粗大的龙骨和首柱，尖底，尾部呈马蹄形，设大拉、扇形帆，尖首尖底利于破浪；底尖吃水深，稳定性较好，适航性强，便于在狭窄的航道和多礁石的航道中航行，尤其适应于广阔海域的远洋航行。考古出土的宋元明时期海船，也大都采用福船船型。

通过泉州湾宋代沉船、宁波宋代海船等考古发掘结果及其相关研究可知：宋元时期，闽粤沿海一带，为了满足官方和民间海运需求，建造了大量经济适用、船型相同、船长20多米至40米左右、载量在300吨左右的货船。"华光礁Ⅰ号"沉船，有粗大的船底龙骨，船体的横截面为"V"形则耐波性更加突出，这种结构的船舶吃水较深，抗御风浪能力较强，更适合于远洋航行。从发掘的龙骨与船侧板的连接看，似应为尖底，但侧板变位严重尚难以确定横剖面线型的 UV 度。根据上述推断，"华光礁Ⅰ号"古船船型为尖底福船船型。福船横剖面形式一般如图 8-3 所示，"华光礁Ⅰ号"古船的船型复原以此为基础开展。

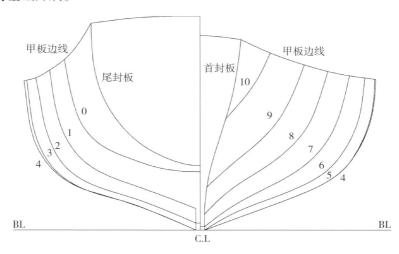

图 8-3　福船的横剖线图

经过分析，并作图复原，进而能够得到一组古船的主尺度计算。"华光礁Ⅰ号"沉船的复原尺度如表 8-2 所示。

表 8-2　复原"华光礁Ⅰ号"沉船主尺度及尺度比

名　称	符　号	数　值	单　位
总长	L_{oa}	24.6	m
水线长	L_{wl}	22	m
型宽	B	9	m
型深	D	3.9	m
吃水	d	3	m
方型系数	C_b	0.4	
型排水体积	V	~240	m^3
长宽比	L/B	2.73	
宽度吃水比	B/D	2.30	

从复原的型线及相关计算结果可以看出，"华光礁Ⅰ号"古船具有与南宋时期的南洋海船共同的特点：呈"V"形的横剖线，使得舭部平缓，加上紧收的首尾水线，使水流从斜剖线方向流向船尾。给予舵的足够供水，保证了船舶的操纵性。斜剖线的平缓也有利于弯板，改善施工工艺性。虽然长宽比仅2.73，船体短肥，但深而尖的横剖面形状，使得方型系数只有0.4，纵剖面系数为0.6，从而使得船体湿表面积很小，摩擦阻力相对较小，从而弥补了因长宽比较小对快速性产生的不利影响。

图8-4至图8-6为总布置设想方案图。宋代航行于南海的货船，具有小长宽比、"V"形的横剖面配合深吃水，既能保证船舶具有良好的稳定性即抗倾覆的能力，又使船舶具有较好的适航性，横风作用下，船舶具有很好的抗漂能力。综合复原型线特点，"华光礁Ⅰ号"宋代古船具有稳定性好、快速性合适、适航性能优良的特点，承袭了当

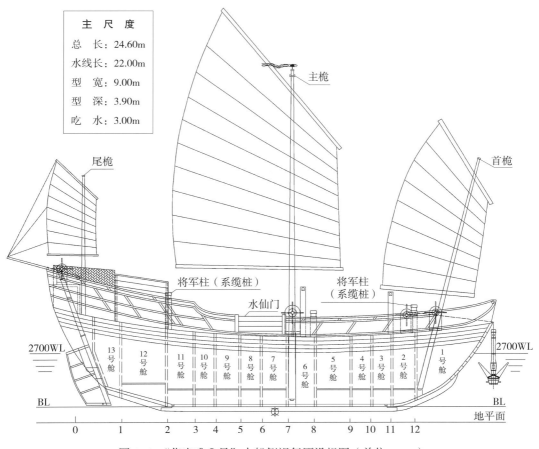

主 尺 度
总　长：24.60m
水线长：22.00m
型　宽：9.00m
型　深：3.90m
吃　水：3.00m

图8-4　"华光礁Ⅰ号"古船侧视复原设想图（单位：mm）

（武汉理工大学造船史研究中心制图）

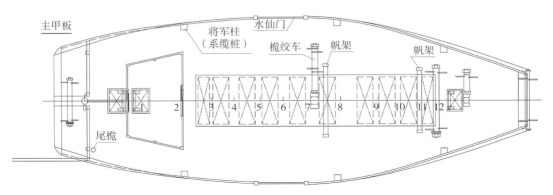

图 8-5 "华光礁Ⅰ号"古船主甲板平面复原设想图（单位：mm）
（武汉理工大学造船史研究中心制图）

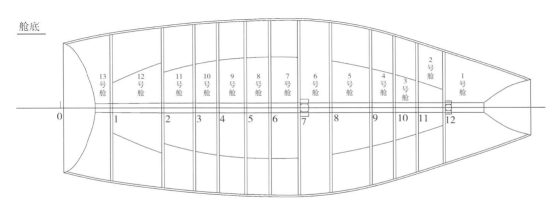

图 8-6 "华光礁Ⅰ号"古船舱内平面复原设想图（单位：mm）
（武汉理工大学造船史研究中心制图）

时下西洋货船的一贯优良传统。本船总体布置复原设想，力求反映宋代福船外貌及特征，并注意实用、美观、舒适、方便的原则，船舶风格为远洋货船福船形式。根据现场发掘情况，"华光礁Ⅰ号"古船仅残存一个桅座，位于船体中部稍靠前，尚未发现其他桅座，故复原设计中设置主桅。"海船无帆不可动也"，海船主要靠风力航行，故在船首设首桅首帆，船尾设助舵帆，均为布帆。考虑到载货分舱的需要，在残存10道横舱壁的基础上，增设了2道横舱壁。在船首设置锚绞车1台，中部设置帆绞车1台，尾部设置舵绞车1台。在船舶中后部设甲板室，船尾设雨棚。

（三）开放式保护展示

海南省博物馆"南溟奇甸"系列展览之"南溟泛舸——南海海洋文明陈列"，重点展现南海海洋文明的悠久历史[⑭]。整个展览以海洋的蓝色为主色调，陈列内容的表达和形式设计都颇具人性化的特点，更加注重观众的观展感受。

近年来，中国水下考古学蓬勃发展，"华光礁Ⅰ号"沉船的水下考古是我国水下考古从近海走向远海的一个重要体现[⑮]。"华光礁Ⅰ号"沉船出水的众多文物，展现了中国古代历史上通过这条"海上丝绸之路"南海航道进行的中西方文化交流和商贸往来的繁忙景象。展览陈列的是"华光礁Ⅰ号"沉船的过往历史，更映射着21世纪新丝绸之路的未来。在国家"一带一路"倡议指导下，南海仍然是海上贸易的大通道，必将会在新的历史时期发挥更加重要的作用。海南省博物馆海洋展厅真实地还原了"华光礁Ⅰ号"沉船原貌和所处的海洋环境，其上方环幕巨屏循环播放着影片《南溟泛舸——"华光礁Ⅰ号"的前世今生》，介绍了南海文化历史、"华光礁Ⅰ号"的航线船货、遭遇台风暴雨侵袭而沉没的情景，影片采用激光投影机和潘多拉的播放系统设备，为整个展览增加了高科技技术含量。展厅里静态遗址和动态环幕相结合的展陈手法，使观众身临其境，仿佛穿越时光隧道，亲历了这一切。

通常文物修复工作是在观众不能随意进入的文物修复实验室中完成，我馆将"华光礁Ⅰ号"沉船出水船板及陶瓷器等文物的保护修复实验室也搬进了展厅，这种新颖的展陈方式直接将文物修复人员及其工作相关内容搬进展厅，更生动地展现在观众面前，与观众零距离接触。

展柜中的文物摆放也讲究一定的方式方法，将未修复文物和已修复文物放在一起进行展示对比，给观众强烈的感官冲击，既展现了出水器的文物特点，也间接反映文物修复的工作流程。沉船出水的陶瓷器及水下考古调查采集的文物也进行了比较式陈列展示。展柜中采用仓储式和器物分类的陈列方法，不仅增加了展厅展线上展品的数量，而且将沉船出水陶瓷器按照不同釉色及器类进行了直观展示（图8-7）。展柜中的文物一改中规中矩的摆放方式，看似是不经意地随意放在细沙上，然则为致力于还原文物原生态的保存环境，增加展览的直观性和趣味性（图8-8）。此类陈列手法将文物研究和展览展示进行有机地结合，深入浅出，使得不同的观众都能得到对文物基本常识的认知和了解。

（四）文创产品开发

海南省博物馆海洋展厅展示了中国南方地区古代"福船"和"广船"两大远洋航行船的模型。"华光礁Ⅰ号"沉船应为南宋时期的"福船"类型，其船体具有设置水密

图 8-7 "华光礁Ⅰ号"沉船出水瓷器的仓储式展陈

图 8-8 "南溟泛舸——南海海洋文明陈列"展厅文物原生态保存环境展陈

隔舱、多重板结构、船板鱼鳞式搭接等特点。文化创意产品中可以开发制作不同比例的（如 1:20,1:40 等）船模,可采用不同的材质（木质船模、铜质船模、塑料船模、纸质船模）,以方便观众随意选购。另可开发出可拼装的小船模（木质或环保材料）,儿童及拼装爱好者可根据说明自己组装,既增加了周末、节假日活动的趣味,又开发了孩子们的脑力智力,可谓一举两得。

"华光礁Ⅰ号"沉船出水了一批精美的陶瓷器,选择部分花纹精美、观赏性和实用性强的瓷器用以开发,可仿烧或者提取相关元素创烧现代瓷器用以出售,可做纪念,既美观又实用,并间接宣传了"华光礁Ⅰ号"沉船的历史文化,让观者感知历史,收获知识,享受艺术。

（五）气味影院

电影这种多媒体技术不断发展和演化，从黑白无声电影到彩色有声电影，从平面二维电影到今天的3D电影、IMAX，甚至4D、5D、VR、全息多媒体，人们对新事物的发展已经应接不暇了。嗅觉电影（气味影院）的概念在20世纪50年代就在银幕上出现了雏形，90年代美国一家公司完善了"嗅觉电影"技术，他们将气味分成30多种类型，并建造了一种原型设备，可以产生许多日常生活中的气味。日本一家公司研究发现，用超声波信号刺激大脑可以诱导观众产生嗅觉反应。科学家研究发现，特殊画面将促使人们产生一定的嗅觉联想，而嗅觉电影的出现使这一研究变成现实，在电影放映过程中根据不同场景释放不同气味，使嗅觉与人体其他感觉随电影情节发挥相应感知功能，强化了影片情节所营造的视听幻觉，使得人们在观影体验中的感受更加真实、立体和全面。在中国，嗅觉电影的技术与设备已日趋成熟，某些品牌的设备已经进入实践性投放阶段。2018年9月8日下午，在海口的中视国际影城，海南首个气味电影厅体验活动成功举办。

利用"华光礁Ⅰ号"沉船研究成果，可以开发一个小型的气味影院，观众通过头部佩戴气味发生设备，在影厅观影时不仅能体验到传统的视觉、听觉效果，如"华光礁Ⅰ号"宋船沉没前遭遇的台风暴雨（类似5D电影，有下雨、刮风的场景），而且还能通过专业放映设备触发观众的第三感官——嗅觉去体验影片中的气味（如船员就餐时的饭香菜香，喝茶时的茶香，遭遇台风暴雨时嗅到的海水腥味等），"闻"到电影中不同场景里的不同气味，观众从听视触嗅这几个感官中受到诱导刺激，仿佛置身于"华光礁Ⅰ号"船舱之中，场面真实生动，身临其境。

（六）水下潜水考古体验馆

在海底世界自由畅游是人类由来已久的梦想，随着潜水技术的发展，普通人也可以进行水下漫游，导致潜水这一项目风靡全球，经久不衰。走进水下世界已不再是一个童话般的心愿，而是一份惊喜不断的浪漫。潜水项目无须游客现行学习，在现场教练的辅助指导下，人们就可以体验到水下自由游动的新奇和浪漫。潜水运动不但能带来和岸上项目不一样的感觉，而且在水下和热带鱼儿嬉戏游玩还带来了不一样的感官冲击和享受。另外，潜水运动还能增强和改善人们的心肺机能，甚至有研究表明，人体在水下可加快血液循环，并通过吸氧抑制甚至杀死癌细胞，能辅助治疗癌症。

目前每个去巴厘岛、马尔代夫，甚至去三亚旅游的游客都不会放弃一场水下潜水体验课，水下摄影、水下婚礼的举行，游客兴致益然，乐此不疲。"华光礁Ⅰ号"沉船的水下考古是我国远海水下发掘的一个里程碑，我国水下考古队员也积累了大量水下考古经验。利用此机会，开发一个水下潜水考古体验馆，既让人们了解水下考古设备、工作步骤，又可让他们有机会亲自下水体验考古过程，理解考古人员的工作艰辛，一举多得。

（七）南海文化遗产之旅

三沙市所在的岛屿有很多历史遗迹，如甘泉岛唐宋遗址、"华光礁Ⅰ号"沉船遗址、古代渔民拜神的古庙、墓碑等，这些都已成为岛礁上的"博物馆"，这些南海文化遗存是我国古代先民来此的见证，也是"海上丝绸之路"的印证。2013年4月，西沙邮轮旅游航线开通，"椰香公主号""长乐公主号""南海之梦号"等邮轮到访西沙，吸引了不少游客。这些游客既体验了海上航行，又有时间登上西沙永乐群岛去体验海钓、浮潜，欣赏海水蓝绿分隔的美妙景象。旅游业的发展使渔民的收入也增加了不少。

据调查，三沙附近海域海水透明度高于20米，超过巴厘岛、马尔代夫等世界著名海岛旅游胜地。可以借此机会将"华光礁Ⅰ号"沉船遗址纳入旅游航线之内，游客在欣赏西沙群岛环礁海景同时，又可以领略到"华光礁Ⅰ号"宋船沉没遗址，领会到水下考古队员水下发掘的场景，增强和提高人们的海洋权益和环保意识。在海南国际旅游岛、自贸区、自贸港开发建设的大潮中，对南海诸岛进行合理开发，三沙必将像巴厘岛一样吸引众多海内外游客前往度假，休闲旅游市场前景广阔。

第六节 "华光礁Ⅰ号"沉船文化的保护开发分析

近年来，博物馆陈列展览的形式不断地进行改变和创新⑯。随着互联网、大数据、云计算等高新科技的迅猛发展，出现了很多高科技技术，例如AR增强现实、VR虚拟现实、人脸识别技术、人机交互、三维交互技术等，在博物馆通过多媒体技术结合运用使文物的展示描述如身临其境，必然给博物馆的展览增添色彩和趣味。儿童在博物馆观众中占有一定比重，很多家长会带着孩子来参观博物馆，将高科技技术和文物文化内容融为一体，让孩子们通过玩一个闯关游戏，或者看一段场景再现，使其体会到当时历史的一种文化状态，间接受到历史教育，大有裨益。博物馆将更加深入地融入当代生活，对社会大众的影响也会越来越大，观众将不仅仅是展览的看客，还会成为展陈的设计者、参与者和分享者。策展过程中需将观众的感受感想体现出来，站在观众的角度考虑问题，主动融入社会，拉近与公众的距离，增强亲和力，用优质的陈列展览和服务吸引观众，增强陈列展示的可看性、互动性、通俗性，满足社会大众的精神需求。

海南省博物馆在展区增设的可触摸互动的"文物展示魔术墙"、"华光礁Ⅰ号"沉船遗址复原场景大环屏、开放式的"华光礁Ⅰ号"沉船保护实验室，到此参观展览的观众人头攒动，说明了文物创新开发的成功有其必要性和必然性。"华光礁Ⅰ号"南宋沉船的保护与开发是一个持续的工程，在保护过程中还会遇上各种各样的困难，尤其是后期的维护保护、复原工程，但这既是挑战也是机遇。

第七节　小结

海洋文化遗产具有文化遗产所普遍具有的考古、艺术、教育和科研价值，而相较于陆上文化遗产，海洋水下文化遗产所处环境受到的人为干预较少，沉船等海洋文化遗址保存相对完好，能够给考古学家和历史学家等提供大量宝贵的原始信息，对于研究、阐释和再现古代人类社会活动历史、贸易往来、科技传播等具有重要意义。近年来，我国对海洋文化遗产的关注程度和保护力度与日俱增，水下考古技术突飞猛进，国家围绕海洋文化遗址、遗迹开展了大量的调查和发掘工作，一些重要的沉船遗址和海洋文化遗迹相继被列入保护范围。水下文化遗产保护在我国文化遗产保护工作中占有重要地位，世界上沿海国家已经加大了开发和利用海洋资源的力度，水下文化遗产的保护与开发必定会日益受到重视。

作为拥有200多万平方千米海洋面积的海洋大省，海南省的水下文化遗产数量据调查居全国之最。"华光礁Ⅰ号"南宋沉船文化的保护开发与研究探索可以为文物保护工作与文化旅游开发相结合提供资料和经验，对于我国水下考古发掘出水文物的保护保存及文创产品的开发，具有普遍而深远的意义。本课题研究成果可迅速推广转化成创新生产力，在海南国际旅游岛建设中推广应用，真正发挥文物作用的途径是文物被利用起来，通过旅游宣传、文创产品使"文物"达到会说话的目的，才能真正发挥其作为文物的价值，"让文物活起来"。以"华光礁Ⅰ号"南宋沉船及出水文物保护为基础，旅游开发相辅，达到合作共赢的局面，合理开发利用文物资源，不仅可以加强文物保护，同时又可以推动海南旅游产业的发展，深入挖掘、研究和弘扬"华光礁Ⅰ号"南宋沉船的历史文化遗产将在海南国际旅游岛建设中起着举足轻重的作用。

注释

① 包春磊：《南海"华光礁 I 号"沉船水下考古试析》，《南海学刊》2015 年第 1 卷第 3 期，第 55~59 页。

② 郝思德：《略谈华光礁 I 号沉船出水瓷器的历史价值》，《南溟泛舸——南海海洋文明陈列》，南方出版社，2017 年，第 37~45 页。

③ 赵嘉斌：《海上丝绸之路上的中国古代外销瓷——中国水下考古的工作与发现》，《中国古陶瓷研究》（第十四辑），紫禁城出版社，2008 年，第 3 页。

④ 俞嘉馨：《南海归帆——由西沙华光礁 I 号说开去》，《中国文化遗产》2013 年第 4 期，第 68~75 页。

⑤ 黄纯艳：《宋代海船人员构成及航海方式》，《海交史研究》2015 年第 2 期，第 12~25 页。张静芬：《中国古代的造船与航海》，商务印书馆，1997 年，第 3 页。

⑥ 岳丽杰：《铁器文物脱氯研究与新型缓蚀脱氯清洗液的研制》，北京化工大学硕士学位论文，2005 年，第 68~89 页。

⑦ 包春磊：《华光礁 I 号出水铁器文物的腐蚀与保护措施》，《腐蚀与防护》2012 年第 33 卷第 7 期，第 614~617 页。

⑧ 顿贺：《中国古船木构技术的演进》，《人海相依：中国人的海洋世界》，上海古籍出版社，2014 年，第 8~10 页。

⑨ 王冠倬、王嘉：《中国古船扬帆四海》，人民教育出版社，1996 年，第 20、26 页。

⑩ 云思：《博物馆的"智慧化生存"》，《上海信息化》2016 年第 3 期，第 59~62 页。

⑪ 匡标：《基于三维激光扫描技术的古建筑数字档案建库以及保护研究——以宋朝四大书院石鼓书院为例》，《中外交流》2017 年，第 31 页。袁国平：《三维激光扫描技术在文物保护中的应用》，《矿山测量》2018 年第 46 卷第 5 期，第 93~97 页。

⑫ 丁贵：《地面三维激光扫描技术在文物测绘中的应用》，《矿山测量》2015 年第 3 期，第 6、9~11 页。海南省博物馆和武汉理工大学合作课题"'华光礁 I 号'船体测绘及复原方案设计"成果。

⑬ 刘义杰：《福船源流考》，《海交史研究》2016 年第 2 期，第 1~12 页。

⑭ 张蕊：《"南溟泛舸——南海海洋文明陈列"简述》，《南溟泛舸——南海海洋文明陈列》，南方出版社，2017 年，第 11~13 页。

⑮ 蔺爱军、林桂兰、董卫卫等：《我国海洋水下文化遗产保护现状与管理探讨》，《海洋开发与管理》2016 年第 33 卷第 12 期，第 93~98 页。

⑯ 杜晓帆：《价值判断是活用"文化遗产"的前提》，《小康》2018 年第 1 期，第 78 页。

第九章 "华光礁Ⅰ号"沉船发现 与保护历程

1996~1998 年

1996 年，中国渔民在西沙群岛华光礁礁盘作业时发现"华光礁Ⅰ号"南宋沉船。

1997 年及以后，随船文物多次遭到非法盗掘，沉船遗址被破坏严重。

1998 年，在开展西沙群岛水下文物普查工作期间，中国国家博物馆水下考古研究中心和海南省文物部门对其做过初步的试掘工作，出水文物近 1800 件。后出版《西沙水下考古（1998~1999）》（科学出版社，2006 年）专题报告。

2007~2008 年

经国家文物局批准，由中国国家博物馆水下考古研究中心和海南省文化广电出版体育厅文物保护管理办公室共同承担，调集全国水下考古专业人员组建西沙群岛水下考古工作队，分别于 2007 年 3 月至 5 月和 2008 年 11 月至 12 月实施西沙群岛"华光礁Ⅰ号"南宋沉船遗址发掘项目。此项目分两个阶段进行。

第一阶段：2007 年 3 月至 5 月，主要完成沉船遗址船内承载物的发掘和船体全面测绘。出水文物近万件，其中陶瓷器占绝大部分，其产地主要为福建和江西景德镇，按照釉色主要有青白釉、青釉、褐釉和黑釉几种，器类主要为碗、盘、碟、盒、壶、盏、瓶、罐、瓮等。

第二阶段：2008 年 11 月中旬至 12 月底，汇集北京、海南、上海、福建、浙江、安徽、江西、辽宁、湖北等省市的水下考古专业人员，以及福建电视台、海南日报社记者 2 人，租用了琼海潭门 08011、08086、08098 三艘渔船，对"华光礁Ⅰ号"沉船遗址进行第二阶段的水下考古发掘，顺利完成沉船考古发掘。参加此次发掘的水下考古工作人员有：中国国家博物馆水下考古研究中心张威、赵嘉斌、李滨、孙键、鄂杰、徐海滨，海南省文体厅王亦平、黎吉龙，海南省博物馆蒋斌、王明忠、李钊，海口市文化局姜涛，海口市博物馆符洪洪，福建博物院文物考古研究所栗建安、楼建龙、羊泽林、宋蓬勃，福州市文物考古工作队朱滨、张勇、周春水、邱秀华，福建省泉州博物馆张红兴、吕睿，江西省吉州市博物馆曾瑾，安徽省文物考古研究所张辉，安徽省博物馆魏宏伟，湖北省荆州市博物馆邓启江，辽宁省文物考古研究所冯雷，宁波市文物考古研究所罗鹏、王光远，上海市博物馆翟扬。另外还有广州市兴洋潜水技术咨询有限公司的 2 个潜水作业组共 6 人，以及福建电视台记者张利城和海南日报社记者黄晶。

2008 年 12 月底，历经两年的西沙"华光礁 I 号"沉船遗址水下考古工作结束，511 块被拆解出水船板运回海南省博物馆保管保护。在沉船保护专家指导下，文保人员定期换水，同时加入硼酸—硼砂〔硼酸：硼砂 =7：3，水：(硼酸 + 硼砂) =98：2 (质量比)〕进行防腐杀菌处理。海南省博物馆文物保管部高文杰、叶帆、符燕、贺务云、王恩、王静等参与了"华光礁 I 号"沉船文物保护工作。

2008 年 12 月 27 日，西沙"华光礁 I 号"古沉船保护专家论证会在海南省博物馆召开。来自国家文物局、海南省文化广电出版体育厅、中国国家博物馆等单位及全国

图 9–1 "华光礁 I 号"沉船遗址考古发掘圆满完成
（图片由国家文物局考古研究中心李滨先生提供）

图9-2　"华光礁Ⅰ号"沉船被拆解搬运至海南省博物馆进行保护

图9-3　"华光礁Ⅰ号"古沉船保护专家论证会

各地的文物保护专家和考古专家出席了会议，对"华光礁Ⅰ号"沉船出水船板今后的保护工作提出了很多宝贵意见和建议。

出席的领导和专家有：柴晓明（时任国家文物局文物保护司副司长）、朱寒松（时任海南省文化广电出版体育厅副厅长）、张威（时任国家博物馆水下考古研究中心主任）、丘刚（时任海南省博物馆馆长）、王书印（海南省博物馆副馆长）、王大新（海南省博物馆副馆长）、栗建安（福建博物院文物考古研究所所长）、陈中行（湖北省博物

馆原馆长、研究馆员)、吴顺清(荆州
文物保护中心主任、研究馆员)、奚
三彩(南京博物院原副院长、研究馆
员)、张金萍(南京博物院文保所副所
长、研究馆员)等。

2009 年

1月,为了尽快对"华光礁Ⅰ号"
沉船出水船板进行脱盐处理,文保人
员根据古沉船保护专家论证会上文物
保护专家的建议和意见,对海南省博
物馆西侧水池进行改造,并在春节前
加班加点,将511块船板浸泡在刚刚
改造好的蓄水池中,并在接下来的一
年时间里,在专家的指导下,持续对
船板进行脱盐防腐防霉处理。

2月19日,在中国文化遗产研究
院召开"南海Ⅰ号"沉船、"华光礁Ⅰ
号"沉船船体和出水文物保护工作座
谈会。会上落实了国家文物局2009年
第一次局长办公会议纪要关于"由中
国文化遗产研究院组织编制'南海Ⅰ
号'沉船、'华光礁Ⅰ号'沉船船体和
出水文物保护方案"以及"组织举办
出水文物科技保护修复培训班"的
决定。

7月30日,国家文物局、中国文
化遗产研究院和海南省博物馆在北京

图 9-4 "华光礁Ⅰ号"沉船船板临时放置于
海南省博物馆西侧水池

图 9-5 "华光礁Ⅰ号"沉船船板放入水池
进行脱盐保护

召开协调会,会上明确了"华光礁Ⅰ号"沉船保护项目的主体单位为海南省博物馆,
中国文化遗产研究院负责编制沉船船体及出水文物保护方案。

图 9-6　高文杰、符燕、韩飞参加在阳江举办的出水文物科技
保护修复培训班

图 9-7　专家现场调研

图 9-8　"华光礁 I 号"沉船文物保护方案专家咨询会

2010 年

5月，中国文化遗产研究院等相关专家一行人到海南省博物馆调研，并参加西沙"华光礁 I 号"船板保护方案可行性专家论证会，同时考察船板在脱盐池中保护处理的情况。

11月21日，由海南省博物馆和中国文化遗产研究院共同举办的《"华光礁 I 号"出水陶瓷器、铁器保护修复及木船构件脱盐保护方案》专家咨询会在海南省博物馆召开。海南省博物馆丘刚馆长、王书印副馆长、高文杰主任及中国文化遗产研究院马清林副院长、保护科学技术研究所高峰所长、李乃胜、沈大娲、张治国等参加了会议，与会专家有故宫博物院李化元研究馆员、泉州海外交通史博物馆李国清研究馆员、浙江省博物馆卢衡研究馆员和郑幼明研究馆员、北京大学胡东波副教授等 5 人。与会专家现场考察并听取了"华光礁 I 号"出水文物前期保护、研究工作报告及"华光礁 I 号"出水陶瓷器、铁器保护修复及木船构件脱盐保护方案的总体情况汇报，并对保护方案的修改完善提出了意见和建议。

专家意见如下：

一、沉船船体保护

尽快建一深水池，形成水帘或瀑布，使水循环流动起来，提高脱盐效率，也能减少经费。水池上搭建棚子，遮光避雨，抑制藻类生长，缓解船板降解。

二、陶瓷器保护

现有地下库房不适于大批量陶瓷器脱盐处理，需要尽快在地面上建造一个有循环水系统的池子，能够提高脱盐效率，又减少人力物力。

以上两项前期保护工作在国家文物局相关经费到位之前，需要海南省给予资金上的支持。

三、人员保障

"华光礁Ⅰ号"沉船保护工作是一项长期艰巨的工作，海南省博物馆现有文物保护人员极为缺乏，需要海南省人力资源与社会保障厅给予专业技术人员编制上的支持。

2011 年

3月，中国文化遗产研究院编制完成《华光礁Ⅰ号出水木船保护方案（Ⅰ期）》《华光礁Ⅰ号出水陶瓷器脱盐及保护修复方案》和《馆藏金属类文物保护修复方案》，由海南省博物馆呈海南省文体厅上报国家文物局。

4月15日，国家文物局正式批准"华光礁Ⅰ号"沉船出水文物相关保护修复方案。

5月至9月，经过两年时间的浸泡，很多塑料薄膜已经破损。由于景观池中水无法流动，因此在水池中一些部位出现了藻类。海南省天气炎热潮湿，非常易于滋生微生物，对船体构件造成进一步腐蚀。木船打捞出水后，脱离了海水中氧气浓度较低的环境，浸泡液中溶解的氧会使得已经严重降解的有机质进一步降解。加之海南温度高、紫外线强度高，对露天放置的船体构件的氧化降解起到促进作用，因此"华光礁Ⅰ号"船体构件亟待遮蔽阳光，并进行保护处理。完成沉船船板保护水流循环改造和出水船板整理摆放上架工程，并对沉船船板进行更换包装、清洗淤泥、清除藻类等相关整理工作，使船板防腐、脱盐保护效果达到更佳。

6月、8月，贾世杰（硕士研究生）、包春磊（博士研究生）加入"华光礁Ⅰ号"

图 9-9　中国文化遗产研究院编制"华光礁Ⅰ号"沉船文物保护方案

图 9-10　"华光礁Ⅰ号"沉船文物保护方案撰写现场调研

沉船出水文物保护团队。

2012 年

2 月 22 日，文化部副部长、国家文物局局长励小捷一行参观考察海南省博物馆，认真听取了"华光礁Ⅰ号"沉船出水船板、瓷器、铁器的保护现状的汇报，随后又来到出水瓷器存放库房，询问了出水瓷器的修复保护情况。励小捷局长对海南省博物馆

图 9-11 励小捷调研"华光礁Ⅰ号"沉船出水
文物保护情况

图 9-12 "华光礁Ⅰ号"出水木船船板放置在
铝合金置物架上

为"华光礁Ⅰ号"沉船出水文物所做的保护工作给予了充分肯定。

3 月至 9 月，经过几个月的方案设计和反复修改，出水文物保护修复实验室完成招标工作，并于 10 月开始施工建设。

9 月，刘爱虹（硕士研究生）入职，加入出水文物保护团队。

11 月，海南省博物馆与中国文化遗产研究院签订《关于西沙"华光礁Ⅰ号"出水文物保护修复项目（Ⅰ期）实施》的合同，保护修复项目正式开始。

12 月，海南省博物馆第一个省级自然科学基金课题"华光礁出水青白瓷表面凝结物的去除方法研究"项目立项（项目号 212017），负责人包春磊，团队成员有高文杰、叶帆、贾世杰、符燕。

2013 年

4 月，海南省博物馆出水文物保护修复实验室和南宋沉船保护室建成。这是海南省第一个设备齐全、专门用于文物保护修复的实验室，为出水文物保护项目的实施及课题的申报提供了科技支撑。

4 月 15 日，"华光礁Ⅰ号"出水木船进入船体脱硫处理阶段。根据保护方案，采用 10mmol/L EDTA 二钠盐溶液对难溶性硫铁化合物进行脱除，并开始每周对脱盐溶液进行取样分析检测，结合现场跟踪监测数据，对难溶性硫铁化合物脱除效果进行评估。

12 月 7 日至 9 日，中国文化遗产研究院与海南省博物馆联合组织相关专家在海南省博物馆召开了《"华光礁Ⅰ号"沉船出水陶瓷、铁器保护修复和木船构件保护（Ⅰ期）

图 9-13　海南省博物馆出水文物保护修复实验室建成

工程实施》项目 2013 年度工作咨询会。

　　项目组成员李乃胜、高文杰、张治国、包春磊、田兴玲、刘婕等分别就出水瓷器、铁器及木质文物的保护修复及文物登录等具体情况做了详尽的汇报。会议围绕木船构件中难溶性硫铁化合物脱除工艺配方和瓷器与铁器的保护修复等问题，开展了详细讨论，进一步明晰了陶瓷、铁器的保护修复及木船构件的脱盐、脱硫等保护工作的具体任务。

　　专家组在听取项目组汇报、考察文物保护修复现场之后，形成了统一的意见，肯定了项目组 2013 年所做的工作，专家一致认为该工程研究思路清晰，保护处理措施得当，保护修复效果良好，达到了项目预期目标；同意了项目组拟定的 2014 年度工作计划，认为《"华光礁Ⅰ号"沉船出水陶瓷、铁器保护修复和木船构件保护（Ⅰ期）工程实施方案》作为工程实施的指导性方案，应持续实施。同时，专家组建议在今后的工程实施过程中应进一步考虑环境友好、能源节约等因素，针对具体问题适时做出调整。

　　与会专家及人员：泉州海外交通史博物馆李国清研究馆员，故宫博物院李化元研究馆员，中国国家博物馆潘路研究馆员，浙江省博物馆郑幼明研究馆员，北京大学胡东波教授，中国文化遗产研究院马清林副院长、李乃胜、张治国、田兴玲、刘婕，海南省博物馆丘刚馆长、高文杰、叶帆、包春磊、符燕、贾世杰、刘爱虹、李剑、刘杨子、蔡敷隆。

图 9–14 文物保护团队人员

（从左到右：贾世杰、蔡敷隆、李剑、包春磊、符燕、刘爱虹、刘杨子）

图 9–15 2013 年度"华光礁 I 号"沉船文物保护专家评估咨询会

2015 年

1月5日，英国剑桥大学教授 sherman 教授参观出水文物保护修复实验室并进行了交流。

1月15日上午，国家文物局博物馆与社会文物司司长段勇调研海南省博物馆出水文物保护修复实验室，对"华光礁Ⅰ号"沉船出水瓷器、金属类器物和沉船的保护修复情况进行了详细了解，并对保护工作给予充分肯定。

2月3日上午，海南省发改委副主任王长仁、省文体厅副巡视员陈文宝等领导来馆调研，并参观出水文物保护修复实验室。

图 9-16　"华光礁Ⅰ号"出水木船正在进行保护

4月14日，中国文化遗产研究院与海南省博物馆在海口联合组织召开了《"华光礁Ⅰ号"沉船出水陶瓷、铁器保护修复和木船构件脱盐保护工程（Ⅰ期）》项目中期评估会议。专家组考察了文物保护修复现场，听取了项目中期汇报。经讨论，形成意见如下：

1. 根据项目总体进度与目标，截至2015年4月，项目组完成5200件瓷器表面凝结物的脱除、4600余件瓷器的脱盐保护，修复瓷器1433件，基本完成511件木船构件硫铁化合物的脱除工作，保护修复108件铁器。保护修复效果良好，达到了项目的预期目标。

图 9-17　英国剑桥大学 sherman 教授参观出水文物保护修复实验室

2.项目组在项目实施过程中，将项目开展与科研紧密结合，改进了木船构件难溶性硫铁化合物脱除工艺，具有一定创新性。

与会专家及人员：泉州海外交通史博物馆李国清研究馆员，故宫博物院李化元研究馆员，中国国家博物馆潘路研究馆员，浙江省博物馆郑幼明研究馆员，北京大学胡东波教授，中国文化遗产研究院马清林、李乃胜、张治国、沈大娲、田兴玲、刘婕，海南省博物馆丘刚、高文杰、叶帆、包春磊、符燕、贾世杰、刘爱虹、李剑、刘杨子、张晨。

5月17日至24日，根据海南省委常委、宣传部长许俊应邀出访英国时达成的意向，经英国贸易投资总署、英国驻中国大使馆、英国驻广州总领事馆协助，英国Mary Rose沉船博物馆和瑞典远东文物博物馆邀请海南省博物馆前往访问。由海南省文化广电出版体育厅副巡视员陈文宝组团，与海南省博物馆丘刚、王翠娥、包春磊、贾世杰、朱磊一行赴英国和瑞典相关博物馆考察沉船保护与展示，并进行交流和合作研讨。考察团首先抵达英国，参观了Mary Rose沉船博物馆的展示陈列内容和文物保护设施，后抵瑞典考察访问世界上最著名的沉船博物馆——Vasa博物馆。作为国际沉船保护的先行者，瓦萨博物馆的展厅设置对我馆二期中心沉船展厅的设计和建设有实质性的帮助和极大的借鉴意义。

图9-18 2015年度"华光礁Ⅰ号"沉船文物保护中期专家咨询会

图9-19　段勇现场调研"华光礁Ⅰ号"沉船出水文物保护情况

图9-20　王长仁调研"华光礁Ⅰ号"沉船出水文物保护情况

图9-21　我馆业务人员参观英国Mary Rose沉船博物馆实验室

图9-22　英国总领事参观出水文物保护修复实验室

图9-23　童明康调研"华光礁Ⅰ号"沉船出水文物保护情况

　　6月16日下午，英国驻广州总领馆总领事Matthew Rou（卢墨雪）先生一行参观海南省博物馆，双方就沉船保护研究与少数民族展览交流领域进行了友好的交流。

　　8月18日至21日，国家文物局副局长童明康参观我馆出水文物保护修复实验室。

　　11月23日，国家文物局副局长宋新潮、督查司司长刘铭威等一行到海南省博物馆考察"华光礁Ⅰ号"出水木船保护，参观了出水文物保护修复实验室，详细了解"华光礁Ⅰ号"沉船出水陶瓷器和船板的修复情况。

2016 年

3月，海南省委常委、副书记李军对出水文物保护实验室工作进行指导。

图 9-24　宋新潮调研"华光礁Ⅰ号"沉船出水文物保护情况

3月，海南省自然科学基金课题"西沙珊瑚岛一号沉船出水石雕文物的保护研究"（项目号 20162037）获立项，负责人包春磊，团队成员高文杰、张晨、贾世杰、刘爱虹、符燕、李剑。

4月，向国家文物局提交了《海南省博物馆珍贵馆藏文物预防性保护方案立项报告》《"华光礁Ⅰ号"沉船出水木船保护修复工程（Ⅱ期）及展示立项报告》和《西沙海域出水石质文物保护工程立项报告》。

5月28日，在海南省博物馆组织召开了《"华光礁Ⅰ号"沉船出水陶瓷、铁器保护修复和木船构件保护（Ⅰ期）工程实施》项目结项评估会议。

专家组考察了文物保护修复现场，听取了项目结项汇报，并形成评估意见。专家组一致认为《"华光礁Ⅰ号"沉船出水陶瓷、铁器保护修复和木船构件保护（Ⅰ期）工程实施》项目已达到全部预期目标，项目通过验收，建议尽快申请并实施木船构件保护（Ⅱ期）工作。

与会专家及人员：泉州海外交通史博物馆李国清研究馆员，故宫博物

图 9-25　李军调研"华光礁Ⅰ号"沉船出水文物保护情况

图 9-26　2016 年"华光礁Ⅰ号"沉船文物保护项目结项评估会

院李化元研究馆员，中国国家博物馆潘路研究馆员，浙江省博物馆郑幼明研究馆员，北京大学胡东波教授，中国文化遗产研究院马清林、李乃胜、张治国、沈大娲、田兴玲、刘婕，海南省博物馆丘刚、高文杰、叶帆、包春磊、符燕、贾世杰、刘爱虹、李剑、刘杨子。

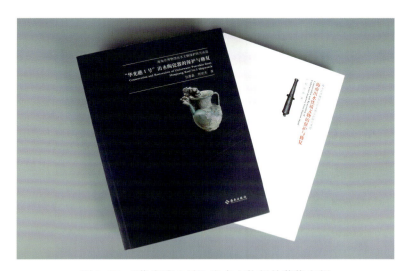

图 9-27　"华光礁Ⅰ号"出水文物相关著作出版

2017～2020 年

2017 年 1 月 11 日，海南省机构编制委员会批文海南省博物馆文物保护与修复部正式成立，编制人员 5 人。

2017 年 2 月，"华光礁Ⅰ号"沉船出水 500 余件船板、文保实验室及相关文物保护设备搬迁至库房实验室及二期沉船保护室。

2017 年 4 月至 8 月，对"华光礁Ⅰ号"沉船进行 3D 数字化扫描及船体复原研究。

2017 年 6 月 22 日，我馆可移动文物修复资质申请获批，范围涵盖瓷器、陶器、铁器、铜器、饱水漆木器、干燥漆木器、石器、文物保存微环境控制技术、书法绘画、织绣、牙骨角器类文物修复。海南省博物馆是海南省第一家获得文物保护修复资质的单位。

2019 年，配合海南文体设施建设管理公司对"华光礁Ⅰ号"沉船实验室水池渗漏、承重问题进行改造。

2019 年 3 月，对《华光礁Ⅰ号出水船板（Ⅱ期）保护方案》进行评审。邀请浙江省

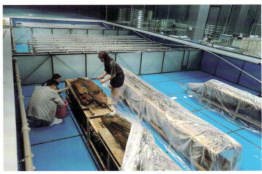

图9-28　"华光礁Ⅰ号"沉船船板搬至博物馆二期一楼展厅

图9-29　海南省第一个文物修复资质证书

图9-30　对"华光礁Ⅰ号"沉船进行3D数字化保护

博物馆、荆州文物保护中心、泉州海外交通史博物馆、广东省博物馆等单位的国内文物保护专家在海南省文物局对方案进行了评审，专家们对下一步的保护措施提出了合理建议。海南省文物局卿治平、何淑芳出席，海南省博物馆王翠娥、包春磊、符燕、吴莉参会。

2019年11月11日，韩国国家海洋文化研究所金炳董先生等一行到访

图9-31　对"华光礁Ⅰ号"沉船保护室进行
改造加固

图 9–32　韩国国家海洋文化研究所金炳董先生一行参观"华光礁Ⅰ号"沉船

海南省博物馆，参观了"华光礁Ⅰ号"沉船，并就韩国"新安"沉船的保护经验进行了交流，双方商讨了进一步合作的意向。

2020 年 11 月 13 日，海南省博物馆组织相关专家在海口召开了"华光礁Ⅰ号"出水木船保护修复专家咨询会。与会专家经过现场考察并听取了"华光礁Ⅰ号"出水木船保护修复进展相关情况介绍，经质询讨论，提出以下建议：

1. 在场地、经费、人员满足的情况下，"华光礁Ⅰ号"木船保护修复需要 7 年时间。
2. 采用聚乙二醇（PEG）填充加固，以真空冷冻干燥脱水定型方式为主的技术路线。
3. 填充加固与冷冻干燥施工场地约需 1200 平方米，修复复原在展陈场地实施，适当考虑施工便利性。
4. "华光礁Ⅰ号"船体修复复原以考古资料为基础进行复原。

与会专家及人员：浙江省博物馆郑幼明研究馆员，荆州文物保护中心方北松研究馆员，泉州海外交通史博物馆李国清研究馆员，登州博物馆袁晓春副研究馆员，国家水下文化遗产保护中心张治国研究馆员，海南省博物馆于洋、王辉山、林晖、包春磊、符燕、李晶晶、赵钰、张猛、赵炳烨。

第十章　海南文物保护工作思考

　　海南作为一个海洋大省，其辖下 200 多万平方千米的海域里蕴藏着丰富的水下文化遗产，水下考古及出水文物保护拥有广阔的前景，目前正在进行保护修复的"华光礁 I 号"沉船出水文物就是这些珍贵的文物资源之一。

　　海南省文物保护的历史时间很短，从事文物保护工作的专业技术人员很少。作为海南省唯一的国家一级博物馆——海南省博物馆，开馆时没有专门的文物保护部门，因"华光礁 I 号"沉船及其出水文物，陆续引进了若干名文物保护专业技术人员（有博士研究生、硕士研究生、本科生等），2016 年人员达 7 人之多，组建了海南省首个相对专业的文物保护与修复团队。2017 年 1 月 11 日，海南省博物馆文物保护与修复部由海南省机构编制委员会批准成立，虽然成立较晚，但也是目前海南省文博系统中唯一有编制且独立的文物保护修复部门。近年来，海南省文物保护工作者也做了很多的工作和成绩，但与国内其他省级博物馆相比，还有一定的差距，需要学习和借鉴的地方很多。

　　海南岛因历史原因，出土文物相对较少且品质大多不佳，"华光礁 I 号"沉船出水文物超过 1 万件，极大地改善了海南省文物品质及数量，目前占海南省博物馆馆藏文物半壁江山还多。再者，南海地处我国古代"海上丝绸之路"之要冲，水下文化遗产丰富，"海捞"文物是海南岛的特色，因此，"华光礁 I 号"沉船出水文物备受青睐。"华光礁 I 号"南宋沉船的结构（国内首次发现 6 层船板）也受到国内外造船史专家、考古学家、历史学家的重视。海南省博物馆的文物保护工作，以"华光礁 I 号"沉船出水文物作为文物保护修复的中心与重心。

　　近十年来，文物保护与修复团队以科技保护与修复为核心，始终坚持"以科研工作提升文物保护水平，以文物保护项目促进科研成果转化"的工作思路，不断探索新的科技保护技术和方法，从事不同材质文物的保护与修复工作，在取得了多项文物科技保护科研成果和显著提升我馆文物科技保护水平的同时，也促进了大量文物保护修复项目的成效和水平。海南省博物馆文物保护与修复部省部级课题项目资金达 1000 多万，项目带动科研，大大地提高了我馆文物科技保护与修复的能力和水平，填补了多项文物保护项目空白，为海南省的文物保护工作打下了坚实的基础。主要工作和成果如下：筹建海南省第一个出水文物保护修复实验室，申报了海南省第一个文物保护与修复资质证书，获得了海南省文博领域第一个发明专利和省级自然科学基金课题；在出水陶瓷器文物、铁器文物、饱水木质文物、文物数字化保护等领域取得了一批科研成果和工作业绩；国家海疆考古"十一五"规划重要项目——《华光礁 I 号出水木船保护（I 期）》《华光礁 I 号出水陶瓷器脱盐及保护修复》《华光礁 I 号出水铁器保护》已结题，完成"华光礁 I 号"出水的 1 万余件陶瓷器、100 余件铁器的保护及修复工作，完成 511 件船板的脱盐脱硫保护修复工作；主持海南省自然科学基金课题 3 项、海南省社科联课题 1 项、国家文物局项目 5 项、纵向课题 2 项，参与国家社科基金课题 2 项；发表文物保护相关学术论文 30 余篇，其中中文核心期刊 10 余篇；出版《"华光礁 I 号"出水陶瓷器的保护与修复》和《海南出水铁质文物的保护与修复》专著 2 部；包春磊荣获海南省拔尖人才称号，为海南省育才计划"南海名家"青年项目第一批人选和"515 人才工程"第三层次人选。

　　海南省博物馆的文物保护与修复工作虽然取得一些成绩，但与国内同行相较，专业人才太少、底子差、力量薄弱，需加大重视力度。文物保护专业性极强，属文博行业中文理交叉的综合性学科，没有一定的理科基础是无法胜任文物保护工作的。因此，文物保护岗位设置和配置要有大局意识，长远考虑，"专业的人管专业的事"。近几年，海南省博物馆文物保护与修复部仅有 2 名有编制的专业技术人员，对完成本馆文物保护修复工作已觉力不从心，更无法开展像"古船保护与修复"这样的大型课题项目。古代沉船保护过程中要面临诸多问题与课题，如微生物、环境科学、化学、物理、考古学、造船史等等，需要不同学科、不同专业的人员来协作完成。韩国元代"新安"沉船与"华光礁 I 号"沉船同属福船，其保护修复工作已经结束，目前在展厅对外开放，但其保护过程中，专业保护修复团队有 7~8 人，其中不乏不同专业的博士、硕士等高学历技术人员参与；瑞典"瓦萨"号沉船和英国"玛丽·玫瑰"号沉船的保护修复团队，都有数人并长期参与。"华光礁 I 号"沉船保护是一个长期的保护项目，其二期工程填充加固干燥定型又是一个充满各种挑战的过程，新问题、新课题接踵而来，加快引进高层次专业技术人员迫在眉睫。没有一个科学的、专业的、能长期坚守的工作团队，项目的顺利完成是难以想象的。

海南岛四周环海，地处热带，南海又为古代"海上丝绸之路"必经之地，水下文化遗产丰富，文物有海洋及热带地域特色，但本岛文物保护基础薄弱，做好文物保护工作要长远谋划。

引进各类专业人才，扩大文物保护范围。对于整个海南省文博行业来说，文物保护专业人才的缺乏，导致目前的文保工作仅限于各单位内可移动文物的保护与修复。实际上，海南岛本地还存在诸多不可移动文物，如古建筑、墓葬、古塔、石刻雕塑、古代桥梁等，由于缺乏专业人员，几乎都是邀请其他省市专家参与，不利于本岛文物保护经验的积累，毕竟，这些文物出现病害时，当地文保人员可在第一时间出现并解决。另外，海南"黎锦"文物——龙被，是海南独有的具有地域特色的文物，但目前也紧缺相关修复人员。文物保护人才队伍建设是一项非常重要的基础性工作，要加强并重视文物保护队伍的建设，包括管理队伍、保护队伍，尤其像科技保护的人才，需要通过高校、研究机构大力度的培养后引进。文物保护人才有两个层面，一方面是研究型的，一方面是技术型的，如修复等，需两方面互补，协调发展，培养大量急需的专业人才和满足真正的文物科技保护的需求；加强一线业务人员培训，提高基层文物保护队伍能力和素质，有利于提高海南省文物保护工作的整体水平。

加强各专业部门协调，提高文物保护意识。博物馆中存放的文物，都和文物保护密切相关。比如展厅文物频现生物病害，究其原因，概因文物上展前未进行彻底熏蒸杀菌；再者，很多征集和捐献的文物，部门间协调不足或者未意识到文物熏蒸杀菌的重要性，直接进库或上展，使本来带有病虫害的文物直接进入博物馆内部；由点到面，未有病害的文物也大面积被污染，头痛治头脚痛医脚，文保人员疲于奔命，每隔一段时间都要除虫防霉，更可能会对文物造成隐性永久性伤害。因此，应形成一定制度，征集的文物或临时存放库房的文物（含入库包装），必须先由文物保护部门集中进行熏蒸杀菌，然后再办理入库手续或者上展，从源头消除隐患；外单位临时借展文物，也应有杀菌除虫的程序。

整合全岛力量、筹建文物保护专业机构。海南省文物资源独特，根据第三次全国不可移动文物普查，全省不可移动文物共4274处，其中水下文化遗存124处，居全国前列；全国重点文物保护单位35处，省级文物保护单位208处，市县级文物保护单位471处，革命文物、华侨文物、民族文物和古建筑、古村落独具特色。这些丰富而珍贵的文物资源既是整个海南（南海）文化的重要载体，也是海南自贸港及全域旅游建设可持续发展的重要基础。但目前存在的问题是，珍贵文物藏品中近三分之一亟待开展修复工作，海南省文物保护修复工作起步晚，与其他文物大省相比，文物保护基础薄弱，经验不足，人才匮乏，省级博物馆如海南省博物馆相对来说情况比较好，可独立开展保护文物工作，并有为数不多的专业修复人才，市县级博物馆由于相关投入有限，以及硬件设施的限制与专业人才的缺失，几乎没有独立进行文物修复的能力。与其他文物大省相比，海南的文保工作任重而道远。据普查统计，全省共计 51 家文物收藏单位，专门设置文物保护与修复部门的仅有海南省博物馆，编制仅有 5 人，且专业技术人员大多还没有配齐，其他各馆专门从事文物保护的人员很少甚至基本没有。目前，全省有关文物保护的规划、修缮、保护方案基本都需要请内地各省兄弟单位来参与，不利于海南省本地文物保护力量的发展。为了培养一支本地相对稳定的文化遗产科技保护团队，探索为海南文化遗产的永续利用提供科研基础，提高本省文物科技保护工作水平，在历史文化遗产、工业文化遗产、红色文化遗产等领域进行人才培养、科学研究和技术创新，有专家建议整合全省文物保护力量，筹建"南海文化遗产研究院"，做好全省文物保护、水下考古、古建筑、非物质文化遗产等工作。

文物保护工作"功在当代，利在千秋"。这八个字，凝结了习近平总书记对文物保护工作意义的认知，体现了习总书记对文物保护工作的高度重视。"文物承载灿烂文明，传承历史文化，维系民族精神，是老祖宗留给我们的宝贵遗产，是加强社会主义精神文明建设的深厚滋养。"党的十八大以来，习总书记在各地考察、出国访问时，常常对文物保护工作提出要求，并身体力行推动保护文物工作。"搞历史博物展览，为的是见证历史、以史鉴今、启迪后人。要在展览的同时高度重视修史修志，让文物说话、把历史智慧告诉人们，激发我们的民族自豪感和自信心，坚定全体人民振兴中华、实现中国梦的信心和决心。"习近平强调，树立保护文物也是政绩的科学理念，统筹好文物保护与经济社会发展，全面贯彻"保护为主、抢救第一、合理利用、加强管理"的工作方针，切实加大文物保护力度，推进文物合理适度利用，使文物保护成果更多惠及人民群众。

《海南自由贸易港建设总体方案》中明确提到要推动旅游与文化体育深度融合等诸多具体举措，这都将为海南省文物保护事业的发展带来更广阔的空间，而文物合理适度利用也会为海南省旅游业注入更多文化动能，促进自贸港的建设。

参考文献

一、中文参考文献

ADI M M，TIRTAMARTA A 著，辛光灿译：《井里汶海底 10 世纪沉船打捞纪实》，《故宫博物院院刊》2007 年第 6 期。

Barry Rolett：《中国东南的早期海洋文化》，《百越文化研究——中国百越民族史学会第十二次年会暨百越文化国际学术研讨会论文集》，2004 年。

B. 马林诺夫斯基：《科学的文化理论》，转引自 C.A. 托卡列夫《外国民族学史》，中国社会科学出版社，1983 年。

包春磊：《华光礁 I 号出水铁器文物的腐蚀与保护措施》，《腐蚀与防护》2012 年第 33 卷第 7 期。

包春磊：《南海"华光礁 I 号"沉船水下考古试析》，《南海学刊》2015 年第 1 卷第 3 期。

包春磊、贾世杰、符燕等：《海南省博物馆馆藏出水古铁炮腐蚀产物分析》，《腐蚀与防护》2014 年第 35 卷第 1 期。

贝武权：《海洋考古与海洋文化建设——以舟山群岛为例》，《浙江海洋学院学报（人文科学版）》2008 年第 1 期。

C.W. 西拉姆著，刘迺元译：《神祇·坟墓·学者——欧洲考古人的故事》，生活·读书·新知三联书店，2001 年。

曹兵武：《最简考古学概论》，2014 年。

陈承德、李国清、曾丽民：《泉州湾宋代海船木材与泉州地区现代木材室内平衡含水率的比较研究》，《泉州湾宋代海船发掘与研究》，海洋出版社，1987 年。

陈文钦：《中国古代舟船发展简述》，《才智》2018 年第 31 期。

陈晓珊：《从保寿孔与桅下硬币看古代欧亚间造船文化的传播》，《海交史研究》2018 年第 2 期。

陈元生、解玉林、罗曦芸：《严重朽蚀饱水竹简的真空冷冻干燥研究》，《文物保护与考古科学》1999 年第 1 期。

成俊卿、杨家驹、刘鹏：《中国木材志》，中国林业出版社，1992 年。

程晓：《我国古代造船技术的兴衰及其启示》，武汉科技大学硕士学位论文，2007 年。

池玉杰、刘智会、鲍甫成：《木材上的微生物类群对木材的分解及其演替规律》，《菌物研究》2004 年第 3 期。

崔光南著，李国清、张丽明翻译：《南朝鲜新安沉船的保护研究》，《海交史研究》1990 年第 1 期。

崔光南、郑仁甲、金宪铺：《东方最大的古代贸易船舶的发掘——新安海底沉船》，《海交史研究》1989 年第 1 期。

邓启平、李大纲、张金萍：《FTIR 法研究出土木材化学结构及化学成分的变化》，《西北林学院学报》2008 年第 2 期。

丁贵：《地面三维激光扫描技术在文物测绘中的应用》，《矿山测量》2015 年第 3 期。

杜晓帆：《价值判断是活用"文化遗产"的前提》，《小康》2018 年第 1 期。

顿贺：《中国古船木构技术的演进》，《人海相依：中国人的海洋世界》，上海古籍出版社，2014 年。

方北松、王宜飞、史少华等：《饱水竹木器超临界脱水示例》，《湖南省博物馆馆刊》2014 年。

方桂珍：《20 种树种木材化学组成分析》，《中国造纸》2002 年第 6 期。

费利华、李国清：《泉州湾宋代海船保护 40 年回顾、现状与分析》，《文物保护与考古科学》2015 年第 27 卷第 4 期。

冯欣欣、高梦鸽、金涛等：《宁波"小白礁Ⅰ号"清代沉船部分构件木材树种的补充鉴定》，《文物保护与考古科学》2017 年第 29 卷第 1 期。

福建省博物馆、日本茶道资料馆：《唐物天目——福建省建窑出土天目与日本传世天目特别展》，日本写真印刷株式会社，1994 年。

福建省泉州海外交通史博物馆：《泉州湾宋代海船发掘与研究》，海洋出版社，1987 年。

付鑫鑫：《"南海一号"：沉睡 800 年的繁华》，《文汇报》2016 年 2 月 24 日第 4 版。

付跃进、杨昇、王方骏、袁同琦：《核桃壳木质素的结构研究》，《林业工程学报》2018 年第 3 卷第 3 期。

高英：《古代青铜器的腐蚀性破坏》，《中国历史博物馆馆刊》1979 年第 1 期。

广东农林学院林学系木材学小组：《广州秦汉造船工场遗址的木材鉴定》，《考古》1977 年第 4 期。

郝思德：《略谈华光礁Ⅰ号沉船出水瓷器的历史价值》，《南溟泛舸——南海海洋文明陈列》，南方出版社，2017 年。

河姆渡遗址考古队：《浙江河姆渡遗址第二期发掘的主要收获》，《文物》1980 年第 5 期。

何翔、岳辑：《千古南海海瓷低吟》，《海南日报》2012 年 05 月 14 日第 16 版。

华佳晨、王晓琪：《国外饱水木质文物保护研究进展述评》，《文物春秋》2018 年第 9 卷第 2 期。

黄纯艳：《宋代海船人员构成及航海方式》，《海交史研究》2015 年第 2 期。

侯宝荣：《海洋腐蚀环境理论及其应用》，科学出版社，1999 年。

侯保荣：《海洋环境中的腐蚀问题》，《世界科技研究与发展》总 20 卷第 4 期。

候时拓、吴家琛、李华等：《故宫慈宁宫等古建筑木构件现场防腐处理技术》，《木材加工机械》2010 年第 4 期。

纪娟、马琳燕、柏柯等：《贵州东汉巴郡守丞鎏金铜印的扫描电镜分析》，《电子显微学报》2019 年第 38 卷第 1 期。

基思·马克尔瑞：《海洋考古学》，海洋出版社，1992 年。

季曙行：《上海南汇县大治河古船发掘简报》，《上海博物馆集刊》总第四期，上海古籍出版社，1987 年。

蒋斌：《花光之舸楫齐扬——华光礁Ⅰ号船体出水始末》，《大海的方向——华光礁Ⅰ号沉船特展》，凤凰出版社，2011 年。

焦天龙：《南海南部地区沉船与中国古代海洋贸易的变迁》，《海交史研究》2014 年第 2 期。

靳海斌、卢衡、刘莺等：《安吉出土饱水木俑的稳定》，《东方博物》2009 年第 2 期。

金涛、李乃胜：《宁波"小白礁Ⅰ号"船体病害调查和现状评估》，《文物保护与考古科学》2016 年第 28 卷第 2 期。

匡标：《基于三维激光扫描技术的古建筑数字档案建库以及保护研究——以宋朝四大书院石鼓书院为例》，《中外交流》2017 年。

李东风、卢衡、周旸：《抗菌剂壳寡糖、儿茶素和纳米氧化锌对冻干前处理古木微生物作用的研究》，《文物保护与考古科学》2010 年第 1 期。

李国清：《出水海洋古沉船的保护》，《中国文化遗产》2013 年第 56 卷第 4 期。

李国清、曾丽民、陈承德：《泉州湾宋代海船三种船体木材和泉州地区十四种现代木材的平衡含水量的研究》，《福建林学院学报》1984 年第 1 期。

李坚：《木材波谱学》，科学出版社，2003 年。

李锦辉：《瑞典"瓦萨"号沉船保护带来的启示》，《中国文物报》2011 年 7 月 15 日第 6 版。

李庆新：《海洋考古与南中国海区域经济文化史研究》，《学术研究》2008 年第 8 期。

李硕：《设计学视阈下的中国古代船舶形式研究》，武汉理工大学博士学位论文，2015 年。

李雪艳：《天人秩序法则的重建——宋应星生态伦理思想研究》，《淮海工学院学报（社会科学版）》2011 年第 9 卷第 4 期。

李玉栋：《木材防腐——延长木材使用寿命的有效措施》，《人造板通讯》2001 年第 11 期。

梁永煌、满瑞林、王宜飞等：《饱水竹木漆器的超临界 CO_2 脱水干燥研究》，《应用化工》2011 年第 5 期。

廖传华、黄振仁：《超临界流体干燥技术的研究进展》，《第十届全国干燥会议论文集》，2004 年，第 70~78 页。

廖倩、潘彪、王丰：《明代南京船厂造船用材的鉴定与比较分析》，《林产工业》2016 年第 43 卷第 8 期。

蔺爱军、林桂兰、董卫卫等：《我国海洋水下文化遗产保护现状与管理探讨》，《海洋开发与管理》2016 年第 33 卷第 12 期。

林国聪、金涛、王光远：《浙江象山县"小白礁Ⅰ号"清代沉船 2014 年发掘简报》，《考古》2018 年第 11 期。

林士民：《宁波造船史》，浙江大学出版社，2012 年。

刘东坡、卢衡、郑幼明等：《动态粘度法测定饱水古木尺寸稳定剂 PEG 浓度》，《东方博物》2009 年第 4 期。

刘丽、李文英、杨竹英：《硅胶在出土浸饱水漆木器脱水定型中的应用与研究》，《文物保护与考古科学》2005 年第 2 期。

刘梦昕：《基于植被特征的晋江灵源山生态修复与景观改造》，福建农林大学硕士学位论文，2017 年。

刘添娥、王喜明、王雅梅：《木材防霉和防蓝变的研究现状及发展趋势》，《木材加工机械》2014 年第 6 期。

刘炜、赵春青、秦文生：《中华文明传真》（第七卷），上海辞书出版社、商务印书馆，2001 年。

刘文波：《宋代福建海商崛起之地理因素》，《中国历史地理论丛》2006 年第 21 卷第 1 期。

刘秀英、陈允适：《木质文物的保护和化学加固》，《文物春秋》2000 年第 1 期。

刘秀英、陈允适：《从兴国寺防腐防虫处理探讨古建筑木结构的保护问题》，《古建园林技术》2003 年第 4 期。

刘义杰：《福船源流考》，《海交史研究》2016 年第 2 期。

刘园园：《唐代墓葬出土钱币研究》，安徽大学硕士学位论文，2019 年。

楼卫：《跨湖桥独木舟原址脱水保护研究与实践》，《杭州文博》2014 年第 1 期。

卢衡：《抗菌剂四硼酸钠对浸渍木质文物的副作用分析》，《中国文物保护技术协会第二届学术年会论文集》，中国文物保护技术协会，2002 年。

卢燕玲：《一件清代髹漆贴金木雕观音菩萨坐像的保护研究和修复》，《文物保护与考古科学》2016 年第 28 卷第 1 期。

陆云：《答车茂安书》，康熙《定海县志》卷七。

罗丰：《宁夏固原唐墓出土的唐初开元通宝钱》，《中国钱币论文集》（第三辑），中国金额出版社，1998 年。

罗曦芸、陈大勇：《饱水文物的真空冷冻干燥研究》，《实验研究与探索》2002 年第 21 卷第 5 期。

罗小瑜：《桂中地区不同坡位杉木人工林多样性调查》，《绿色科技》2016 年第 11 期。

洛阳市文物考古研究院：《洛阳运河古沉船现场保护历程》，《洛阳考古》2015 年第 3 期。

洛阳市文物考古研究院：《洛阳运河一号、二号古沉船发掘简报》，《洛阳考古》2015 年第 3 期。

吕炳全、孙志国：《海洋环境与地质》，同济大学出版社，1997 年。

吕九芳：《明清古旧家具及其修复与保护的探究》，南京林业大学博士学位论文，2006 年。

马文宽、孟凡人：《中国古瓷在非洲的发现》，紫禁城出版社，1987 年。

"南海Ⅰ号"考古队：《广东"南海Ⅰ号"南宋沉船水下考古发掘项目圆满完成》，《中国文物报》2020 年 2 月 7 日第 5 版。

南京博物院：《如皋发现的唐代木船》，《文物》1974 年第 5 期。

宁波市文物管理委员会：《宁波东门口码头遗址发掘报告》，文物出版社，1981 年。

邱克：《浅谈海洋考古学》，《海交史研究》1984 年第 1 期。

《泉州湾宋代海船发掘报告》编写组：《泉州湾宋代海船发掘简报》，《文物》1975 年第 10 期。

任记国：《简析海洋出水木质文物的病害种类及产生原因》，《舟山文博》2012 年第 3 期。

Setesuo ImaZu，Tadateru Nishiura 著，张金萍译：《用甘露醇和 PEG 保护饱水木质文物的冷冻干燥法》，《东南文化》1998 年第 4 期。

陕西省博物馆、陕西省文管会：《西安南郊何家村发现唐代窖藏文物》，《文物》1972 年第 1 期。

山西博物院、海南省博物馆：《华光礁Ⅰ号沉船遗珍》，山西人民出版社，2013 年。

沈大娲：《海洋出水木质文物中的硫铁化合物》，科学出版社，2020 年。

日本茶道资料馆、福建省博物馆：《交趾香盒——福建省出土遗物与日本的传世品》，日本写真印刷株式会社，1998 年。

施剑：《明代浙江海防建置研究——以沿海卫所为中心》，浙江大学硕士学位论文，2011 年。

施振华：《大力发展木材防腐，节约木材》，《木材工业》2001 年第 15 卷第 4 期。

宋应星：《天工开物》之《舟车第九漕舫》《舟车第九海舟》。

宋正海：《辉煌的中国古代潮论》，《大众日报》2014 年 7 月 2 日。

孙光沂：《中国古代航海史》，海洋出版社，2005 年。

孙键：《揭秘华光礁一号沉船》，《华夏地理》2007 年第 10 期。

孙键：《绥中三道岗元代沉船的发现》，《国际博物馆》（中文版）2008 年第 4 期。

孙键：《绥中三道岗沉船与元代海上贸易》，《博物院》2018 年第 2 期。

孙键：《"南海 I 号"完整展示宋代社会》，《工会博览》2018 年第 8 期。

谭书龙：《魏晋南北朝舟船发展述论》，《内江师范学院学报》2005 年第 3 期。

汤琪、王菊琳、马菁毓：《土壤腐蚀过程中高锡青铜的形貌变化和元素迁移》，《中国有色金属学报》2011 年第 21 卷第 12 期。

唐闻欣：《浅议博物馆中的语音导览——以南京博物院为例》，南京师范大学硕士学位论文，2016 年。

汤显春、夏克祥、刘海舟等：《曾侯乙墓穴木椁微生物降解对木材危害及防治措施研究》，《微生物学杂志》2003 年第 6 期。

王福添、郑幼明、蒋青等：《饱水古木材 PEG 浸渗量 DSC 检测方法探索》，《中国文物科学研究》2017 年第 2 期。

王冠倬：《中国古船图谱》，生活·读书·新知三联书店，2011 年。

王冠倬、王嘉：《中国古船扬帆四海》，人民教育出版社，1996 年。

王晶：《非水溶性无机盐碱式碳酸锌制剂木材防霉研究》，中南林业科技大学硕士学位论文，2011 年。

王菊琳、许淳淳、吕国诚：《三元青铜/环境界面上物质转移的化学行为》，《材料研究学报》2004 年第 18 卷第 2 期。

王军锋：《三沙告别"落后"和"脏乱差"旅游前景可期》，新华网 2019 年 1 月 15 日。

王小芳：《深色名贵硬木家具用材研究》，广西大学硕士学位论文，2008 年。

王正书：《川扬河古船发掘简报》，《文物》1983 年第 7 期。

王志杰、余姝霆、田兴玲：《出水沉船的保护概况》，《全面腐蚀控制》2016 年第 30 卷第 7 期。

韦荃：《高级醇加固饱水木器的可逆性实验》，《文物保护与考古科学》2007 年第 1 期。

文白：《柏树种类》，《林业与生态》2014 年第 9 期。

吴春明：《海洋考古学》，科学出版社，2007 年。

吴春明：《环中国海沉船：古代帆船、船技与船货》，江西高校出版社，2003 年。

吴春明、孙若昕：《海洋文化遗产的多学科新探索》，《华夏考古》2013 年第 4 期。

吴春明、张威：《海洋考古学：西方兴起与学术东渐》，《中国海洋大学学报（社会科学版）》

2003 年第 3 期。

　　吴达期、徐永吉：《江苏武进县出土汉代木船的木材鉴定》，《考古》1982 年第 4 期。

　　吴东波、张绍志、陈光明：《饱水木质文物的冷冻干燥保存研究进展》，《第九届全国冷冻干燥学术交流会论文集》，2008 年。

　　席龙飞：《中国造船史》，湖北教育出版社，2000 年。

　　小江庆雄：《水下考古学入门》，文物出版社，1996 年。

　　辛光灿：《9~10 世纪东南亚海洋贸易沉船研究——以"黑石号"沉船和"井里汶"沉船为例》，《自然与文化遗产研究》2019 年第 4 卷第 10 期。

　　邢嘉琪：《木材生物防腐研究的现状与展望》，《世界林业研究》2004 年第 3 期。

　　徐殿魁：《试论唐开元通宝的分期》，《考古》1991 年第 6 期。

　　许生根：《英藏〈天盛律令〉残卷西夏制船条款考》，《宁夏社会科学》2016 年第 2 期。

　　许晓燕：《造物"选"材·"适"之为良——中国传统器物"木"之工艺相适性探究》，武汉理工大学硕士学位论文，2007 年。

　　徐永吉、吴达期、李大纲：《南通元代古船的木材鉴定》，《福建林学院学报》1995 年第 15 卷第 1 期。

　　徐永吉、吴达期、李永敬：《平度隋船的木材鉴定》，《电子显微学报》1983 年第 2 期。

　　阎根齐：《南海古代航海史》，海洋出版社，2016 年。

　　阳帆：《馆藏出土饱水漆木器的脱水加固保护》，湖南省博物馆学会《博物馆学文集 9》，湖南人民出版社，2013 年。

　　杨富学、李志鹏：《北宋钱荒之西夏因素考析》，《古代钱币与丝绸高峰论坛暨第四届吐鲁番学国际学术研讨会论文集》，上海古籍出版社，2015 年。

　　杨恒、田兴玲、李乃胜等：《广东"南澳Ⅰ号"明代沉船出水铜器腐蚀产物分析》，《中国文物科学研究》2012 年第 3 期。

　　杨凌：《世界七大著名海底沉船宝藏》，《山海经》2018 年第 7 期。

　　杨威婷、董文娟、闫文雯等：《几种主要的水载型防腐处理木材对环境安全的影响》，《中国木材保护工业协会第六届中国木材保护大会暨 2012 中国景观木竹结构与材料产业发展高峰论坛 2012 橡胶木高效利用专题论坛论文集》，2012 年。

　　杨晓丹、耿铭泽：《中国古代钱币之大唐开元通宝》，《长春金融高等专科学校学报》2017 年第 4 期。

　　杨映红、陈泽芳：《地域文化视野下"南澳一号"的历史印记》，《岭南文史》2014 年第 2 期。

杨圆梦、艾中帅：《河南丝绸之路古关隘的现状调查及保护对策》，《济源职业技术学院学报》2017 年第 16 卷第 3 期。

杨章旗：《马尾松木材化学组分的遗传变异研究》，《福建林学院学报》2012 年第 32 卷第 2 期。

叶钦地：《"海上福州"船政文化资源产业化开发利用研究》，《福建省社会主义学院学报》2017年第 1 期。

尹思慈：《聚乙二醇处理木材的研究》，《南京林学院学报》1985 年第 3 期。

俞嘉馨：《南海归帆——由西沙华光礁 I 号说开去》，《中国文化遗产》2013 年第 4 期。

袁诚、陈冰炜、黄曹兴等：《徐州出土汉代棺木用材树种鉴定及其化学性质》，《林业工程学报》2019 年第 4 卷第 3 期。

袁国平：《三维激光扫描技术在文物保护中的应用》，《矿山测量》2018 年第 46 卷第 5 期。

袁晓春：《蓬莱古船保护技术》，《武汉造船》1994 年第 3 期。

袁晓春：《蓬莱三艘古船保护进程中的保护技术探究》，《中国文物保护技术协会第六次学术年会论文集》，2009 年。

袁晓春、张爱敏：《蓬莱四艘古船保护技术解析》，《中国文物科学研究》2013 年第 1 期。

岳丽杰：《铁器文物脱氯研究与新型缓蚀脱氯清洗液的研制》，北京化工大学硕士学位论文，2005 年。

云思：《博物馆的"智慧化生存"》，《上海信息化》2016 年第 3 期。

张健：《北宋货币对社会经济的影响》，兰州大学硕士学位论文，2011 年。

张金萍、章瑞：《考古木材降解评价的物理指标》，《文物保护与考古科学》2007 年第 2 期。

张静：《中西方家具设计之比较研究》，《大众文艺（理论）》2009 年第 18 期。

张静芬：《中国古代的造船与航海》，商务印书馆，1997 年。

张立明、黄文川、何爱平、金普军：《自然干燥法在保护西汉饱水漆耳杯中的应用》，《文物保护与考古科学》2005 年第 4 期。

张蕊：《"南溟泛舸——南海海洋文明陈列"简述》，《南溟泛舸——南海海洋文明陈列》，南方出版社，2017 年。

张向冰：《舟船的文明》，《海洋世界》2009 年第 12 期。

张晓梅、原思训、刘煜等：《周原遗址及強国墓地出土青铜器锈蚀研究》，《文物保护与考古科学》1999 年第 2 期。

张振军：《乳糖醇处理出土饱水古木的研究》，《南京林业大学校刊》2006 年。

张振玉：《出水青花——"碗礁一号"沉船打捞记》，《闽都文化》2019 年第 2 期。

赵桂芳：《出土饱水竹木器脱水保护研究》，《中国文物科学研究》2006 年第 4 期。

赵红英、王经武、崔国士：《饱水木质文物的理化性能和微观结构表征》，《东南文化》2008 年第 4 期。

赵嘉斌：《海上丝绸之路上的中国古代外销瓷——中国水下考古的工作与发现》，《中国古陶瓷研究》（第十四辑），紫禁城出版社，2008 年。

赵嘉斌：《西沙华光礁Ⅰ号南宋沉船遗址》，《大海的方向——华光礁Ⅰ号沉船特展》，凤凰出版社，2011 年。

赵匡华、华觉明、张宏礼：《北宋铜钱化学成分剖析及夹锡钱初探》，《自然科学史研究》1986 年第 3 期。

赵振、肖嶙、孙杰：《成都商业街船棺、独木棺遗址微生物研究》，《中国文物保护技术协会第四次学术年会论文集》，科学出版社，2005 年。

中国科学院中国植物志编辑委员会：《中国植物志》，科学出版社，2004 年。

中国历史博物馆：《中国南海沉船文物为中心的遥远的陶瓷海上之路展》，日本朝日新闻社，1993 年。

中国文化遗产研究院：《华光礁Ⅰ号出水木船保护方案（Ⅰ期）》，2011 年。

中国文化遗产研究院、海南省博物馆：《华光礁Ⅰ号出水陶瓷、铁器保护修复及木船构件保护工程（Ⅰ期）结项报告》（内部资料），2016 年 5 月。

钟兴龙：《唐宋铸币问题研究》，东北师范大学博士学位论文，2010 年。

周本刚、井上腾也：《腐食七防食》，大日本图书，1997 年。

周海鹰：《"南海Ⅰ号"待解的 11 大谜团》，《今日科技》2008 年第 1 期。

周健：《明清时期福建水师的研究》，福建师范大学硕士学位论文，2010 年。

祝鸿范、周庚余、陈萍：《处理青铜器有害锈的一种新方法》，《文物保护与考古科学》1989 年第 1 卷第 1 期。

佐伯弘次：《博多遗迹群出土墨书资料集成》，博多研究会，1997 年。

二、外文参考文献

A. D. Smith, M. Jones, A. Berko, et al., An Investigation of the Sulfur–Iron Chemistry in Timbers of the Sixteenth Century Warship, the Mary Rose, by Synchrotron Micro–X–Ray Spectroscopy, *Proceedings of the 37th International Symposium on Archaeometry*, 2008: 389–394.

Beccarie A M, Mor E D, Bruno G, Investigation on lead corrosion products in sea water and in neutral saline solutions, *British Corrosion Journal*, 1982, 33 (7): 416–420.

Bradleya, Rodgers, *The Archaeologists Manual for Conservation*, Newyork: kluwer academic/plenum publishers, 2004.

Charles E. Orser (ed.), *Encyclopedia of Historical Archaeology*, Tarlor & Francis Group, 2002.

CHRISTENSEN M, H KUTZKE, F K HANSEN, New materials used for the consolidation of archaeological wood–past attempts, present struggles, and future requirements, *Journal of Cultural Heritage*, 2012 (13): 183–190.

Colin Pearson, Review, *Studies in Conservation*, 1981, 26 (4): 171–174.

Cong Cao, Zengling Yang, Lujia Han, Xunpeng Jiang, Guanya Ji, Study on in situ analysis of cellulose, hemicelluloses and lignin distribution linked to tissue structure of crop stalk internodal transverse section based on FTIR microspectroscopic imaging, *Cellulose*, 2015, 22 (1): 139–149.

D. I. Donato, G. Lazzara、S. Milioto, Thermogravimetric analysis, *Journal of Thermal Analysis and Calorimetry*, 2010, 101 (3): 1085–1091.

Donny L Hamilton, *Methods of Conserving Archaeological Material from Underwater Sites*, Texas A & M University Press, 1999.

ELEANOR J S, RITIMUKTA S, APURVA M, et al., Strontium carbonate nanoparticles for the surface treatment of problematic sulfur and iron in waterlogged archaeological wood, *Journal of Cultural Heritage*, 2016 (18): 306–312.

Fors, Y., Jalilehvand F., Damian Risberg E., Björdal C., Philips E., Sandström M., Sulfur and iron analyses of marine archaeological wood in shipwrecks from the Baltic Sea and Scandinavian waters, *Journal of Archaeological Science*, 2012 (39): 2521–2532.

Fors Y, Jalilehvand F & SANDSTRÖM M, Analytical aspects of waterlogged wood in historical shipwrecks, *Analytical Sciences*, 2011, 27 (8): 785–792.

Fors, Y., Nilsson, T., Risberg, E. D., Sandström, M., Torssander, P., Sulfur accumulation in pinewood (Pinus sylvestris) induced by bacteria in a simulated seabed environment: Implications for marine archaeological wood and fossil fuels, *International Biodeterioration and Biodegradation*, 2008 (62): 336–347.

Gao Jingran, Li Jian, Qiu Jian, Degradation assessment of waterlogged wood at Haimenkou site, *Frattura ed Integrità Strutturale*, 2014 (30): 495–501.

Geikie, J. Discovery of an ancient canoe in the old alluvium of the Fay at Perth, *Scottish Naturalist*, 1879 (5): 1–7.

Gettens R J, Some Observations Concerning the Lustrous Surface on Ancient Eastern Bronze Mirrors, *Technical Studies in the Field of the Fine Arts*, 1934 (3): 29–67.

Gettens, R. J., *The Corrosion Products of Metal Antiquities*, Washington DC. Smithsonian Institution, 1964.

Giachi, G., Bettazzi, F., Chimichi, S., Staccioli, G., Chemical characterisation of degraded wood in ships discovered in a recent excavation of the Etruscan and Roman harbour of Pisa, *Journal of Cultural Heritage*, 2003, 4 (2): 75–83.

Gunnar Almkvist, Ingmar Persson. Degradation of polyethylene glycol and hemicellulose in the Vasa. *Holzforschung*, 2008, 62 (1), 64–70.

Hornell, J. *British coracles and Irish curraghs, Society for Nautical Research*, London, 1938.

Jens Glastrup, Yvonne Shashoua, Helge Egsgaard,et al. Degradation of PEG in the Warship Vasa. *Macromolecules in Cultural Heritage*, 2006, 238 (1): 22–29.

Jeremy Green, *Maritime Archecology, A Technical Handbook*, Academic Press Limited, 1990.

Kaye Barry, Cloe–Hamilton David J, Morphet Kathryn, Sulpercritical drying, a new method for conserving waterlogged archaeological materials, *Studies in Consevation*, 2000, 45 (4): 233–252.

K. K Pandey, A. J Pitman, International Biodeterioration & Biodegradation. *FTIR studies of the changes in wood chemistry following decay by brown-rot and white-rot fungi*, 2003, 52 (3): 151–160.

Keith Muckelroy, *Maritime Archaeology, New Studies in Archaeology*, Cambridge, 1978.

Kim Y S, Singh A P, Imaging degraded wood by confocal microscropy, *Microscopy Today*, 1998, 98 (4): 14.

Kim Y S. Singh A P, Micromorphological characteristics of wood biodegradation in wet environments: A review, *IAWA*, 2000, 21 (2): 135–155.

K. V. Sarkanen, H. M. Chang, G. G. Allan, Species variation in lignins Ⅱ Conifer lignins, *TAPPI*, 50 (2): 583–587.

LESZEK B, Dimensional changes of waterlogged archaeological hardwoods pre–treated with aqueous mixtures of lactitol/trehalose and mannitol/trehalose before freeze–drying, *Journal of Cultural Heritage*, 2015 (16): 876–882.

LESZEK B, Investigations on pre– treatment prior to freeze– drying of archaeological pine wood with abnormal shrinkage anisotropy, *Journal of Archaeological Science*, 2011 (38): 1709–1715.

Ling, L., Unearthed archeological wooden relics: generation, reply and permanent fixture, *Sicentific research of China's cultural relics*, 2009 (2): 53–55.

Lovisa Dal, Ingrid Hall Roth, Conservation of the warship Vasa–The Treatment andther Pesent Problems,

International congress on the conservation and restoration for arehaeological objects, 2002: 29–38.

Lucas, A. T. The dugout canoe in Ireland, *Varbergs Museum Arsbok*, 1963 (68): 57–68.

MacLeod I D, Formation of marine concretion on copper and its alloys, *The International Journal of Nautical Archaeology and Underwater Exploration*, 1982, 11 (4): 267–275.

MacLeod, I. D., Taylor, R. J, Corrosion of bronzes on shipwrecks a comparison of corrosion rates deduced from shipwreck material and from electrochemical methods, *Corrosion*, 1985, 41 (2): 100–104.

Magnus Sandström, Farideh Jalilehvand, Ingmar Persson,et al. Deterioration of the seventeenth–century warship Vasa by internal formation of sulphuric acid. *Nature*, 2002, 415: 893–897.

Magnus Sandström, Farideh Jalilehvand, E. Damian,et al.Sulfur accumulation in the timbers of King Henry VIII's warship Mary Rose: A pathway in the sulfur cycle of conservation concern, *PNAS*, 2005, 102 (40): 14165–14170.

MARTIN N M, HELGE E, S REN H, etal., Characterisation of the polyethylene glycol impregnation of the Swedish warship Vasa and one of the Danish Skuldelev Viking ships, *Journal of Archaeological Science*, 2007 (34): 1211–1218.

Martin Nordvig Mortensen, Helge Egsgaard, Søren Hvilsted, Yvonne Shashoua, Jens Glastrup, Characterisation of the polyethylene glycol impregnation of the Swedish warship Vasa and one of the Danish Skuldelev Viking ships, *Journal of Archaeological Science*, 2006, 34 (8): 135–138.

Mc Grail, The Brigg raft reexcavated, *Lincolnshire Hist*, 1975 (10): 5–13.

Mc kerrell H, Roger E, Varsanyi A. The acetone/rosin method for conservation of waterlogged wood. *Studies in Conservation*, 1972, 17 (3) : 111–125.

McNeil, M. B., Mor, D. W, Sulfate formation during corrosion of copper alloy objects, In Materials Issues *in Art and Archaeology*, 1992 (3): 1047–1053.

Michael Flecker. A ninth–century AD Arab or Indian shipwreck in Indonesia: First evidence for direct trade with China. *World Archaeology*, 2001, 32 (3): 335–354.

M. IKuo, J. F. Meclelland. S. Luo, eta1., Applications of infrared photoacoustic spectroscopy for wood samples, *Wood Fiber Science*, 1988 (20): 132–145.

M. P. Colombini, M. Orlandi, etal., Arehaeological wood characterization by PY/GC /MS, GC/ MS, NMR and GPC techniques, *Microchemical Journal*, 2007 (85): 164–173.

North, N. A., and I. D. MacLeod, Corrosion of Metals. *Conservation of Marine Archaeological Objects*, Butterworths, 1987: 68–98.

Oddy, W. A., and M. J. Hughes, The Stabilization of Active Bronze and Iron Antiquities by the Use of Sodium Sesquicarbonate, *Studies in Conservation*, 1970: 188.

Passialis, C. N., Physico-chemical characteristics of waterlogged archaeological wood, *Holzforschung*, 1997, 51 (2): 111–113.

Pearson, C. The use of polyethylene glycol for the treatment of waterlogged wood: Its past, present and future. In L. H. de Vries-Zuiderbaan (Ed.), *Conservation of waterlogged wood* (Proceedings of the Inernational Syposium on the Conservation of Large Objects of Waterlogged Wood) ,1981,pp. 51–56. The Hague: Ministry of Education and Science.

Peter Marsden. A boat of the Roman period found at Bruges, Belgium in 1899. *International Journal of Nautical Archaeology*, 1976, 5: 23–55.

P. Jensen, J. B. Jensen, Dynamic model for vacuum freeze-drying of waterlogged archaeological wooden artifacts, *Journal of Cultural Heritage*, 2006 (7): 156–165.

REGINA K, *Shipwrecked: Tang treasures and monsoon winds*, Washington D C，Smithsonian Books, 2010.

Rémazeilles, C., Saheb M., Neff D., Guilminot E., Tran K., Bourdoiseau J. -A., Sabot R., Jeannin M., Matthiesen H., Dillmann Ph., Refait Ph., Microbiologically influenced corrosion of archaeological artefacts: characterisation of iron (II) sulfides by Raman spectroscopy, *Journal of Raman Spectroscopy*, 2010 (41): 1425–1433.

Richard, D., Luther III G. W., Chemistry of Iron Sulfides, *Chemical Reviews*, 2007 (107): 514–562.

Rosenqvist, A., Experiments on the conservation of waterlogged wood and leather by freeze drying, in *Problems in the Conservation of Waterlogged Wood*, ed. W.A. Oddy, Maritime Monographs and Reports No. 16, National Maritime Museum, London (1975): 9–23.

SAMUEL P P J, NIGEL K H S, MARK J, et al., Investigating the processes necessary for satisfactory freeze-drying ofwaterlogged archaeological wood, *Journal of Archaeological Science*, 2009 (36): 2177–2183.

Sandström, M., Fors, Y., Jalilehvand, F., Damian, E. & Gelius, U. (2005)in Proceedings of the Ninth ICOM Group on Wet Organic Archaeological Materials Conference, Copenhagen, 2004, ed. Hoffmann, P. Deutsches Schiffahrtsmuseum, Bremerhaven, Germany), in press.

Sandström, M., Jalilehvand, F., Damian, etal., Sulfur accumulation in the timbers of King Henry VIII's warship Mary Rose: A pathway in the sulfur cycle of conservation concern, *Proceedings of the National Academy of Sciences of the United States of America*, 2005: 65–70.

Schnell Ulrich, Anton Sand, Jensen Poul, Determination of maximum freeze drying temperature for PEGimpregnated archaeological wood, *Studies in Conservation*, 2007, 52 (l): 50–58.

Sean McGrail, Boat ethnography and maritime archaeology, *International Journal of Nautical Archaeology and Underwater Exploration* (UNA), 1984, 13 (2): 149–150.

Setuo Imazu, Conservation of waterlogged wood using sugar alcohol and comparison the effectiveness of lactitol, sucrose and PEG#4000 treatment, Scientific research and conservation of waterlogged wood excavated at the Shijo site. Nara, Japan, *Bulletin of the Archaeological institute of Kashihara*, 1999: 188–207.

Ucar, G., Yillgor, N., Chemical and technological properties of 300 years waterlogged wood, *Holz als Roh- und Werkstoff*, 1995, 53 (2): 129–132.

Unger A, Schniewind A P, Unger W, Conservation of archaeological wood artifacts, *Springer-Verlag Berlin Heidelberg*, 2001 (1): 222.

WANG Jingwu, CUI Guoshi.Microstructure characteristics and physical and chemical properties of waterlogged wooden cultural relics, *Southeast Culture*, 2008 (4): 89–92.

Watson J., Suitability of waterlogged, wood from British excavations for conservation by freeze drying, in Black J. (ed.) *Recent advances in the conservation and analysis of artifacts jubilee conservation conference Papers*, Summer schools Press, 1987: 273–276.

Wetherall, K. M.; Moss, R. M.; Jones, A. M, et al. Sulfur and iron speciation in recently recovered timbers of the Mary Rose revealed via X–ray absorption spectroscopy. *Journal of Archaeological Science*, 2008, 35, 1317–1328.

WIES AWO, JERZYM, AGNIESZKAS, etal., Hygroscopic properties of PEG treated archaeological wood from the rampart of the 10th century stronghold as exposed in the Archaeological Reserve Genius loci in Poznan (Poland), *Journal of Cultural Heritage*, 2015 (18): 299–305.

Wilcox W W, Some methods used in studying microbiological deterioration of wood, *Forest Service Research Note*, 1964, 17 (2): 631–632.

Yvonne Fors, Magnus Sandström, Sulfur and iron in shipwrecks cause conservation concerns, *Chemical Society Reviews*, 2006, 35 (5): 399.

Y. S. Kim, Chemical characteristics of waterlogged archaeological wood, *Holzforschung*, 1990 (44): 169–172.

Zhengjun, Z., Research on processing unearthed ancient water–rich wood using lactitol, *wood science and technology*, Nanjing Forestry University, 2006.

后　记

2016 年 5 月 28 日是个重要的日子，海南省博物馆与中国文化遗产研究院联合召开了《"华光礁 I 号"沉船出水陶瓷、铁器保护修复和木船构件保护工程（I 期）工程实施》项目结项评估会议。来自故宫博物院的李化元研究馆员、中国国家博物馆的潘路研究馆员、北京大学的胡东波教授、泉州海外交通史博物馆的李国清研究馆员等专家给予很高的评价，认为项目保护修复效果良好，达到了预期目标，通过验收。自 2008 年 12 月出水运至海南省博物馆进行保护处理以来，"华光礁 I 号"沉船出水文物的保护与修复历经 8 年之久，但文物保护人员前进的步伐却没有停止。2019 年 3 月，为了延续"华光礁 I 号"沉船下一阶段保护，海南省博物馆邀请浙江省博物馆郑幼明研究馆员、荆州文物保护中心方北松研究馆员、泉州海外交通史博物馆李国清研究馆员、蓬莱登州博物馆袁晓春副研究馆员、广东省博物馆张欢副研究馆员等专家在省文物局组织下对《华光礁 I 号出水船板（II 期）保护方案》进行评审，并对下一步的保护措施提出了建议。

在海南省文物保护力量薄弱情况下，数年来我馆文保人员克服困难、齐心协力，"华光礁 I 号"出水木船保护（I 期）顺利完成实属不易。"华光礁 I 号"沉船及出水文物运至海南省博物馆至今已有 10 余年，期间全体文保人员齐心协力在出水陶瓷器文物、铁器文物、饱水木质文物、文物数字化保护等领域取得了一批科研成果，圆满完成国家海疆考古"十一五"规划重要项目——"华光礁 I 号"出水陶瓷器、铁器、木船（I 期）的保护修复工作，为我国海洋出水文物的保护提供了借鉴与经验，为海南省的文物保护和修复工作打下了坚实基础，填补了多项文物保护项目空白。"路漫漫其修远兮，吾将上下而求索。"文保人员时刻牢记不忘初心、牢记使命，坚守梦想。"华光礁 I 号"出水木船保护（I 期）工程的顺利完成离不开国家文物局、海南省旅游和文化广电体育厅的支持，离不开中国文化遗产研究院和海南省博物馆领导的支持和帮助，中国文化遗产研究院撰写了保护方案并派员协助"华光礁 I 号"出水木船保护（I

期）的实施。项目研究的开展和顺利结项离不开海南省博物馆原馆长丘刚以及高文杰、叶帆、贾世杰、符燕、李剑、刘杨子、蔡敷隆等同志的支持和帮助，中国文化遗产研究院李乃胜、张治国、沈大娲、田兴玲、刘婕等同志参与了Ⅰ期保护过程，在此致以诚挚谢意！

本书撰写过程中，国家文物局考古研究中心李滨先生慷慨提供当时水下考古发掘珍贵资料，原中国海洋出版社副总编辑（福建师范大学特聘教授）刘义杰先生、浙江省博物馆郑幼明研究馆员和刘东坡副研究馆员、登州博物馆原馆长袁晓春、泉州海外交通史博物馆李国清研究馆员、广东海上丝绸之路博物馆张玄微主任、宁波市文物考古研究所金涛博士热心提供了相关资料图片，中国文化遗产研究院沈大娲研究馆员提供了建议与帮助，当年参与发掘"华光礁Ⅰ号"沉船的蒋斌主任为资料的整理热心奔波。本课题成果的出版也得到海南省博物馆陈江馆长、于洋副馆长、王辉山副馆长等领导的支持。在此一并表示衷心的感谢！同时感谢武汉理工大学蔡薇教授团队、武汉数文科技有限公司提供的友情协作。

本书内容分上、下两编共十个章节，上编分别对海洋考古学、世界海洋沉船、饱水木质文物的保护进行了介绍，下编主要对"华光礁Ⅰ号"出水木船硫铁化合物脱除、沉船现状、沉船船材树种鉴定、出水铜钱研究、沉船文化的保护与开发、沉船保护历程等内容进行了介绍，其中第一章至第四章由刘爱虹撰写，第五章至第十章由包春磊撰写。本书也是对"华光礁Ⅰ号"出水木船保护（Ⅰ期）工程的研究总结。

文物出版社黄曲编辑更是不辞苦劳，为本书的编辑出版付出了辛勤的劳动，林晖同志对本书出版提出了有益的建议，在此致以诚挚谢意！

感谢所有关心海南文物保护工作和"华光礁Ⅰ号"沉船出水文物保护的各级领导、国内同行和馆内同仁！值此书稿付梓之际，在此一并致谢！

当然，由于著者水平有限，书中难免出现疏漏与谬误，尚祈行家批评指正，并请各位读者见谅。

2020 年 12 月 30 日